美国教育史研究丛书
张斌贤　主编

意识形态冲突与美国公共教育

陈露茜　编著

IDEOLOGICAL CONFLICTS AND AMERICAN PUBLIC EDUCATION

河北大学出版社
·保定·

出 版 人：朱文富
选题策划：何　东
责任编辑：李丽华
助理编辑：李天雪
装帧设计：赵　谦　王占梅
责任校对：杜启昌
责任印制：常　凯

图书在版编目（CIP）数据

意识形态冲突与美国公共教育 / 陈露茜编著. -- 保定：河北大学出版社，2022.1
（美国教育史研究丛书 / 张斌贤主编）
ISBN 978-7-5666-1956-3

Ⅰ. ①意… Ⅱ. ①陈… Ⅲ. ①意识形态－关系－教育研究－美国 Ⅳ. ①G571.2

中国版本图书馆 CIP 数据核字（2021）第 242753 号

YISHI XINGTAI CHONGTU YU
MEIGUO GONGGONG JIAOYU

出版发行：河北大学出版社
地址：河北省保定市七一东路2666号　邮编：071000
电话：0312-5073003　0312-5073029
网址：www.hbdxcbs.com
邮箱：hbdxcbs818@163.com
印　　刷：保定市正大印刷有限公司
幅面尺寸：170 mm × 240 mm
字　　数：308 千字
印　　张：24
版　　次：2022年1月第1版
印　　次：2022年1月第1次印刷
书　　号：ISBN 978-7-5666-1956-3
定　　价：85.00 元

总　序

每当为团队成果草拟总序的时候，总是既兴奋又忐忑。兴奋是因为眼见近几年的耕耘即将迎来收获，忐忑则是由于这些收获的果子还有待学界进行“质检”。

1998 年 12 月至 1999 年 10 月，我曾作为富布赖特研究学者在哈佛大学教育研究生院访学。访学期间，我花了很多时间思考今后的学术工作，并确定以美国教育史作为今后长期稳定的研究方向。转眼之间已历二十余载。

二十多年来，我和我的同事、历届外国教育史专业方向的硕士研究生和博士研究生所组成的外国教育史团队一直致力于美国教育史的学习、研究和教学，其目的既为弥补以往外国教育史学科研究之不足，同时也在于通过这块“试验田”，探索更新外国教育史研究的方法、路径。

这二十多年的学术工作历程大致可以划分为两个阶段。2000 年至 2008 年为第一阶段。“京师高等教育论丛”（8 种，北京师范大学出版社，2008 年）反映了这个阶段的主要工作成果。在这个阶段，因为是初步涉猎美国教育史领域，无论是对美国教育史本身，还是对国内外研究状况，都缺乏足够和充分的了解，因此基本上是沿用过去比较熟悉的“套路”，大多选择国内学界涉及较少、较为宏大的主题开展研究，如李子江的《学术自由在美国的变迁与发展》、和震的《美国大学自治制度的形成与发展》、黄宇红的《知识演化进程中的美国大学》，等等。客观地说，在当时国内美国教育史研究基础还相对薄弱的情况下，这些研究还是很有价值的。2009 年至今为第二阶段。经过数年的积累和反思，我逐渐意识到，要想进一步深化美国教育史研究，要想真正形成一些具有新意的研究成果，必须要改变已有的研究方式，尤其是要自觉地摆脱教育学科沿袭已久对“宏大叙事”的选题偏好和以追求系统性和完整性为目的的“教科书”式的研究路径，变以往“大题小做”或“大题大做”为“小题大做”。这也就意味着要进一步聚焦主题、提炼问题，真正开展针对问题的研究。从 2009 年前后开始，无论是我还是我的学生，都尽量避免触及时间范围较大或边界不易确定的“宏大”选题，而选择更加具体、更为专门的专题开展研究。2015 年前后出版的“美国教育变革研究丛书”（11 种，浙江教育出版社）是这种转变的初步尝试。陈瑶的《美国教育学科构建的开端》、康绍芳的《美国教育学界精英群体的兴起》、李朝阳的《美国城市学校制度的建构》、祝贺的《美国公共学校种族隔离的终结》及马文琴的《美国学校公民教育的转向》等著作，都针对某一个具体和专门的主题，并努力将研究主题聚焦在一个较小的时间范围内，以求对主题进行深度剖析。

在前期工作的基础上，近几年来，我们团队更加注重以下几个方面的工作。第一，进一步“压缩”选题，不断聚焦研究主题。第二，进一步强调文献综述的意义，更为自觉地把即将开展的研究建于前人相关的研究基础之上。第三，进一步注重吸收和借鉴相关学科的理论和方法，在教育与其他社会活动的“交汇”处寻找研究问题。呈现在读者面前的“美国教育史研究丛书”所收录的 10 种著作实际上反映了上述三个方面的工作。崔高鹏的《〈1862 年美国赠地学院法案〉研究》、高玲的《学校变革与美国教师职业演化》、吴婵的《美国公立中学与大学关系的变迁（1870—1918）》、杜光强的《全国教育协会与美国中学课程革新》、李曙光的《教育测量与美国学校变革》、曹春平的《美国传统教育观念的变革》是第一方面的工作成果。陈露茜的《意识形态冲突与美国公共教育》和王凤玉的《研究型大学的崛起与科研体制》是第二方面的工作成果。第三方面的工作成果则是张斌贤的《教育与美国社会改革（1890—1920）》和祝贺的《教育与美国儿童福利改善》。

在未来的岁月里，北京师范大学外国教育史教学科研团队还将继续开展美国教育史研究，更加自觉和系统地借鉴相关学科的理论和方法，不仅在研究主题的选择上求新，而且在研究方法和路径上“求变”。希望通过我们持续不断的努力，促进美国教育史研究乃至外国教育史学科的不断自我革新，同时也希望得到教育学界同人的大力支持。

丛书出版之际，首先要感谢河北大学出版社社长朱文富教授。朱社长从事外国教育史（尤其是日本教育史）教学研究多年，深知基础学科研究对教育学科建设的意义，也更加理解此类图书出版的价值，对丛书出版给予了大力支持。我们还要感谢河北大学出版社的各位编辑，他们的辛勤劳动为本书增色不少。

張斌賢

2021 年 3 月 21 日

目　　录

导　　言

美国的公共教育究竟是一个“一致”性的、“整体”性的存在，还是一个“冲突”的、“斗争”的场域？这是一个充满争议的话题。对于这个问题，在不同时代、不同地区的教育研究者眼中有着不同的答案。有一种观点认为，美国公共教育是一个非政治化、非意识形态化的机制设计，[①]“秩序、效率、一致性”是其核心，它在本质上是一曲发端于新英格兰殖民地的“白人-盎格鲁-撒克逊-新教”（White Anglo-Saxon Protestant，WASP）文化“合众而一”（*E Pluribus Unum*）、凯歌前进的胜利史诗，[②]是为价值理念上的“一致”；美国公共学校制度是“一种最佳体制”（One Best System）[③]，是为制度上的“一致”；这是不应该也不可能存在争议的，但凡在教育现实中存在着的争议都是美国公共教育实践中的“病态”现象，是需要纠正的。对于这一观点，学界将其称为“一致论”（*Consensus*）派[④]。还有一种观点认为，美国学校

---

① See Diane Ravitch, *The Trouble Crusade : American Education , 1945-1980* (New York: Basic Books, 1983).

② See Ellwood P. Cubberley, *Public Education in the United States : A Study and Interpretation of American Educational History* (Cambridge, Massachusetts: The Riverside Press, 1919).

③ See David Tyack, *The One Best System : A History of American Urban Education* (Cambridge, Massachusetts: Harvard University Press, 1974).

④ David Tyack and Elisabeth Hansot, "Conflict and Consensus in American Public Education," *Daedalus* 110, No. 3 (Summer 1981): 1-25.

与教育从来就不是价值中立的，它体现着社会统治阶级的价值观念与意识形态；教育从其本质上说，就是意识形态冲突的体现，是阶级冲突的体现，是持有不同意识形态的社会阶级争夺学校控制权力、文化控制权力与社会控制权力的体现；从这个意义上来说，一部美国公共教育史就是一部充斥着利益集团的厮杀、意识形态的讨伐和制度实践的相互妥协的政治斗争。[①] 对于这一观点，学界将其称为“冲突论”（*Conflicts*）派[②]。因此，在这里要对美国公共教育研究的“一致论”派与“冲突论”派进行学术史的梳理，进而清晰地呈现美国公共教育研究的整体发展脉络及其对我国的美国公共教育研究的影响。

一、“合众而一”与辉格派的“欢呼”

开启美国公共教育研究中“一致论”派阐释的是美国第一批职业教育官员与职业史学家们。他们既是美国公共教育的缔造者，又是美国学校管理之父；其中包括贺拉斯·曼（Horace Mann，1796—1859）、詹姆斯·卡特（James Carter，1795—1849）、亨利·巴纳德（Henry Barnard，1811—1900）、埃尔伍德·帕特森·克伯莱（Ellwood P. Cubberley，1868—1941）。从19世纪上半叶开始，随着第一批职业督学的出现，美国的教育研究开始出现职业化的倾向，教育研究不再是依赖家产休闲度日的消遣，而是成了一种专业的社会职业；同时，第一批由美国大学培养的职业教育家与史学家开始在美国的教育研究中

---

① See Joel Spring, *Political Agendas for Education : From the Religious Right to the Green Party* (Mahwah, N. J. : Lawrence Erlbaum Associates, Publishers, 2005); David C. Paris, *Ideology and Educational Reform : Themes and Theories in Public Education* (Boulder, Colorado: Westview Press, 1995).

② David Tyack and Elisabeth Hansot, “Conflict and Consensus in American Public Education,” *Daedalus* 110, No. 3(Summer 1981): 1-25.

崭露头角，形成了美国公共教育研究的第一个流派——辉格派。他们将美国公共教育视为“一场积极的社会力量与消极的社会力量之间的冲突，在冲突中，积极的社会力量由于它们内在的正义性，由于它们具有我们政治、社会、经济体制中内在的民主和平等的本质而取胜”；将学校视为社会与经济发展的动力，并为其所取得的胜利而“欢呼”。①

其核心观点在于，“美国式”教育的形成并非一帆风顺，美国社会中公共意识的觉醒也并非水到渠成，而是遭遇了各类艰难的冲突与斗争。一方面，如何面对旧大陆的影响？如何应对欧洲传统的桎梏？另一方面，如何让民众相信筹建州立学校不仅是切实可行的，而且是让孩子们受教育的最好的、最经济的方法？如何让有产者相信，为教育纳税不仅有益于公共福利，也有益于个人利益？如何让立法者相信，为免费学校投票是安全的？为了达成“一致性”的理解，“美国式”的教育经历了为实现公共的税费支持、公共的入学渠道、公共的教育目的、公共的管理机制的“七大战役”。② 在这些斗争中，辉格派认为，以“盎格鲁-撒克逊的正义观、自由观、法律观、秩序观、公共行为准则观和政府观”为核心的价值理念重塑了美国公共教育系统，它使公共教育成了一种“省时、省力”的机制，“满足民主社会的需求”，是“民主社会的胜利”，我们应为之“欢呼”；同时，这一观念也必将成为美国公共教育坚守的价值观。

从 1860 年开始，尤其是在 1885 年之后，美国公共教育经历了一场变革与重组，其根源在于工业革命带来了生活、生产方式的巨变，以及新的移民浪潮的来临。一方面，新的移民浪潮带来了移民的融合与

---

① L. Dean Webb, *The History of American Education: A Great American Experiment* (Upper Saddle River, N. J.: Pearson Education, Inc., 2006), p. iii.

② Ellwood P. Cubberley, *Public Education in the United States: A Study and Interpretation of American Educational History* (Boston: Houghton Mifflin, 1919), pp. 118-254.

同化问题，而“有效率”的公共学校“有效”地解决了这一问题，“教育这些儿童的结果是相当显著的，学校不愧是融合人口中的多元因素的最佳的机构”，“让他们接受我们的法律观、秩序观和政府观，让他们的行为能够与美国国家理念的精神与目标保持一致”；另一方面，工业革命带来了城市化和工业化的进程，这使公共学校取代了教会、家庭与社区，成了教育和规训年轻人的重要场所。因此，公共教育的价值特征必须由国家需求的本质来决定，它是为满足民主的需求服务的：“必须要让学生为未来个人的生活意义做好准备，更加直接地要以培养适应未来复杂的国家和国际形势的公民为己任。除了承担教学任务、传递书本知识、推行学校纪律之外，我们的学校还重视社会关系的重要性，将自己变革成为民主改革的重要机制，并让学生为参与到一个更有效能的社会做好准备，而这一切都是通过直接传授实用性知识和通过培养我们的民主社会所需的公民意识来实现的。”①

在辉格派的美国公共教育研究中，我们可以清晰看出进步史观的深刻烙印，即美国公共教育的发展遵循的是一种达尔文式进化论的实用主义逻辑——是自由主义与保守主义、民主制度与贵族寡头制、平等权利与特权之间不断斗争的过程；但无论“冲突”以何种形式、在何种领域出现，历史总是在冲突和斗争中前进的、发展着的。② 从本质上说，正是由于这一个“冲突”的过程，美国公共教育最终实现了“一致”性——由教会学校向国家学校的转变，确立了美国学校教育中“公共的教育目的”和必须遵循的“共同的指导原则”，进而构建了

---

① See Ellwood P. Cubberley, *Public Education in the United States: A Study and Interpretation of American Educational History* (Boston: Houghton Mifflin, 1919); Ellwood P. Cubberley, *Public Education Administration* (Boston: Houghton Mifflin, 1916).

② 苏格：《美国史学纵横》，载中国留美历史学会编《当代欧美史学评析》，人民出版社，1990，第49页。

“伟大的”美国公共教育制度的“阶梯”和“完全本土化”“不同于欧洲”① 的美国公共教育制度。从这里，我们也可以看出辉格派的“新英格兰式”的情节和在美国公共教育叙述过程中“赞美诗般”的基调。

二、“社会控制”与社会改造主义者的诘问

正当辉格派的美国公共教育研究如日中天之时，对它的反思与质疑也悄然而至。最早尝试超越这种“史诗”般的“一致”性解释策略的是源自 20 世纪 20 年代，并在 20 世纪 30 年代大获发展的社会改造主义者。随着乔治·康茨（George Counts，1889—1974）《学校敢于建立一个新的社会秩序吗?》（*Dare the School Build the Social Order ?* ）的发问，现有公共教育中的既得利益集团的问题开始得到关注，美国学校的“社会控制”职能首次被提出。这以美国史学协会（American Historical Association）主持的“美国学校社会研究调查”（*Investigation of the Social Studies in the Schools*）系列丛书为代表。其中，查尔斯·比尔德（Charles Beard，1874—1948）、乔治·康茨、默尔·柯蒂（Merle Curti，1897—1996）、查尔斯·梅里安（Charles E. Merriam，1874—1953）、威廉·巴格莱（William Bagley，1874—1946）是其主要作者。

社会改造主义者接受了以查尔斯·比尔德为代表的进步史观，在尝试以政治为中心的历史研究传统下，把经济因素引入历史研究，将社会的矛盾冲突，特别是经济利益冲突作为美国社会进步和历史发展的动力。在对进步主义时代美国公共教育的思想脉络进行梳理的同时，

---

① Ellwood P. Cubberley, *Public Education in the United States: A Study and Interpretation of American Educational History* (New York: Houghton Mifflin Company, 1919), p. 496.

他们强调教育哲学与教育思想“毫无疑问地受到教育家们所属的时代、所处的社会地位、所属的社会阶级与利益集团并由此引发的各种政治经济矛盾冲突”[①] 的影响。因此，在美国公共教育的研究中，必须尝试将思想家们所隶属的利益集团、社会阶层与教育观、社会观联系起来，并将其与美国社会整体的复杂利益集团变迁联系起来，“尽管这样做并不容易，但正是特定社会观与特定利益集团之间的微妙关联，塑造了社会的个体，进行产生了个体的、社会与政治的影响力”[②]。他们认为在进步主义时代的美国学校改革大多借用了企业与工业的意识形态，打着“社会效率”的旗号，以预设儿童未来的社会角色作为其教育设计的依据，实质上是服务于工业企业主的利益，使得受制于“财富力量”的公共学校系统成为“培养和训练工人的场所”，通过灌输与工业企业相匹配的社会行为规范和价值观，帮助企业主消除与其利益相反的价值观，“控制与缓解美国工人的激进主义行为”，服务于高度组织化的劳动力市场，进而“提供工业效能，增强美国在世界市场上的竞争力”。因此，公共学校的教师必须对此有清晰的认识，“好斗的教师”必须与劳工组织联合起来共同反对和企业利益联合起来的学校管理者。[③]

但遗憾的是，在进步史观引领下社会改造主义未能保持活力，到了 20 世纪四五十年代便逐渐衰落。其中极为重要的一个原因是他们将极为复杂的社会演变过分地简单划到“人民对抗企业家”的宏观理论之中，过分强调了经济及利益集团的作用。因此，在 20 世纪 60 年代便

① Merle Curti, *The Social Ideas of American Educators* (Totowa, New Jersey: Pageant Books, INC., 1959), p. xiii.

② Merle Curti, *The Social Ideas of American Educators* (Totowa, New Jersey: Pageant Books, INC., 1959), p. xv.

③ Merle Curti, *The Social Ideas of American Educators* (Totowa, New Jersey: Pageant Books, INC., 1959), pp. 218-222, 242.

为“修正派”所取代。

三、温和修正派眼中工业社会与学校系统的“和谐”互动

从20世纪50年代开始，对“教育”范畴的再讨论被提上了议事日程。以贝纳德·贝林（Bernard Bailyn）和劳伦斯·克雷明（Lawrence Cremin）在一致论史观——“否认美国历史上存在着激烈的阶级矛盾和分化”，“否认下层人民在政治斗争中的作用”① ——的涤荡下，开始全面反思既有的美国公共教育研究，认为已有的研究仅仅是在正规的学校制度范畴内讨论教育问题，对教育的视野、教育与整体社会的真实的互动关系缺少必要的把握，主张要在家庭、社区、教会及学校的整体社会互动中讨论教育的问题，因此产生了一个新的美国公共教育史学派——温和修正派。他们以“修正”既有的美国公共教育史的主要观点为己任，主张要在一个更加宽泛的领域中讨论教育问题，以及社会与教育的互动关系，提出了“教育生态学”（educational biography）的基本主张。

在克雷明的“教育生态学”中，将19世纪末20世纪初发生的所有教育变革都置于“进步主义”的大旗之中。他认为这一时期的教育改革从整体上说都是对工业化的回应，进步教育从一开始就是社会改良的一个重要组装部分，是实现美国生活理想——民治、民有、民享（of the people，by the people，and for the people）——应用于19世纪后半期形成的令人困惑的都市工业文明，是一种通过学校去改善个人生活的多方面活动：它意味着“扩大学校的教学大纲和职责，其中包括直接关心健康、职业及家庭和社区生活的作用”，意味着“在教室里应

---

① 胡锦山：《20世纪美国史学流派》，《厦门大学学报（哲学社会科学版）》2000年第3期。

用建立在心理学和社会科学方面新的科学研究基础上的教育学原理”，意味着“教学越来越适合已进入学校范围内的不同类型和不同阶层的儿童”，意味着“文化应该民主化而不是被庸俗化”，“每个人不仅能分享新科学的好处，而且能分享对艺术的追求”。[①] 他批评了“辉格派”史学将“美国化”等同于“英国化”或“盎格鲁-撒克逊化”的做法，认为“美国化”是在保留原有民族认同的基础上实现的文化多元化，是应对工业化和城市化进程的自觉反应。后来这种观点在 20 世纪 80 年代以来保守派研究中得以继承，即公共教育是自由民主社会的重要组成部分，学校是孕育自由民主社会的基石，公共教育是手段，实现政治和社会的民主是目标；[②] 公共教育是非政治化的，是价值中立的。[③] 虽然美国公共教育史的发展充斥着传统派和进步派的论战，但是这种论战并不涉及任何意识形态的判断，学校是传递知识、培育理性的场所，而不是政治斗争的工具；[④] 教育平等是机会平等，而不是结果平等，学生之间只有学习速度快慢的差别，为了实现教育机会平等，就应该让所有的学生学习同样的知识内容，即“共同文化”[⑤]；进步、平

---

① 劳伦斯·克雷明：《学校的变革》，单中惠、马晓斌译，山东教育出版社，2009，第 2 页。

② Diane Ravitch, *The Revisionist Revised: A Critique of the Radical Attack on the School* (New York: Basic Books, Inc., 1978), p. 10.

③ Diane Ravitch, "The Continuing Crisis: Fashions in Education," in *The Schools We Deserve: Reflections on the Educational Crises of Our Times* (New York: Basic Books, Inc., 1985), p. 59.

④ Diane Ravitch, "Forgetting the Questions: The Problem of Educational Reform," in *The Schools We Deserve: Reflections on the Educational Crises of Our Times* (New York: Basic Books, Inc., 1985), p. 40.

⑤ Diane Ravitch, "Introduction," in *The Schools We Deserve: Reflections on the Educational Crises of Our Times* (New York: Basic Books, Inc., 1985), p. 15.

等和优异是美国公共教育的主旋律。[①]

克雷明“教育生态学”的基本假设：公共教育总体上是一个良好的社会机构，是“价值中立”的，大多数教育变革都是为了“公共的利益”，是为了提升所有人的生活质量，促进社会向上流动。因此，他回避了美国公共教育改革中的价值和利益冲突的问题。但正如杜威所言，“智力方法的充分和自由运用存在一个客观前提，即在一个这样社会里，畏惧社会试验的阶级利益都被统统废除了。这一点与每一种社会和政治哲学及其活动是不相协调的，也与所有认可社会中阶级组织存在及其阶级利益合法性的经济制度是不相协调的”[②]。无论杜威的分析是形式上的，还是具有实质意义的，都告诉我们正是由于在智力方法的运用中存在着阶级利益的偏好，“教育并非一个价值中立的事业，就教育制度的本质而言，无论教育工作者是否意识得到，他们已经被卷入一项政治活动”，因此教育活动与“先进工业经济中的意识形态”是不能分割开来的。[③] 而这个被克雷明遗漏了的问题在 20 世纪 60 年代得到了激进修正派的回答。

四、激进修正派眼中工商业、企业国家、科层制及其钳制之中的学校

20 世纪 60 年代，随着“新左派”史学的出现，在历史中寻求当下社会矛盾根源的诉求日趋强烈，他们要求用“自下而上”的视角“正

---

① Maurice R. Berube, *American School Reform: Progressive, Equity, and Excellence Movements, 1883-1993* (Westport, CT: Greenwood Publishing Group, Inc., 1994), p. 131.

② John Dewey, “The Underlying Philosophy of Education,” 转引自 Michael Apple, *Cultural Politics and Education* (New York: Teacher College Press, 1996), p. ⅶ.

③ 迈克尔·阿普尔：《意识形态与课程》，黄忠敬译，华东师范大学出版社，2003，第 1 页。

确”看待下层民众在历史中的作用。在美国公共教育史的研究中也是如此，一个新的教育史学派开始出现，他们提出了温和修正派没有正面回答的一个问题：教育改革是为了谁的利益？这就是激进修正派。

从总体上说，激进修正派认为，教育改革是利他主义的产物，教育在知识内容和管理结构上的变迁，是精英集团或企业控制了学校的缘故，从而保证学校能够培养出顺从的、接受了社会精英集团价值观念的社会成员。他们主要的结论有以下三个方面：

第一，商业价值观控制了公共学校。这是以雷蒙德·卡拉汉（Raymond Callahan）的《教育与效率崇拜——公立学校管理的社会影响因素研究》（*Education and the Culture of Efficiency*：*A Study of the Social Forces that Have Shaped the Administration of the Public Schools*，1963）为代表。卡拉汉试图通过回溯在教育管理中采用商业价值观和实践的起源和发展，解释在20世纪初期美国公共学校业已退化为“工厂”和“生意”的事实。在卡拉汉的研究中，他从经济学的解释出发，将“社会效率”认为是一种教育管理的思潮，在这思潮背后是工商业意识形态在发挥着决定性的作用，进而驾驭了公共学校。他认为在1910—1929年，工商业团体已经在美国拥有了至高的地位和权力，他们在实际上控制着公共学校的经费来源；而教育家早已是相对地位低下且权力较小的团体；因此，商业意识形态作为一种强势的精英文化业已控制了公共学校，而教育家们进行决策也并非从教育的立场出发，而是为了保住自己在学校的职位，一味地屈从工商业的精英。[①] 但卡拉汉还是乐观的，他认为要改变这种现象，从根本上说，就要改变传统的公共学校经费来源方式，使其摆脱地方财产税的桎梏，进而沟通公共学校的资金渠道，消除地方督学的软弱性；同时要改变

① 参见雷蒙德·卡拉汉《教育与效率崇拜——公立学校管理的社会影响因素研究》，马焕灵译，教育科学出版社，2011。

公共学校教育管理的性质，提高研究生培养工作的质量。

第二，工商业在自由企业国家这个更加宽泛的框架下控制和利用了学校。这是以卡雷尔（Clarence Karier）、维奥拉斯（Paul Violas）和斯普林（Joel Spring）合著的《危机之源：20 世纪美国教育》（*Roots of Crisis：Essays in Twentieth Century Education*，1973）和斯普林的《教育和公司国家的崛起》（*Education and the Rise of the Corporate State*，1973）等为典型代表的。其中，卡雷尔和斯普林更进一步指出，工商业的意识形态不再是单纯的经济学概念，而是为整个国家结构所吸收，自由企业成了国家的主流观念，因此学校是自由企业国家实现社会控制的工具。政府早已介入经济和社会体系，以保持平衡和理性的秩序，学校也被政府视为政府维持现有社会平衡的重要工具。因此，“自由企业国家是通过管理专家利用科学手段管理的。对于公立学校，就意味着心理学家用测验来测量学生的智力、能力和兴趣。那么，学校扩展的社会功能、强调合作的社会化课堂、职业教育、职业指导、测验和差异性课程都是实现社会理性化和秩序化的工具”①。

第三，科层制控制了公共学校。这以卡茨（Michael Katz）的《阶级、科层制与学校》（*Class，Bureaucracy，and Schools：The Illusion of Educational Change in America*，1975）与《早期教育改革之嘲讽：19 世纪中期马萨诸塞的教育改革》（*The Irony of Early School Reform：Educational Innovation in mid-Nineteenth Century Massachusetts*，1968）等为主要代表。一方面，他们接受了自柯蒂以来的“社会控制”结论，认为工商业精英控制了公共学校，进而与整体国家及其权力工具——教育专家形成了一个新的管理联盟；另一方面，他们更加悲观地指出，“学校都成了前沿阵地，成了保护城市教育机制及其所养育的

① 参见乔尔·斯普林《美国学校：教育传统与变革》，史静寰译，人民教育出版社，2010。

未来公民的前站……其主要目的是要培养这些儿童守纪律、勤勉、守法和敬畏权威的品格。虽然其文本与其代言人宣称学校是机遇的象征，但是它们的长条形裂缝或无窗之墙及其历史清晰地彰显着：它们是反映并巩固既有社会结构的存在。在教育服务社会的口号与学校对贫困儿童的所作所为的社会现实之间，存在着巨大的鸿沟。尽管存在着自由的、普遍的义务教育，但是大多数贫困儿童成了贫困的成人。学校并不是所谓的鉴别才能、提供与之相匹配的机遇的伟大的民主发动机。富裕阶层的儿童大多能取得好的成绩，拥有好的工作……从根本上说，其目标是培育反映主流社会价值观与工业价值观的态度；其结构是科层制的。这使得学校制度以儿童为单位，经过特定的型塑，基本上将他们分配到与其父母的社会地位相当的社会位置上。这便是学校组织方式与学校目标之间的功能性关联”①。因此，社会阶层与科层制是理解美国公共学校的关键要素的原因；而科层制一旦被植入美国公共学校，就注定了美国公共学校的超稳定结构，一切的教育改革都成了“幻影”——“即可以想象其他各种变革都发生在一个箱子中，而上述的特征则是这个箱子的四壁。这个箱子中充斥着各种物品，它们可以被随意摆弄或重置，但是箱子的四壁坚如磐石。而且，再进一步，我还要说，只有那些能适应箱子内部环境的物体，才能被放入箱子之中。因此，在学校和教育制度本身的结构性基础之中的改革的目标与功能是存在一致性的”②。

从激进修正派的解释中，我们可以看出，无论是经济学的解释、政治学的解释，还是组织学的解释，大多强调成型于 19 世纪末的工商业精英集团的政治、经济与文化主导地位，在 20 世纪初得到了进一步

---

① Michael Katz, *Class Bureaucracy and Schools : The Illusion of Educational Change in America* (New York: Praeger Publishers, Inc., 1975), p. xvii.

② Michael Katz, *Class Bureaucracy and Schools: The Illusion of Educational Change in America* (New York: Praeger Publishers, Inc., 1975), p. xix.

的加强，形成了美国现代经济中的“大公司霸权”形式，大公司的权力与政府的权力紧密地勾结在一起，进而操纵着全社会的“是非判断”，教育不可避免地也陷入了“公司制”的价值控制之中。① 学校教育是以预先假设儿童未来的角色为基础的，本质上是社会主流集团试图进行社会控制的把戏，是确保向工业提供训练有素的工人的一种做法。

五、批判教育学与“冲突”之中的美国学校

批判教育学注重向来不为传统的教育研究者所注意的种族和社会群体在美国公共教育发展中的作用，并从这一立场出发对美国公共教育进行多元化的解释。20 世纪 60 年代以来，大规模的黑人运动、学生运动、反对越南战争运动和各式各样的批判现实的运动，使大学中的许多教育问题的研究人员开始反思国家与政府所扮演的角色。在这一时期，原有的“美国理想”式的政治框架和民主理想遭到前所未有的质疑。政治上的动荡，以及“浪漫”的教育理想与残酷的教育现实之间的鸿沟，使越来越多的教育研究者开始质疑教育文本背后的“隐藏信息”，开始分析教育现象背后所隐藏的权力斗争；并且随着学科的交叉与深入的互动发展，他们开始广泛地运用社会学、人类学、统计学、经济学、管理学等多学科的方法和手段进行研究。他们强烈地反对保守观念的束缚，对美国公共教育中的“一致论”进行了激烈的抨击，认为“一致论”最致命的错误在于他们只注意到了“和谐”的、处于教育体制“拾穗者”的社会中上层，而忽略了“看不见”的、“听不到”的、“被压迫着”的、在教育体制中“利益受损”的社会下层。

---

① See Joel Spring, *Education and Rise of the Corporate State* (Boston: Beacon Press, 1972); Eric Foner, *The Story of American Freedom* (New York: W. W. Norton & Company, 1998), pp. 160-161.

他们从黑格尔、马克思与批判理论那里获得营养：马克思在阐释经济基础与上层建筑、社会存在与社会意识的时候，提出了一个关于观念与经济基础之间的联系的议题。之后，这个议题得到了新马克思主义者（neo-Marxist）安东尼奥·葛兰西（A. Gramsci，1891—1937）的演绎。葛兰西认为，资本主义制度的统治不只是简单地通过强制实现的，而是细微地通过观念的霸权实现的；权力不只是粗暴的法律或有形的强制，而是对语言、道德、文化和常识的控制。[①] 因此，马克思关于"观念与经济基础之间的一种联系"的议题被演绎成了一个更为复杂的议题，那就是文化、意识形态、权力和统治之间的关系问题。而这个议题也在新马克思主义者的研究中得到了传承。在这个基础上，曼海姆构建了一个被称为"知识社会学"的学术框架，并指出，"曾经用来对一个政党进行思想武装的那些东西，现在被转换成为一种社会和思想史的研究方法"[②]。因此，从曼海姆开始，意识形态、权力与统治开始和知识、知识分子紧密地结合在一起，形成了一个更为完善的议题，那就是知识、权力、统治与意识形态之间的关系问题；同时，意识形态批判也开始成了揭示知识与文化背后所隐藏的阶级斗争与霸权的最重要的方法论工具。

在此基础上，他们借用福柯的后现代主义理论、鲍尔斯与金蒂斯的经济再生产理论、布尔迪厄的文化再生产理论、葛兰西的文化霸权理论，以及法兰克福学派、精神分析理论，构建了批判教育学的理论框架，围绕着"知识""课程""教学""教科书""教师"展开，从阶级、种族和性别3个维度号召人们重新审视学校教育的功能、教师的工

---

① Michael W. Apple and Kristen L. Buras, *The Subaltern Speak : Curriculum , Power , and Educational Struggles*(New York:Routledge,2006),pp. 4-5.

② Karl Mannheim,*Ideology and Utopia : An Introduction to the Sociology of Knowledge*(London:Routledge,1936),p. 69,转引自安德鲁·文森特《现代政治意识形态》，袁久红译，江苏人民出版社，2005，第12页。

作、隐性课程、“共同文化”、“选择”等教育因素，认为学校与社会中不平等权力的生产与再生产有着直接与必然的联系。学校是社会经济、政治、文化再生产的主要场所，学校在选择、保存和传递有关知识概念、意识形态规范和价值观上有重要的作用。① 通过学校，不平等的权力得以延续并接受挑战；通过学校，由国家、由统治集团认定的“合法”知识与价值观念及既定的社会政治统治结构得以再生产与传承；也正是通过学校，普遍意义上的知识与“法定的、合法的”知识、普遍意义上的“传授”与“法定的、合法的”传授之间的冲突得以展现。既然学校问题、教育问题已经被内化为政治议程，既然学校问题、教育问题已经存在于社会政治、经济和文化权力的普遍联系之中，那么教育者、教育的研究者与参与教育事务的普通大众所应做的不是否认、逃避“学校的政治化”问题，而是应该面对并挑战“学校的政治化”问题。“教育并非一个价值中立的事业，就教育制度的本质而言，无论教育工作者是否意识得到，他们已经被卷入一项政治活动”。因此，教育活动与“先进工业经济中的意识形态”是不能分割开来的。

在“冲突”论中，美国公共教育研究者主要回答了两个问题：第一是“为什么要用意识形态冲突研究美国学校教育”；第二是“怎样用意识形态冲突分析研究美国学校教育”关于“为什么要用意识形态研究美国学校教育”的问题。具有激进主义倾向的研究者们通过三个方面的分析进行阐释：第一，作为一个机构的学校；第二，知识的形式；第三，教育工作者自身。他们的主要的观点：首先，学校作为一个社会机构，不仅仅是为了满足学习个体的学习兴趣，更重要的是它充当了阶级社会中的阶级与经济、文化再生产的角色，是一个充斥着当政者霸权的权力机构。其次，学校的知识形式是经过社会集体中当权者

① 迈克尔·阿普尔：《意识形态与课程》，黄忠敬译，华东师范大学出版社，2003，第65页。

筛选的、反映当权者观点和信仰的知识，即“官方知识”（official knowledge)。再次，教育工作者也自觉不自觉地充当着传递和维护这种“官方知识”的角色。因此，他们总结道：在知识的生产和分配过程中，意识形态对之进行了反复地过滤，意识形态已经渗透于学校教育工作的机构设置，渗透于知识课程之中，渗透于教学模式和评估的原则、标准和形式。既然意识形态已经自觉不自觉地作用于美国学校教育，“那么问题就不在于如何去超越这个选择，而是最终必须面对这个选择”①。关于“怎样用意识形态分析研究美国学校教育”的问题，具有激进主义倾向的教育研究者们开拓了一条批判性的研究路径。他们从“理念（Ideal）、利益集团（Interest Groups）、意识形态(Ideology）”3个层次，从“阶级（Class）、种族（Race）、性别(Gender）”3个维度，形成了美国公共教育中批判性研究的一个纵横交错的基本框架。

六、中国学者眼中美国公共教育的“一致”与“冲突”

中国的美国教育研究是伴随着近代美国传教士在我国的传教、讲学、办学的出现而出现的。早期的教会学校和教会大学中的师生成了我国早期美国式教育体验、介绍、翻译和研究的主要群体。当时的教育世界出版社从1901年至1907年连续出版了《教育丛书》，商务印书馆于1909年创刊了《教育杂志》，发表了许多介绍美、德、法、俄、英、日等国教育的文章。② 后来随着美国成了近代早期中国留学生的主要留学目的地，以及由此带来的中美教育学者之间往来的扩大，在中国的美国教育翻译与研究逐步展开，甚至在20世纪20—40年代出现了

---

① 迈克尔·阿普尔：《意识形态与课程》，黄忠敬译，华东师范大学出版社，2003，第8页。

② 王承绪主编《比较教育学史》，人民教育出版社，1999，第295页。

教育革新跟风“欧美”的情况，美国教育研究也一度成了中国的“外国教育研究”的代名词。①

新中国成立之后，受政治意识形态上的影响，中国教育开始全面学习苏联，而美国教育成了批判的对象。这种现象一直到 1978 年十一届三中全会之后出现了转向。1979 年 11 月，在杭州成立的全国教育史研究会第一次年会上，当时与会的对外国教育进行研究的罗炳之教授、赵祥麟教授、滕大春教授、王承绪教授、王天一教授、金锵教授等学者开始全面反思清算外国教育研究中的“左倾”问题，提出重新评价马卡连柯、杜威等教育家的思想，并于 1984 年在西安召开的第二次学术年会上集中讨论了杜威教育思想的评价问题，于 1985 年结集出版了《杜威、赫尔巴特教育思想研究》，同时在《教育研究》等教育杂志上开始集中刊登关于以杜威为代表的进步主义教育思潮、布鲁姆的教育目标分类思想、布鲁纳的结构主义等，进而从此重新开启了在中国的美国教育研究。② 另外，1980 年 3—6 月，教育部邀请了美国哥伦比亚大学比较教育的华裔教授胡昌度来北京师范大学教育系讲学，并组织了 10 所大学的十多名教师参加了研修班，也预示着中美教育学术交往的重启。③ 同时，配合着美国教育研究的缓慢起步，北京师范大学、华东师范大学、河北大学、杭州大学（浙江大学）还合作翻译出版了一系列美国教育研究丛书，如梅休的《杜威学校》、奥恩斯坦的《美国教育学基础》、桑代克的《教育与心理测量》、范斯科德的《美国教育基础——社会展望》等。

20 世纪 90 年代，随着市场经济体制的确立，长期以来较为保守的

---

① 叶赋桂：《中国的美国教育研究三十年》，《比较教育研究》2010 年第 7 期。

② 参见吴式颖《教育：让历史启示未来》，人民教育出版社，2009；顾明远、阚阅、乔鹤《改革开放 30 年中国比较教育的重建和发展》，《比较教育研究》2008 年第 12 期。

③ 顾明远、阚阅、乔鹤：《改革开放 30 年中国比较教育的重建和发展》，《比较教育研究》2008 年第 12 期。

中国教育研究也开始进入了一个快速发展阶段。伴随着中国教育学学科建设的飞速发展，以及中国经济社会的转型与教育改革进入了一个快车道，我们对美国教育的兴趣与需求日益增加，相关研究成果大量涌现：以王承绪教授发起的“各国高等教育比较论”中的美国问题、顾明远教授发起的“民族文化传统与教育现代化”中的美国问题、汪永铨教授发起的“英、法、德、苏、日、美高等教育思想的比较研究”中的美国问题、钟启泉教授发起的“面向 21 世纪教育课程模式比较”中的美国问题等成为这一时期极为重要的知识积累。在这一时期出现的关于美国教育的专著有一百多部，单以“美国研究”为主题的研究论文就有七千多篇，而以“美国”与“教育”交叉检索的论文数量达四万多篇。① 北京师范大学、华东师范大学、河北大学、清华大学、北京大学、厦门大学、南京师范大学、华南师范大学、福建师范大学等外国教育史、比较教育研究机构成了美国研究的重镇；《教育研究》《比较教育研究》《清华大学教育研究》《北京大学教育评论》《教育学报》《复旦教育论坛》《全球教育展望》《外国教育研究》等期刊也成了发表、传播中国的美国教育研究成果的主要阵地。这一时期美国教育研究的焦点问题有杜威与进步主义教育、美国基础教育改革（包括美国教育改革的基本阶段、主题、特征、措施，尤其是其中的课程改革）等。可以说，这一时期的美国教育研究成果为我们加深对美国教育的认识奠定了极为重要的基础。但也存在着一些问题，其中最重要的问题就是美国教育研究中的“工具主义”倾向。这种“工具主义”倾向主要表现在两个方面：一是美国教育研究中的“学科意识”。也就是说，对美国教育问题的研究在很大程度上是受到了我国比较教育和教育史学科建设的驱动而进行的国别研究或国别史研究，即“在研究中更多地关注概念、范畴本身的确定性，更多地关注概念与概念、范畴

① 参见叶赋桂《中国的美国教育研究三十年》，《比较教育研究》2010 年第 7 期。

与范畴之间的逻辑关系，更多地关注学科体系的严谨、完整和包容性……无论是研究课题的确定还是课题研究所要达到的目的，都主要是以学科本身作为出发点的"[①]。不可否认，"学科意识"曾在美国教育研究的复兴中发挥了极为重要的作用，但是当"学科意识"成为一切，一切都是为了"学科"而研究的时候，就将产生严重的问题——美国教育研究中的"教科书模式"。我们"满足于宏大叙事，关注大问题、大事件、长时段……而忽视了对个别的、具体的教育史实和教育问题的专门研究……其意义只在于对形成当代教育的观念和制度的贡献，而不具有自身独特的价值"[②]，这使中国的美国教育研究往往满足于一种叙事性的描述，缺乏有深度的理解。二是美国教育研究中的"中国驱动"与"他者优势"说。也就是说，"中国对美国的教育研究是从中国的现实需要出发的，具有强烈的中国现实关怀和中国问题意识，直接针对中国教育发展中的当下问题和直接需要，希望通过美国教育的经验乃至具体做法对中国教育改革和发展有所助益"，而这与"改革开放 30 年来，中国学者和官员把美国教育当为楷模，力图按照美国教育模式改革中国教育……几乎狂热地痴迷美国教育"有着密切的联系。[③]这种强烈的"工具主义"情节，在很大程度上影响了我国的美国教育研究的深度。也就是说，在"工具主义"的主导下，我国的美国教育研究大多是经验性的、介绍性的，停留在"是什么"的表象实操层面，而没有对"为什么""如何发展至此""其中存在着哪些问题"等深层次的原因进行足够有深度的讨论，更无须说美国教育与美国社会中阶级、种族、性别等理解美国社会现象中至关重要的维度之间的互动与

① 张斌贤：《从"学科体系时代"到"问题取向时代"：试论我国教育科学研究发展的趋势》，《教育科学》1997 年第 1 期。

② 张斌贤、王晨：《教育史研究："学科危机"抑或"学术危机"》，《教育研究》2012 年第 12 期。

③ 叶赋桂：《中国的美国教育研究三十年》，《比较教育研究》2010 年第 7 期。

影响。所以，事实上，这一时期我国的美国教育研究在很大程度上没有真正进入“他者”的情境，即美国问题的具体情境之中，而仅仅是在中国语境中“自说自话”[①]。因而，美国的学校教育究竟是“一致”的存在，还是一个“冲突”的场域，这在中国的美国教育研究中是一个不被关心，甚至说是没有必要回答的问题。

每一个时期的学者的学术使命都不尽相同，而每一个时期的学者如果能够完成比前一个时期的学者更深层次的思考与研究也完全是因为站在学术前辈的肩膀之上。中国的美国教育研究在经历了拓荒、重建和飞速发展之后，伴随着新世纪的到来，伴随着中国教育学者对教育学中“学科意识”和“学科危机”“学术危机”的自我反思的不断深入，[②] 开始出现一股处于纯粹学术兴趣的美国教育研究的“暗潮潜涌”；并且，随着美国教育研究中“左派”知识分子来华学术交流、访问、讲学的不断增加而“蔚为大观”。也就是说，中国的美国教育研究者们开始认识到美国教育研究的功用不完全在于“借鉴”与“资政”，更重要的在于其自身在其自身所处的历史、文化、社会、政治、经济的真实“情境”之中的真实价值。对美国教育现象、实践、制度、思想的研究必须是让人记忆深刻的；必须是感情细腻的、色彩鲜明的、情节丰富的；必须是让人发自内心地被触动、被感动，抑或被震撼的；必须是融汇了当时社会与潮流的风情、风貌和风格，是“真实”地“生活”着的，而学者对其的书写与阅读也必然是让作者和读者都继续生活在“他者”之中的。

也正是在诸多尝试真正进入美国社会“情境”中的教育研究中，

---

① 张涛：《美国学运动研究》，商务印书馆，2004，第 41 页。

② 参见张斌贤《从“学科体系时代”到“问题取向时代”：试论我国教育科学研究发展的趋势》，《教育科学》1997 年第 1 期；张斌贤《全面危机中的外国教育史学科研究》，《高等师范教育研究》2000 年第 4 期；张斌贤、王晨《教育史研究：“学科危机”抑或“学术危机”》，《教育研究》2012 年第 12 期。

我们“真实”地发现了美国教育中一些值得重视的东西。比如，它是“最古老”的现代教育的发源地，是现代民主与教育问题互相交错竞争的试验场；它有着英语世界中年代最为久远的、施行最为连贯的成文的义务教育法和公共学校；它有着在众多族裔和文化群体中谋求共处的经验教训。但与此同时，我们还发现，从表面上看美国的教育实践似乎存在着种种优势，但美国的教育改革是深深地根植于它的政治文化传统与社会统治结构之中的，在其教育政策与教育实践中依然存在着种种严重乃至致命的问题；而“对于中国这样一个与英美文化传统差异如此悬殊的国家，撇开文化差异而盲目地仿效和制度跟进，……可能带来的是更严重的问题”①。就这样在对美国教育的“意义”与“问题”的不断讨论之中，美国教育研究中的“一致”与“冲突”开始在中国的美国教育研究中获得了实在的落脚点。

最后笔者想再次说明的是，回顾美国公共教育研究中的“一致”与“冲突”，其目的在于说明异域研究或美国公共教育研究能够在“他者”的真实语境中认识“他者”，从而理解它的意义及其问题。而系统地梳理美国公共教育研究中的“一致”与“冲突”，也能帮助我们反观当下中国的美国公共教育研究的价值取向。也就是说，研究美国公共教育也许不仅仅是为了“取经”，而是为了增扩知识和发展思维；研究美国公共教育也许不仅仅是为了“他山之石，可以攻玉”，而是为了了解异域的文化，帮助我们更好地认识自己和他人，从而愉悦身心、充实生活；研究美国公共教育也许不仅仅是为了让我们“下一次更聪明一点”，而是“永远更加睿智”地生活。从这个意义上说，中国的美国公共教育研究依然任重而道远。

---

① 阎光才：《美国教育改革过程中的基督教“政治”》，《比较教育研究》2007 年第 6 期。

参考文献

[1] 阿普尔. 意识形态与课程 [M]. 黄忠敬，译. 上海：华东师范大学出版社，2003.

[2] 顾明远，阚阅，乔鹤. 改革开放30年中国比较教育的重建和发展 [J]. 比较教育研究，2008 (12)：2.

[3] 胡锦山. 20世纪美国史学流派 [J]. 厦门大学学报（哲学社会科学版），2000 (3)：77.

[4] 卡拉汉. 教育与效率崇拜——公立学校管理的社会影响因素研究 [M]. 马焕灵，译. 北京：教育科学出版社，2011.

[5] 克雷明. 学校的变革 [M]. 单中惠，马晓斌，译. 济南：山东教育出版社，2009.

[6] 石中英. 教育学的文化性格 [M]. 太原：山西教育出版社，1999.

[7] 斯普林. 美国学校：教育传统与变革 [M]. 史静寰，姚运标，张宏，等译，北京：人民教育出版社，2010.

[8] 王承绪. 比较教育学史 [M]. 北京：人民教育出版社，1999.

[9] 文森特. 现代政治意识形态 [M]. 袁久红，等译，南京：江苏人民出版社，2005.

[11] 阎光才. 美国教育改革过程中的基督教"政治" [J]. 比较教育研究，2007 (6)：6.

[12] 叶赋桂. 中国的美国教育研究三十年 [J]. 比较教育研究，2010 (7)：13.

[13] 张斌贤，王晨. 教育史研究："学科危机"抑或"学术危机" [J]. 教育研究，2012 (12)：14.

[14] 张斌贤. 从"学科体系时代"到"问题取向时代"：试论我国教育科学研究发展的趋势 [J]. 教育科学，1997 (1)：16-18.

[15] 张斌贤. 全面危机中的外国教育史学科研究 [J]. 高等师范

教育研究，2000（4）：40-45.

［16］中国留美历史学会. 当代欧美史学评析［M］. 北京：人民出版社，1990.

［17］APPLE M W，BURAS K L. The subaltern speak：curriculum，power，and educational struggles［M］. New York：Routledge，2006.

［18］APPLE M. Cultural politics and education［M］. New York：Teacher College Press，1996.

［19］BERUBE M R. American school reform：progressive，equity，and excellence movements，1883-1993［M］. Westport，CT：Greenwood Publishing Group，Inc.，1994.

［20］CUBBERLEY E P. Public education administration［M］. Boston：Houghton Mifflin，1916.

［21］CUBBERLEY E P. Public education in the United States：a study and interpretation of American educational history［M］. Cambridge，Massachusetts：The Riverside Press，1919.

［22］CURTI M. The social ideas of American educators［M］. Totowa，New Jersey：Pageant Books，1959.

［23］FONER E. The story of American freedom［M］. New York：W. W. Norton & Company，1998.

［24］KATZ M. Class bureaucracy and schools：the illusion of educational change in America［M］. New York：Praeger Publishers，1975.

［25］PARIS D C. Ideology and educational reform：themes and theories in public education［M］. Boulder，Colorado：Westview Press，1995.

［26］RAVITCH D. The schools we deserve：reflections on the educational crises of our times［M］. New York：Basic Books，1985.

［27］RAVITCH D. The revisionist revised：a critique of the radical attack on the school［M］. New York：Basic Books，1978.

[28] RAVITCH D. The trouble crusade: American education, 1945-1980[M]. New York: Basic Books, 1983.

[29] SPRING J. Education and rise of the corporate state[M]. Boston: Beacon Press, 1972.

[30] SPRING J. Political agendas for education: from the religious right to the green party[M]. Mahwah, N. J.: Lawrence Erlbaum Associates, Publishers, 2005.

[31] TYACK D, HANSOT E. Conflict and consensus in American public education[J]. Daedalus, 1981, 110(3): 1-25.

[32] TYACK D. The one best system: a history of American urban education[M]. Cambridge, Massachusetts: Harvard University Press, 1974.

[33] WEBB D L. The history of American education: a great American experiment[M]. Upper Saddle River, N. J.: Pearson Education, 2006.

第一章 20世纪初期公共教育中的意识形态冲突

话语的竞争：进步主义教育协会史*

张斌贤

在美国，无论是在20世纪五六十年代进步主义教育运动研究的高潮时期，还是在20世纪90年代以来逐渐形成的进步主义教育研究的"复兴"时期，除了克雷明（Lawrence Cremin）的《学校的变革》、格拉汉姆（Patricia A. Graham）的《进步主义教育协会史》（1967）等为数不多的论著外，关于进步主义教育协会历史的专门研究一直没有受到应有的关注。而在我国，这种研究更为缺乏，迄今为止，仅有一篇发表于20世纪80年代中期的概述性文字。①

事实上，不论协会创建者主观上期待协会扮演什么样的角色，也不论协会实际发挥了怎样的作用，在20世纪20—40年代风起云涌、波澜壮阔的美国教育变革过程中，进步主义教育协会都是难以忽略的存在。进步主义学校改革实验的推进、儿童中心观念的传播与实践、进步主义教育运动的变迁、"八年研究"（1933—1941）的开展、生活适应运动的兴起等一系列在美国教育史上具有重要影响的现象、运动和改革，都与进步主义教育协会密不可分。正如克雷明所说，进步主义教育协会的解散和《进步主义教育》杂志的停刊，"标志着美国教育一

---

* 本文原载《高等教育研究》，2014年第2期。张斌贤，北京师范大学教育历史与文化研究院教授，主要研究方向为美国教育史、西方教育思想史。参见单中惠《美国进步教育协会的始末》，《外国教育资料》1986年第1期。

① 参见单中惠《美国进步教育协会的始末》，《外国教育资料》1986年第1期。

个时代的结束”①。

进步主义教育协会虽然仅仅存在了 36 年（1919—1955），但正是在这个短暂的生存时期，协会本身充满了变化、矛盾和冲突，从而呈现显著的阶段性特征。格拉汉姆曾将进步主义教育协会的历史划分为 7 个阶段：探寻年代、从区域走向全国、思想观念的摇摆、成熟阶段、目标的困惑、最后的事业、终结。② 这种分期的长处是细致、具体，其弊端则是过于琐碎，难免前后交叉重叠，从而不利于清晰地梳理协会变迁的历史。

通过对进步主义教育协会史的梳理，可以清晰地发现，在 1919 年协会创建后的第一个 10 年，是协会充满激情和生机、和睦无间的“蜜月期”，或者如曾任协会第 4 任会长的柯布（Stanwood Cobb）所说，是一个“浪漫的开端”。在协会内部特别是其主要成员之间，并不存在明显的思想观念的分歧，对传统教育的不满、对改革美国教育的热情、对解放儿童的渴望，成为他们共同的价值取向，“七项原则”是他们共同信念的表达。正因如此，在短短的 10 年间，协会克服了经费、人员等方面的巨大困难，逐渐成为一个具有全国性影响的社团组织。从 1930 年起，进步主义教育协会进入第二个发展阶段。在这个阶段中，以柯布的卸任、协会领导层的逐渐全面更替，以及 1932 年康茨（George Counts）发表“进步主义教育敢于进步吗”的讲演为标志，协会发生了一系列重大的转变。其中，最为重要的转变就是协会指导思想的变化，由此引起了“儿童中心论”与“社会改造主义”的激烈争论，最终导致协会在组织上的分裂。对进步主义教育协会而言，从 20 世纪 40 年代初开始的十余年，实际上是一段过于漫长的“垃圾时间”。

---

① 参见劳伦斯·克雷明《学校的变革》，单中惠译，上海教育出版社，1994。

② See P. A. Graham, *Progressive Education from Arcady to Academe : a History of the Progressive Education Association 1919-1955* (New York: Teacher College Press, 1967).

在这个阶段中，除了徒劳无功地不断修改原则声明、毫无意义地更改协会名称之外，协会的所有活动均先后中止，协会仅仅存在于一份会员名单上。

据此，可以将进步主义教育协会的历史划分为 3 个主要阶段：（1）从 1919 年协会成立至 1929 年，这是协会内部思想原则高度一致的“和谐期”。（2）从 20 世纪 30 年代初到 30 年代末，这是思想观念剧烈冲撞、协会组织盛极而衰的“冲突期”。（3）从 20 世纪 30 年代末到 1955 年的“沉寂期”，这个时期协会内部虽无观念的冲突，但失去了继续自我发展的动力，解散是协会唯一可以预料的结局。

一、浪漫的开端：1919—1929 年

与其日后跌宕起伏的变化过程不同，进步主义教育协会最初的故事可谓平淡无奇。1919 年 4 月 4 日（一说 3 月 15 日①），一百多名教育界人士和关心教育改革的社会人士在华盛顿特区公共图书馆大厅举行集会。会议宣告进步主义教育协会成立，吸收了第一批 85 名会员，得到了 86 美元会员费和几百美元的捐赠。

最初设想建立一个教育协会的是约翰逊（Marietta Johnson），她是有机教育（Organic Education）实验的发起人。1918 年初，约翰逊邀请时任美国海军学院英语教师的柯布帮助她建立一个全国性的协会，以推广有机教育实验。柯布虽然接受了约翰逊的建议，但鉴于此前蒙台梭利协会失败的教训，他认为仅仅致力于推广某一种特定教育学说的组织很难成为全国性的组织。1918 年秋，柯布初步拟定了建立协会

---

① （*The*）*Washington Herald*（April 2，1919），（*The*）*Washington Star*（April 3，1919）均刊登了会议的预告。而柯布在《关于我们：开端的故事》（“Concerning Ourselves：The Romance of Beginning”）（Progressive Education，January-February-March，1929：67）的回忆中，则认为会议是在 1919 年 3 月 15 日举行的。

的计划。从1918年冬至1919年初，柯布、史密斯（Eugene Randolph Smith）、乔治（Anne E. George）及约翰逊、弗罗利切（Francis M. Froelicher）等人在华盛顿定期举行会议，讨论协会的宗旨，并为协会命名。他们最初提出的名称是“实验学校促进会”（Association for the Advancement of Experimental Schools），后因担心公众不愿意其子女成为教育改革的“实验品”而反对教育实验，因此取名为“进步主义教育促进会”（The Association of the Advancement of Progres sive Education）。在1920年的年会上，协会名称被简化为“进步主义教育协会”（the Progressive Education Association，PEA）。

协会成立后，协会的核心成员决定利用柯布祖父与哈佛大学前校长埃利奥特（Charles Eliot）的个人关系，邀请埃利奥特出任会长。[①] 埃利奥特以年龄和健康状况为由，只同意出任协会的名誉会长（1926年，埃利奥特去世。1928年，杜威应邀担任名誉会长，一直到1953年去世）。在进步主义教育协会创建早期，具体负责协会工作的主要是其执行委员会（Executive Board），它与咨询委员会一起构成了协会的领导机构。从1920年起，协会开始设立会长一职。1926年秋天，由于得到足够的资助，协会有能力聘请专职的执行秘书管理协会的日常活动。斯奈德（Morton Snyder）是第一个担任此职的人，他的继任者是多利（J. Milton Dorey）。

1924年，在孔利（Avery Coonley）夫人的资助下，协会创办了会刊《进步主义教育——最新教育趋势评论》（以下简称《进步主义教育》），成立了由孔利夫人、莫斯（Lucia Burton Morse）和柯布组成的出版委员会，负责会刊的筹划和出版等工作。在前后几任主编哈特曼（Gertrude Hartman）、弗罗利切、舒梅克（Ann Shumaker）、福斯

① P. A. Graham, *Progressive Education from Arcady to Academe: a History of the Progressive Education Association 1919-1955* (New York: Teacher College Press, 1967), p. 22.

特（Frances Foster）、克拉普（Elsie Clapp）和海姆斯（James L. Hymes，Jr.）的努力下，《进步主义教育》逐渐成为协会的舆论阵地，对扩大协会的全国性影响发挥了重要作用。进步主义教育协会之所以能在较短的时间内成为一个具有全国性影响的组织，《进步主义教育》杂志发挥了独特的作用。

协会成立后，先后开展了各种形式的活动，其中最重要的活动形式是年会。1920—1929 年，协会先后在华盛顿、戴顿、巴尔的摩、芝加哥、费城、波士顿、克利夫兰和纽约召开了 8 次年会（1924 年未举行）。在创建时期，年会是进步主义教育协会发挥交流平台作用最为有效的途径。正如柯布所说，通过年会，“我们相聚在一起，带来了我们的兴趣和问题，相互了解，并形成一种友爱和热情，这对于新的教育运动是至关重要的”①。协会开展的另一项重要活动是从 1929 年开始举办“暑期学院”（Summer lnstitute）。第一期“暑期学院”在宾夕法尼亚州立学院开办，培训了 145 名学员。与年会不同，“暑期学院”的主要目的是在中小学教师中普及、传播进步主义教育原理和新的教育方法、手段。通过以上活动，进步主义教育协会的影响不断扩大。一个重要的标志是会员人数的剧增：1919—1929 年，会员人数从最初的 85 人增加到 6469 人。协会的年度预算达到 3.5 万美元。

在波澜不兴的 10 年间，凭借协会部分成员的巨大热情和少数慈善人士的鼎力相助，进步主义教育协会不仅形成了协会的组织框架，还创办了协会的会刊，得到了埃利奥特和杜威的道义支持，吸引了哥伦比亚大学师范学院（Teacher College，Columbia University）等大学专业教育学者的参与，开展了一系列具有实际成效的活动，逐渐从一个名不见经传的小团体发展成为一个全国性的组织。正因如此，农伯格

① Stanwood Cobb，“The Romance of Beginning，” *Progressive Education* 6，No. 1 (1929)：70.

(Margaret Naumburg) 在评论进步主义教育协会 1928 年会时指出："在今天的美国，任何有悖于'进步主义教育'的东西都已经完全过时了。没有人再愿意被人说成是保守主义者。所以，在进步主义教育协会第 8 次年会上，你可以发现来自于公立和私立学校的形形色色的激进主义、进步主义和温和的保守主义的教育工作者……"①

1929 年，柯布曾著文回顾进步主义教育协会在创建时期的经历，文章的标题为《浪漫的开端》（"the Romance of Beginning"，或译作《开端的故事》）。从诸多方面看，1919—1929 年确实是协会的黄金时期，一切看起来似乎都是那么美好与和谐。但也正是这个浪漫的年代，潜藏着一系列日后引发冲突、动荡的因素。

柯布曾解释说，协会之所以用"进步主义"和"进步主义教育"命名，是因为这两个词汇已广泛流行于各种书籍、报刊和公众集会中，用它们来表示美国正在出现的"新教育"，将更易于为公众所接受。②柯布指出："进步主义教育协会建立于这样一种认识的基础之上，全国成千上万的父母和教师对现行的教育模式不满，他们期待着某种更好的教育。"③ 他又说："'进步'这个词被用于一种专门的和特定的教育模式；两年前，它在华盛顿被一批人首先用于建立'进步主义教育协会'——这是一个把运用某种新方法的教育工作者和对进步主义教育感兴趣的社会人士集合在一起的协会。"④ 从柯布的这些文字可以看到，那些发起成立协会的人士，其初衷或协会最初的组织目标是推动一切教育革新，而不是倡导某一种特定的教育实验。正因为如此，进步主

① 劳伦斯·克雷明：《学校的变革》，单中惠译，上海教育出版社，1994，第 224 页。

② Stanwood Cobb, "The Romance of Beginning," *Progressive Education* 6, No. 1 (1929): 67.

③ Stanwood Cobb, "The Romance of Beginning," *Progressive Education* 6, No. 1 (1929): 66.

④ See *The Atlantic Monthly*, No. 2(1921).

义教育协会的组织目标不过是搭建一个供不同教育实验探索进行交流的平台，“为正在全国不同地区进行的分散的和不一致的教育改革尝试提供一个中心”①，并不承担更大的使命。②在进步主义教育协会1920年制定的章程中，确定协会的目标：（1）宣传进步主义教育的原则；（2）通过教育公众，引导公共教育走向进步主义；（3）为外部人士和教师提供服务。③ 这种对组织定位和目标的构想，在协会1920年颁布的“七项原则”中得到了充分的体现。

“七项原则”是由史密斯领导的一个委员会负责起草的。与柯布、约翰逊等协会早期领导人相比，史密斯的思想主张更为开放和平衡。因此，由他负责起草协会的原则声明无疑是明智的选择。“七项原则”的主要内容：

1. 自然发展的自由。学生的行为应当由他自己根据社会的需要，而不是由专横的规则加以控制。应当为创造性和自我表现提供充分的机会，并伴随着充满为每个学生自由使用的有趣材料的环境。

2. 兴趣：一切作业的动机。兴趣应当通过以下途径加以满足和发展：（1）与世界及其运动的直接和间接的接触，以及由此获得的经验的运用；（2）已有知识的运用和不同科目的相互联系；（3）成就感。

3. 教师是指导者，而不是监工。教师应当坚信进步主义教育的目的和一般原则，应当为主动性和独创性的发展提供条件，这是非常重要的。进步主义教师将鼓励所有感官的运用和学生观察力与判断力的

---

① Stanwood Cobb, "The Romance of Beginning," *Progressive Education* 6, No. 1 (1929):72.

② 这种情况与柯布后来所说的存在着很大矛盾。1929年，柯布曾明确指出：“从（协会创立）一开始，我们的目的就没有任何保留。我们的目的就是要改革美国的全部学校制度。” See *Progressive Education*, No. 6(1929)。

③ P. A. Graham, *Progressive Education from Arcady to Academe: a History of the Progressive Education Association 1919-1955* (New York: Teacher College Press, 1967), pp. 27-28.

训练，将把大部分时间用于教导学生如何运用各种来源（包括生活活动和书籍）的知识，而不只是聆听背诵；教导学生如何获得有关知识的推论，如何有说服力和逻辑地表达已经得出的结论。理想的教学条件要求班级应当是小型的，尤其是在小学。

4. 学生发展的科学研究。学校档案不应仅限于教师给学生评定的、用以表明学生在科目学习所取得的成绩的分数，而应包括关于身体的、智力的、道德的和社会的特征的客观和主观的报告，这些特征既影响学生的学校生活和成年以后的生活，又受到学校和家庭的影响。这样的档案应当被用作对待每一个学生的指南，并促使教师关注学生发展的一切重要方面，而不只是讲授教材。

5. 对影响儿童身体发展的一切因素给予更大的关注。进步主义教育首先需要考虑的一件事是学生的健康。活动的充分空间、良好的照明和通信条件、清洁和空气流通的校舍、户外场地的易于接近和大量利用，都是必要的；应当充分利用操场；教师应与家庭合作，密切注意每一个学生的身体条件；健康是童年时期的首要目标。

6. 学校与家庭合作，以满足儿童生活的需要。学校应与家庭一起，尽可能地提供儿童的自然兴趣和活动所需要的一切条件，特别是小学期间。这些条件只能产生于父母与教师的明智合作。

7. 进步主义学校是教育运动的领导。进步主义学校应当成为教育运动的领导，它应当是一个实验室。在那里，有价值的新思想受到鼓励；在那里，传统不再支配一切，而过去的精华与今日的发现相互影响，其结果是教育知识总量的大量增加。①

---

① See "The Principles of Progressive Education," *Progressive Education* 1, No. 1 (1924).

尽管诸多学者认为“七项原则”具有明显的儿童中心论倾向①，但就当时的情势而言，这些原则其实是高度开放和具有很大包容性的。其中，既有帕克（Francis Parker）、霍尔（Stanley Hall）、杜威（至少是早期和中期的杜威）等人的思想因素，也有约翰逊、柯布等人的思想因素，甚至还包括了一些进步主义教育家所反对的具有科学主义倾向的主张（如强调对学生发展的科学研究）。“七项原则”的巨大开放性和包容性实际上反映了三个方面的问题。第一，因为协会的组织定位和目标是推进一切教育革新的努力，是各种新教育实验的交流平台，所以协会的思想倾向注定不能是单一的，而是多元的；注定不能以某一种教育原理为主导，而是多种教育理论并存，因而是平衡的。第二，在早期，协会的领导人与核心成员其实既没有系统的教育理论，也不存在一致的教育思想，只有共同的追求。正如格拉汉姆所说，进步主义教育协会领导人的共识仅仅在于他们都反对传统教育。② 第三，进步主义教育本身就不存在一种统一的教育原理或一致的思想主张。进步主义教育与其说是一种教育哲学，不如说是一种由诸多来源不同、基础各异的思想和实验所构成的教育改革的总体趋势或倾向。或如普拉特（Richard Pratte）所说，进步主义教育运动并不是一个运动，而是许多个运动的统称。③ 这同样决定了以“进步主义教育”命名的协会难以拥有一种一致的思想主张，而只能选择那些被当作进步主义教育的理论或主张并加以综合。“七项原则”实际上就是这种综合的产物。

---

① 拉格曾指出，“七项原则”中的每一条都和儿童的生活相关，但没有一条与文化、社会、人的决定性社会环境和问题相关。See H. Rugg, *Foundations for American Education* (New York: World Book Company, 1947), p. 563.

② P. A. Graham, *Progressive Education from Arcady to Academe: a History of the Progressive Education Association 1919-1955* (New York: Teacher College Press, 1967), p. 26.

③ Richard Pratter, *The Public Education Movement: A Critical Study* (New York: McKay, 1973), pp. 70-71.

在协会初创时期，这种思想原则的多元决定了协会的巨大开放性，从而保证了协会的吸引力与影响力。进步主义教育协会的会员人数之所以能在较短的时间内快速增加，除了各种活动所产生的影响及第一任执行秘书斯奈德的出色工作等因素外，协会所倡导的原则应当是一个重要的因素。这是因为在 20 世纪 20 年代，“进步主义教育”被美国公众赋予无限美好的想象，被当作一切理想教育的代名词。①

随着协会影响的扩大，无论是进步主义教育协会本身，还是外界的同情者和支持者，对协会的期望都在不断增大。仅仅作为一个信息交流的平台，并且主要关注那些具有进步主义教育倾向的小型私立学校，显然既不能满足公众的期望，也难以适应协会发展的要求。而要在进步主义教育运动中发挥更大的作用，协会本身必须发生相应的改变，至少首先要减少乃至消除内部的意见分歧，从不同观点中寻找共同点，以确立明确的进步主义教育的基本原则。早在 1923 年，哥伦比亚大学师范学院幼儿园与一年级教育系系主任希尔（Patty Smith Hill）就建议进步主义教育协会的领导层努力调和不同意见之间的分歧，从对方的观点中汲取教益。② 1926 年，协会第一任执行秘书斯奈德向执行委员会建议，协会在继续保留“七项原则”的同时，更为明确地接受教育中的科学运动，并将注意力转向公共教育。执行委员会接受了后一项建议，但未采纳前者。

1927 年，斯奈德完成《什么是进步主义教育?》一文，并将其作为协会文件向公众散发。在这份文件中，斯奈德全面分析了进步主义教育兴起的原因、目标和性质，努力发掘进步主义教育作为一种总体趋

---

① P. A. Graham, *Progressive Education from Arcady to Academe : a History of the Progressive Education Association 1919-1955* (New York: Teacher College Press, 1967), p. 145.

② P. S. Hill, "Liberalizing Movements in Elementary Education during the Last Generation," *Progressive Education Association Bulletin*, No. 16(1923): 11-16.

势中存在的内在统一性。斯奈德指出，进步主义教育运动是“人类事务中伟大的自由趋势的一部分，它与公共福利、工业关系、社会状况、国际事务领域中的其他运动是密切相连的”。[①] 他进一步指出，由于产生于相同的背景，进步主义教育家因而具有共同的精神。他们关注把学校的人为状态减小到最低限度，从而使儿童和青少年获得自然发展的机会；他们把学校看作一种冒险，而不单纯是一种训练；他们把理智的经验（intellectual experience）当作一种创造的思维，而不仅仅是学习他人已经思考过的东西；他们认为学校、家庭和世界是一种氛围和关系，而不是机构。斯奈德的结论是，进步主义教育“是科学理想主义的同盟，是一种关于儿童和青年新观念的表现……它不是一个计划，而是一种精神，一种对年轻人的天性和他们更为充实与完美的发展的良好条件的正确评价”[②]。

这种对确定“同一性”的追求在1928年达到了高潮。在1928年的年会上，作为协会名誉会长的杜威发表了“进步主义教育与教育科学”的讲演。在讲演中，杜威概括了进步主义教育实验所具有的共同特征：对于个性和自由的尊重，对天性和经验的信任，重视活动，关注社会联系，等等。[③] 他进一步指出，对于进步主义教育而言，仅仅这些贡献是远远不够的，这是因为这些共性“容易受到多种多样的含糊不清的解释”。杜威强调，进步主义学校应当发挥更具建设性的组织的作用。只有这样，才能产生一整套连贯的教育原理，才能真正对教育科学或教育哲学做出贡献。

---

① M. Snyder, "What is the Progressive Education," *NEA Proceedings and Addresses : Washington D. C.*, (1927) : 235.

② M. Snyder, "What is the Progressive Education," *NEA Proceedings and Addresses : Washington D. C.*, (1927) : 235.

③ 赵祥麟、王承绪编译《杜威教育论著选》，华东师范大学出版社，1981，第262—263页。

在杜威的讲演发表后，进步主义教育协会选举产生了一个由莫斯担任主席的委员会，负责修订“七项原则”。该委员会虽然逐字逐句修改了“七项原则”，但其主要内容没有变化。它的主要工作是新增了3条原则，它们与经修改的“七项原则”一起，构成了进步主义教育协会的“十项原则”。至此，原有的“七项原则”被废止。新增的三项原则：（1）社会发展与纪律。通过融入学校社区，发展儿童的群体意识（group consciousness）。纪律应当是自我控制而非外在强制，品格的发展应当是社会经验与对所有潜存于自然、生活、行为之中的精神力量和资源认知的结果。男女学生组成的团体和教师构成了品格与发展的正常的生活情境。（2）优美的环境。学校应当提供简朴、自然和优美的环境。（3）课程。课程应当基于儿童与青年的本性和需要，知识的获得应尽可能地通过运用科学的方法：直接的观察、调查、实验和独立的探索。学校应当不断扩大儿童的眼界，引导他们不仅了解国家的观念，而且认识人类的相互依存和国际的善意。①

与“七项原则”相比，“十项原则”有两个方面的明显变化。第一，大幅减少了“进步主义教育”一词的使用。在“七项原则”中，这个词汇出现了6次，而“十项原则”中仅使用了一次，而且只是出现在标题中。这个变化是意味深长的，既反映了“进步主义教育”这个概念在当时已不再像以前那样盛行，同时也预示着进步主义教育协会的某种转变。第二，“十项原则”特别是新增的三项原则，更多地反映了杜威的思想，同时也吸收了库克（Flora J. Cooke）关于社会群体和社会化的主张。② 从20世纪30年代协会组织的变化看，这次原则修订是意味深长的。一方面，从这次修订中可以看到，或许因为杜威的影

---

① P. A. Graham, *Progressive Education from Arcady to Academe: a History of the Progressive Education Association 1919-1955* (New York: Teacher College Press, 1967), p. 51.

② P. A. Graham, *Progressive Education from Arcady to Academe: a History of the Progressive Education Association 1919-1955* (New York: Teacher College Press, 1967), p. 51.

响，协会开始自觉地协调内部的立场，以使协会的基本原则更加明确和系统；另一方面，这个阶段，立场协调的重点实际上是淡化激进的儿童中心倾向，并通过吸收杜威和库克的思想，使协会的原则变得更加平衡。从“七项原则”到“十项原则”，再到 1930 年“十项原则”的废止，既是儿童中心倾向逐渐被淡化的过程，同时也是不同观念冲突和竞争的开始，是日后儿童中心论与社会改造主义话语竞争的“预演”。

二、迷惘的进步：1930—1941 年

在进步主义教育协会的历史上，20 世纪 30 年代是一个充满矛盾的发展阶段。一方面是风和日丽的景象，协会所开展的活动日益丰富，社会影响不断扩大，作为全国性组织的地位进一步确立，并且开始成为美国教育界的“权势集团”①；另一方面则是暗潮汹涌，从 1930 年开始，协会内部就一直处于不同思想主张之间的争论与冲突之中，协会的基本原则和发展方向也因此摇摆不定。在 20 世纪 30 年代，进步主义教育协会正是在这种迷惘中迎来了事业的鼎盛时期，并旋即陷入衰落的边缘。

这个时期进步主义教育协会所取得的成就之一是会员人数的不断增加，1930 年会员人数为 7400 人，1932 年会员人数为 7617 人，1936 年为 8600 人，1937 年会员人数为 8500 人，1938 年达到会员人数的峰值 10 440 人。

除原有的年会和“暑期学院”等活动之外，进步主义教育协会在这个阶段所开展的主要工作：第一，与美国国内其他组织和机构建立

① P. A. Graham, *Progressive Education from Arcady to Academe: a History of the Progressive Education Association 1919-1955*(New York: Teacher College Press, 1967), p. 58.

联系，开展合作。这其中主要包括1930—1931年与无线电公司“Wor”广播电台合作，开办关于进步主义教育的广播讲座（每周1次，共29周），主讲人包括克伯屈（William H. Kilpatrick）、普拉特（Caroling Pratte）等；1930年后，与纽约教育实验研究协会合作研究中学英语教学；1933年，在卡内基公司（Carnegie Corporation）和普通教育委员会（General Education Board）的资助下，开展了著名的“八年研究”。尤为重要的是，在20世纪30年代，进步主义教育协会与全国教育协会、洛克菲勒基金会、卡内基公司等具有重要影响的机构建立了较为密切的联系。这些联系的形成，一方面表明进步主义教育协会及其代表的教育革新运动已经逐步赢得了广泛的社会影响，逐渐确立了在美国教育界乃至美国社会中的地位；另一方面又为协会的发展创造了必要的条件。正是由于来自卡内基公司和普通教育委员会等机构的财政资助，才使20世纪30年代进步主义教育协会进行较大规模的实验成为可能。但是，换一个角度看，这种联系又包含着种种不利的因素。正如克雷明所分析的那样，外界的财政支持使进步主义教育协会逐渐职业化，并使协会在根本上依赖外界，而当这种支持削弱乃至终止时，协会也就难以生存。① 事实也正是如此。

第二，与新教育联谊会的联系。进步主义教育协会与新教育联谊会的联系始于1924年。在这一年，哈特曼和约翰逊作为进步主义教育协会的代表，出席了在英国爱丁堡召开的新教育联谊会年会。但随后两个组织之间的正式联系暂时中断。1929年夏，包括部分进步主义教育协会会员在内的两百多名美国教师参加了在丹麦埃尔西诺举行的新教育联谊会年会。回国后，这些会员感到西欧“新教育运动”与进步主义教育运动的理想、目的是一致的，进步主义教育协会应参与“新

① 劳伦斯·克雷明：《学校的变革》，单中惠译，上海教育出版社，1994，第286—287页。

教育运动”，并与新教育联谊会保持更密切的合作。1930年，新教育联谊会会长恩索（Beatrice Ensor）访美，并与进步主义教育协会会长福勒（Burton Fowler）共同发表了公开信，宣布进步主义教育协会加入新教育联谊会（Progressive Education，1930）。①

第三，开展多方面的研究工作。进入20世纪30年代，进步主义教育运动的一个突出变化或发展是20年代分散的、小型的教育实验逐步为较大规模和相对统一的研究所代替。为了适应这种变化，从30年代初开始，进步主义教育协会先后成立了各种委员会，以规划和执行各项研究工作。这其中有教育资源委员会、教育自由协会、中学课程委员会、人际关系委员会、农村学校委员会、家庭与学校关系委员会、实验学校委员会、成人教育委员会、师范教育委员会、学校与学院关系委员会、广播教育委员会等。

由于上述各个方面工作的积极进展，进入20世纪30年代，进步主义教育协会先后完成了三个重要的转变。第一个重要转变是从对私立学校教育实验的关注转向对公立学校教育改革的重视。由于接受了斯奈德的建议，从20年代后期开始，进步主义教育协会逐渐开始关注公共教育领域，这既是进一步扩大进步主义教育运动影响的需要，也是因为接受外部财政资助的现实考虑。② 这样的努力在30年代很快产生了成效。在1932年2月召开的第十二届年会上，时任会长的福勒自豪地指出，作为现代教育的自由力量，进步主义教育已经进入其发展的第二阶段，即它不再局限于私立学校，而走向美国所有类型的学校

---

① J. Milnor Dorey, “Notes and News,” *Progressive Education* 7, No. 4 (1930): 201-202.

② P. A. Graham, *Progressive Education from Arcady to Academe: a History of the Progressive Education Association 1919-1955* (New York: Teacher College Press, 1967), pp. 52-56.

(尤其是公立学校)。[1] 1938 年 10 月 31 日出版的《时代》周刊在封面上刊登了进步主义教育协会会长雷德弗(Frederick Redefer)的照片,并以“进步主义者的进步”等字样题图。在这本杂志的封面上,还刊印了雷德弗的一段话:“我们不再是一个造反集团……20 年前,进步主义教育主要是一种私立学校的事务。现在,在纽约、芝加哥、洛杉矶、克利夫兰、底特律、圣弗朗西斯科和其他地方,它基本上是公立学校事务的大本营。”

对于进步主义教育协会所代表的进步主义教育事业而言,这种转变显然是极为重要的,它标志着进步主义教育及其对美国教育改革的影响日益扩大。但在另一方面,伴随着这种转变的是 1932 年后协会权力结构发生了戏剧性的变化。1932 年后,担任协会会长的主要是公立学校系统的督学或教育学者,创立协会的私立学校校长和教师基本上退出了协会的核心层。值得注意的是,由于协会权力结构的变化与康茨发表引起激烈争议的“进步主义教育敢于进步吗”的讲演、进步主义教育协会内部的观念冲突公开化几乎发生在同一时期,因此很容易使人联想到二者之间的关系。克雷明与格拉汉姆都曾明确地分析了这种关系。[2] 但从进步主义教育协会本身的发展过程看,不宜过分夸大这种关系。因为随着协会本身的变化,这种权力结构的变化是早晚要发生的,观念冲突无非加快了这个变化进程。

第二个重要转变是进步主义教育协会从创建之初的社会团体转变成为一个专业团体。一方面,从 20 世纪 20 年代后期开始,随着协会影响的不断扩大,柯布等人最初确定的“信息交流中心”的组织定位实际上已经失去了意义,协会事实上已经开始自觉不自觉地扮演进步主

---

① Burton Fowler,“Progressive Education Enters A Second Phase,”*Progressive Education* 9,No. 1(1932):3.

② 参见劳伦斯·克雷明《学校的变革》,单中惠译,上海教育出版社,1994。

义教育的喉舌和进步主义教育运动中心的角色；另一方面，要使协会真正有效地扮演这样的角色，客观上又要求协会所开展的各项工作不能仅仅停留在宣传和鼓动上，而应更具专业性、科学性。只有这样，才能切实推动美国学校教育的革新，并取得实际成效。哥伦比亚大学师范学院等大学教育学者的加盟，既适应了事业发展对专业化的要求，同时又推进了协会工作的专门化，推动了协会向专业团体的转变。在整个20世纪30年代，真正反映进步主义教育协会工作的方向、业绩和社会影响的正是协会成立的各个专门委员会，如中学课程委员会、人际关系委员会等，尤其是学校与学院关系委员会及其主导的“八年研究”。

从各个方面看，“八年研究”是进步主义教育协会事业达到顶峰的标志。“八年研究”所取得的巨大成功，本来可以为进步主义教育协会带来更加广泛的支持，因而获得进一步发展的动力，但事实恰恰相反。正是在“八年研究”结束的1941年，协会迅速陷入衰落的边缘。从外部因素看，由于二战的爆发和美国的全面参战，美国社会关注的焦点从国内问题转向国际问题，“八年研究”所产生的结果难以得到应有的重视。从内部原因看，这项实验是以学校与学院关系委员会（the Committee of the Relation of School and College）为主导进行的，其主要成员如艾肯（Wilford M. Aikin，委员会主席）、艾加德（Walter Agard）、布利文（Bruce Bliven）、利思（Robert D. Leigh）、沃尔特（Raymond Walters）、拉格（Harold Rugg）、华生（Goodwin Watson）、吉尔斯（H. H. Giles）和钱伯林（Dean Chamberlin）大多来自哥伦比亚大学师范学院、俄亥俄州立大学、加州大学伯克利分校、伊利诺伊州立大学，显而易见的是，“八年研究”的成就是理性与专业化的产物，而非情感与群众性的结果。

第三个重要转变是协会基本原则的转变。与前两个转变所采取的温和与渐进的方式不同，第三个转变是以异乎寻常的激烈方式实现的，因此其结果也与前两个转变大相径庭。

在进步主义教育协会历史上，1930 年是一个具有特殊意义的年份。在这一年，新近颁布的“十项原则”被废止。同年，哈特曼在为《进步主义教育》杂志所写的《编者的话》中，明确提出应当修正杂志的办刊方针。他指出，社会形势的变化要求杂志本身做出相应的反应，“我们的杂志如果真是进步主义的，就应当不仅成为交流教育观点的场所，而且应当在激发社会改造的思想中发挥重要作用。因此，我们计划扩大杂志的范围，以便包括对教育趋势的社会思考和对当代文明急剧变化的深思熟虑的探索。对当代生活和文化的杰出评论，将提供有益于进步主义教育的解释”①。哈特曼的这些言论其实不仅涉及《进步主义教育》杂志的定位，而且关系到进步主义教育协会的定位。

也是在 1930 年，被誉为“进步主义教育协会之父”的柯布辞职。他在离任讲演中首先总结了协会过去一年的工作，分析了进步主义教育运动的现状和今后努力的方向。一方面，他指出，尽管取得了一系列重大成就，但是“我看不到任何迹象表明我们作为一个协会的目的已经实现，我们的工作已经完成。恰恰相反，只有当这个伟大国家的所有儿童和青年都达到更高的境界，只有当我们所有学校和学院的所有学生都分享我们称之为进步主义的高标准的教育……我们才能说我们的工作完成了”②。但在另一方面，柯布说：“目前，在理论上还没有差异，很幸运地，也不存在见解的冲突。”③ 接替柯布担任会长的福勒则在其就职讲演中进一步重申了进步主义教育的基本原则：“一切教育工作都应以儿童为中心，而不是以他们所学的课程为中心；对于新教育思想的科学态度，是我们取得进步的最好保证。”④ 他指出，进步主

① Gertrude Hartman, “Editorial,” *Progressive Education* 7, No. 7(1930): 350.

② Stanwood Cobb, “Retiring President's Message,” *Progressive Education* 7, No. 4 (1930): 158.

③ Burton Fowler, “President's Message,” *Progressive Education* 7, No. 4(1930): 159.

④ Burton Fowler, “President's Message,” *Progressive Education* 7, No. 4(1930): 159.

义教育协会应当继续努力开展工作。这是因为，迄今为止，只有很小一部分学校和学生已经实现进步主义的教育理想。在谈到协会今后的工作时，福勒主要列举了大力扩大《进步主义教育》杂志的影响、增加会员、承担新的研究和调查、建立新的师资培训途径、扩大与新教育联谊会的联系等。

令人惊奇的既不是前后两任会长的乐观与自信，也不是他们对事实上已经出现在协会内部的思想分歧视而不见，而是他们对“大萧条”及其对美国教育产生的全面和深刻的影响的漠视。这种漠视注定要付出高昂的代价。

1932年，在巴尔的摩召开的进步主义教育协会第十二届年会上，康茨发表了题为“进步主义教育敢于进步吗”的讲演，从而引发了其后10年进步主义教育协会思想观念的激烈争论。康茨指出，进步主义教育运动所取得的成就确实是值得夸耀的：它使人们把注意力集中到儿童，认识到兴趣的重要性和活动的教育价值，并且维护作为一个自由个体的儿童应有的权利等。但他认为，迄今为止，进步主义教育运动所做的一切还远远不够。康茨指出，进步主义教育运动的一个严重缺陷是“它产生了一种关于教育意义的过于狭隘的概念”，即只看到教育对促进个人发展的作用，而忽略了教育与社会的相关。用康茨的话说，它“没有形成一种社会福利的理论”，因而缺乏明确的方向和目标。康茨说，“进步主义”的“进步”这个概念，意味着向前运动，而如果缺乏明确规定的目的，这种向前运动是没有任何意义的。针对进步主义教育运动所确定的个性发展的教育目的，康茨指出，离开某种关于良好社会性质的概念，便不会有良好的个人；同样，缺乏这种概念，也不会有良好的概念。他进一步指出，由于进步主义教育运动缺乏明确的社会目标，因而支持了极端个人主义，而这种个人主义又只是有利于中上阶层的。“进步主义教育要真正是进步的，它就必须从这个阶层的影响中解放出来，勇敢和果断地面对一切社会问题，逐步应付严酷的生活现实，与社会建立一种有机的联系，发展一种现实的和可以理解的福利理论，形成一种关于人类命运的富于挑战和咄咄逼人的观点……简言之，进步主义教育不能在儿童的兴趣中建立它的纲领，不能把它的希望寄托在一所儿童中心学校。”①

不论人们对康茨的演说持何种立场，它引起的震动都是实实在在的。雷德弗日后回忆说：“康茨的演说结束后，整个会场一片寂静，这种寂静比鼓掌更有说服力。学校敢于建立一个新的社会秩序吗？很多人知道有些事是必须做的，很多人也愿意去尝试。在旅馆的房间和挤满了人的走廊里，教师们一直谈到第二天早晨……与进步主义教育协会年会上的任何一次演说相比，这个演说更能触动教育工作者的思想。由于激动，人们忘记了原定第二天的讨论会。甚至理事会②也召开了一个专门会议来讨论这个挑战。”③

从各个方面看，康茨的演说都是对进步主义教育和进步主义教育协会的严峻挑战。首先，对大多数进步主义教育家来说，康茨的思想过于激进，它与进步主义教育家一贯坚持的思想原则之间的距离实在太大，以至于很难被接受。在一些人的心目中，康茨的见解甚至被认为具有某种社会主义或马克思主义的倾向。其次，正当进步主义教育运动，以及作为运动中心的进步主义教育协会的各项事业如日中天之际，却遭遇了意料不到的严厉指责。更让人意料不到的是，康茨的指责不仅直指进步主义教育协会的信条，而且竟然得到了一些同道的赞同和支持。

为了回应康茨所提出的挑战，1932—1938 年，进步主义教育协会

---

① G. S. Counts,“Dare the School Build a New Social Order?,”*Progressive Education* 9,No. 4(1932):4.

② 1931 年 3 月，进步主义教育协会的执行委员会改为理事会。

③ Frederick L. Redefer,“Resolutions, Reactions and Reminiscences,”*Progressive Education* 26,No. 6(1949):188.

先后成立了若干委员会，以重新制定协会的原则。最初成立的是社会和经济问题委员会，成员有柯蒂（Merle Curti）、盖布斯（John Gambs）、胡克（Sidney Hook）、纽伦（Jesse Newlon）、贝蒂、伊斯顿（Charles Easton）、华生、雷德弗，主席为康茨。委员会的任务是“为进步主义教育协会的成员提供改革教育的思想和行动方式”。委员会的报告因华虚朋（Carleton Washburne）等人的反对未获得通过，后以“告全国教师”为题发表。

在很大程度上，社会和经济问题委员会的报告反映了康茨的思想。报告重新制定了进步主义教育的原则，指出：“新教育的目标是培养儿童们献身公共福利事业，反对暴虐特权，热爱人类各种族间的平等友爱的精神，敏捷地适应充满险阻的社会生活。”① 为了实现这些目标，进步主义教育必须彻底抛弃自由放任主义，“教师不能回避积极指导的责任，并应该坚定地为新的社会而工作”。进步主义教育协会则“必须拥有物质资源、法律人才及训练有素的活跃于出版界、法院和国会的知识分子。以这种方式为全国的教育事业服务，应当是进步主义教育协会的重要目标之一”。② 1938年，进步主义教育协会又成立了教育哲学委员会，其任务是对协会已经发表过的原则做进一步的阐释。委员会在布里姆（Orvolle Brim）和艾伯蒂（Harold Alberty）的先后领导下，于1940年完成了题为“进步主义教育的哲学与挑战”的报告。与其他委员会的报告不同，教育哲学委员会的报告在很大程度上反映了杜威的思想。报告的基本出发点是，既避免极端的儿童中心论，又避免激进的社会改造主义。报告指出，任何适合时宜的教育哲学既需要对人类本性有清晰的认识，又需要对经济萧条时期的工业危机有现实的理解。由此，报告强调“文化的基本价值”，主张“学校应当努力成

① 劳伦斯·克雷明：《学校的变革》，单中惠译，上海教育出版社，1994，第293页。
② 劳伦斯·克雷明：《学校的变革》，单中惠译，上海教育出版社，1994，第293页。

为民主的范例”。报告的结论：“对人类本性、自然力量和人类实验的深入研究使我们确信，生长是对个人的最高奖赏。它发展了人的智力，并使人对其所属的文化正在努力创造的有价值的事业，有一个承担责任的良好愿望。”① 与社会和经济问题委员会的报告一样，教育哲学委员会的报告也未被进步主义教育协会所认可。

一系列委员会的设立和一系列报告的被否决，表明进步主义教育协会陷入了空前的矛盾之中。一方面，它必须坚持它曾公开发表的原则，正是这些原则使它不同于其他教育团体，也正是这些原则维系着会员之间的关系。另一方面，社会形势又促使它修改这些原则。因为只有这样，它和它所代表的运动才有可能在社会的动荡中继续生存。在理想和现实的巨大矛盾之间，进步主义教育协会始终未能找到妥善的解决方法。

在整个20世纪30年代，对进步主义教育协会其后命运产生致命影响的是社会改造主义的兴起。早在1927年，在哥伦比亚大学师范学院就形成了一个以克伯屈为召集人的讨论小组，主要成员包括康茨、蔡尔兹（John L. Childs）、劳普（Robert B. Raup）、纽伦、布鲁纳（Edmund S. Brunner）、克拉克（Harold F. Clark）、考特尔（Donald P. Cottrell）等人。他们自称“社会改造主义者”（the Social Reconstructionists）。1927—1934年，这个讨论小组定期开会讨论美国文化、社会等方面的问题。到1932年，这个讨论小组“已经成为一个有凝聚力的团体”②。正是以这个团体为核心，1935年成立了约翰·杜威教育和文化研究学会（the John Dewey Society for the Study of Education and the Culture，以下简称杜威学会），成员共60人，分别来自12所大学，其中27人组成了学

① Harold Alberty, “Progressive Education: Its Philosophy and Challenge,” *Progressive Education* 18, No. 5(1941): 3-32.

② H. Rugg, *Foundations for American Education* (New York: World Book Company, 1947), p. 579.

会的执行委员会。除上面提到的几个人外，还包括杜威、埃利奥特（Harrison Eliot）、汉纳（Paul R. Hanna）、哈珀（Heber Harper）、约翰逊（Alvin Johnson）、林德曼（E. C. Lindeman）、米克（Lois H. Meek）等人。

杜威学会最有影响的工作是创办《社会边疆》（*the Social Frontier*）杂志。在1934年10月的创刊号中，《社会边疆》刊登了一份声明，集中阐明了杂志的出版意图和宗旨。它指出，《社会边疆》的创办旨在为那些“相信教育在美国社会的改造中具有重要的甚至是关键作用”的教师提供一个表达思想的场所。杂志的基本指导思想：认为“经济中的个人主义时代行将终结，一个以社会生活的密切联系、集体计划和管理为标志的时代已经开始。不管是福是祸，本刊都把它当作不可逆转的历史过程的结果而加以接受。本刊力图积极地迎接新时代，并且尽量明智地致力于实现丰富和改进人类生活的一切可能性”[①]。声明还说明：“《社会边疆》承认，它反对狭隘的教育观念……相反，在教育的兴趣范围内，它包括所有那些对人的形成的影响和作用，以便把个人——无论老幼，引导到团体的生活和文化中去。人们认为，教育是文化进化过程的一个方面，因此与其形成一种有限的、专门的职业主义，倒不如在促进绝大多数人……的幸福和利益的过程中，专心考虑教育的广泛作用。”[②]

社会改造主义者不仅精心创制了一套理论，而且致力于把这种理论运用到教育实践中。从20世纪30年代开始，进步主义教育协会乃至整个美国教育中所出现的一系列革新实验，都与社会改造主义者具有一定的联系。杜威学会参与了“八年研究”的大量工作，其成员如艾肯、拉格、华生等都是学校与学院关系委员会的重要成员。“八年研

---

① *The Educational Frontier*,(1934-1935):4-5.

② *The Educational Frontier*,(1934-1935):4-5.

究”的指导思想也受到社会改造主义的影响（在某种意义上，“八年研究”可以说是社会改造主义的成功，而不是进步主义教育原理的胜利。这也就不难理解为什么“八年研究”非但没有改变进步主义教育协会的命运，反而加速了它的衰败）。此外，从 20 世纪 30 年代后期开始的“青年问题”研究及“生活适应运动”也与社会改造主义相关。

社会改造主义的成型进一步激化了与进步主义教育家的矛盾，杜威学会的建立和《社会边疆》的创办则使这种矛盾进一步物化和固化，从而使任何调和成为不可能，其结果是直接造成进步主义教育协会组织的分裂。到 20 世纪 30 年代末 40 年代初，进步主义教育协会实际上已是日薄西山。

正当进步主义教育者与社会改造主义者之间的论争日益加剧，以赫钦斯（Robert Hutchins）、阿德勒（Mortimer J. Adler）和巴格莱（William Bagley）为代表的保守主义者对进步主义教育的批评不断升级之际，杜威先后发表了《新学校有多少自由》《为什么有进步主义学校》《教育与社会变动》《教育中的理性》《民主对教育的挑战》《教育和社会秩序》《教育与当前的社会问题》《需要一种教育哲学》等一系列文章，一方面有力回击保守主义对进步主义教育的指责，极力为进步主义教育辩护，并于 1936—1937 年与赫钦斯在《社会边疆》杂志上展开了激烈的论战；另一方面则对进步主义教育进行了全面的反思。

杜威指出，人们对进步主义学校的种种责难，主要缘于他们已经习惯于传统学校的一切。因此，当传统学校出了问题，人们便认为错在儿童或家庭；而当进步主义学校出了问题，则认为错在学校。杜威认为，这样的评判是非常不公平的。针对人们对进步主义学校缺少秩序和纪律的批评，杜威指出，进步主义教育所追求的本来就不是这样一种秩序，它所追求的是一种存在于教室里所有人（他们都致力于共同的作业）中的秩序。杜威进一步认为，判断秩序和纪律的标准不是教室如何安静、所用的工具和材料如何统一，而是个人和团体所从事作业的质量和数量。针对人们对进步主义学校具有一种“高度的个人主义哲学”的指责，杜威认为这是对进步主义教育的误解。他说：“正是现代学校（即进步主义学校——引者注）形成了一种严格的社会意义的目的。正是它们，正在试图制定某种使个性解放的民主信仰与个人对团体福利的责任达到和谐的方法。”① 杜威进一步指出，进步主义学校所努力发现的是儿童的道德的、理智的力量，在这方面，虽然它们有时失败了，虽然它们有时犯了错误，但必须记住，它们的方法正在发展之中，它们是新的。此外，杜威还驳斥了那种认为进步主义教育的方法只适合儿童而不适合青少年的观点。

杜威指出，进步主义学校最初是由那些对现行学校或传统学校极为不满的父母们发起的，他们表达了一种使教育更为自由和丰富的强烈愿望。进步主义学校的起源条件孕育了一种潜在的局限，这就是热情的成分大于理性的成分。由于这个原因，进步主义学校虽然具有一些共同的信念（如坚信自由、审美欣赏和艺术表现，重视个人发展的机会，强调通过活动进行学习），但缺乏一种可用来确定训练或教学的程序、选择教学的材料和决定教学重点的方法，缺乏一种明确和系统的教育哲学。由于这样的原因，在进步主义学校的实践中，往往表现了很大的片面性。儿童中心的观念便是其中之一。一方面，杜威认为，教育应以儿童为起点和归宿，这是毫无疑问的。但是，儿童并不是孤立的，他生活在自然和人的世界中，他的成长受到各种因素的制约。另一方面，儿童的经验虽然是宝贵的教育资源，但是儿童的经验是不完全的，他们必须深入客观和人的世界中。在经验尚未相对成熟之前，儿童的冲动是盲目的。不对这些冲动进行指导、引导，便意味着允许他们盲目的活动。而指导和引导则意味着通过客观的材料使本能和冲动得以实现。这种材料必须按照一种使经验获得有序和建设性发展的

---

① John Dewey, *Education Today* (New York: Greenwood Press, 1940), p. 277.

方式加以提供，并且经过审慎的选择和组织。①

杜威进一步指出，真正的儿童中心或自我中心（self-centered）并不是以个人的情感和冲动为中心，也不意味着屈从个人自私自利的愿望和野心。这样的中心是一种放荡，并将最终导致一切“中心”的毁灭，而在一部分进步主义学校中，由于对成人灌输的近乎病态的恐惧，因而所谓“儿童中心”往往导致了对儿童的放纵。杜威强调说，进步主义学校要想不断发展，实现自己的目标，就“必须通过对适用于能力和理解的有序发展的条件和方法的不断研究，形成更为庞大、广泛和适用的材料”②。

杜威的用心可谓良苦。但在20世纪30年代这样的激进时期，这种思想的折中并不能消弭进步主义者和社会改造主义者之间严重的思想裂痕，尤其是当这两种思想都具有极其强烈的否定性倾向，当思想的冲突与权力或利益掺杂在一起的时候。

三、伤感的结局：1942—1955年

自1919年成立以来，进步主义教育协会的活动经费主要有两个来源：会员的会费和个人及团体的资助。从20世纪40年代初开始，由于会员人数的锐减，协会的影响力逐渐萎缩。因为协会的影响仅限于少数会员，它也就难以获得外界的经费支持。这种局面所导致的直接结果是协会的财务状况日益恶化（1946年8月28日，进步主义教育协会被审计部门宣告破产）。而糟糕的财务状况又进一步限制了协会所开展的活动。从20世纪40年代初开始，包括年会和“暑期学院”在内的进

---

① J. A. Boydston, *The Collected Works of John Dewey: The Later Works 1925-1953*, Vol. 5(Southern Illinois Unviersity Press, 1984), p. 321.

② J. A. Boydston, *The Collected Works of John Dewey: The Later Works 1925-1953*, Vol. 5(Southern Illinois Unviersity Press, 1984), p. 321.

步主义教育协会原有的一些重要的经常性工作逐渐中断，各专门委员会也因完成了预定的任务而自然解散。除了《进步主义教育》杂志继续刊行和理事会不定期召开小型会议外，进步主义教育协会事实上已经只剩下一个空壳。

在这种状况下，一种悲观失望的情绪弥漫在协会内部，甚至它的领导机构——理事会，也对协会的前景产生了怀疑。克雷明指出，从 20 世纪 40 年代初开始，诸如“进步主义教育协会是否已经完成了它开始想要完成的任务”，“进步主义教育协会是否必须作为一个独立的组织继续存在”等令人沮丧的问题支配了理事会会议。① 在 1943 年 10 月召开的理事会上，对协会的前途问题，形成了三种不同的意见：一种意见认为进步主义教育协会应当解散，由新的、更强有力的组织取而代之；另一种意见则主张继续保留协会，但改变协会的某些主张，并且为它赋予新的活力；再一种意见强调，为了抵制对进步主义教育的批评，应当努力使协会继续存在下去，并且与一个更为强大的组织建立更为密切的关系。经会员通信投票表决，第三种意见被采纳，同时吸取了第二种意见。1944 年春，进步主义教育协会正式更名为“美国教育联谊会”（American Education Fellowship）作为西欧新教育联谊会（New Education Fellowship）的美国分会。

协会更名后，在公开发表的原则声明中，阐明了美国教育联谊会的目的：“首先，对良好的教育做出界定；然后，激发家长、教师、学生和公民的兴趣，并引导他们为所有的儿童和青年受到这种良好的教育而斗争。”所谓“良好的教育”，“是一个学习和生活的过程，通过这个过程，使孩子们非常关心世界的发展，成为具有相当理解力的公民。在这个世界里，自由的人能够并且将一起生活和工作，如果需要的话，

① 劳伦斯·克雷明：《学校的变革》，单中惠译，上海教育出版社，1994，第 298 页。

还将为共同的利益而斗争”。[①] 声明指出，良好的教育只能在良好的社会中发展起来，因此美国教育联谊会将不仅进行教育改革，还将促进更为广泛的社会改革，使“适当的健康服务、娱乐活动和良好的住房、有保证的就业机会和废除宗教与种族偏见的民主风尚”成为现实。

美国教育联谊会的目的显然在一定程度上吸取了社会改造主义的主张，因而与进步主义教育协会的原则有明显不同。这表明，经过 20 世纪 30 年代初至 40 年代初长达 10 年的迷惘之后，进步主义教育协会终于重新确定了自己的方向。但这毕竟为时已晚，协会本身已经失去了昔日的巨大影响力，又怎么能企求它的声明发生实际的作用呢?

在进步主义教育协会 36 年的历史中，更名是一个具有明显象征意义的重要事件。正如当初它以“进步主义教育”为协会命名一样，它之所以更名为“美国教育联谊会”也不是偶然的。这事实上说明，到 20 世纪 40 年代初，进步主义教育协会自身已经无力再以自己的行动和言论回击对它的各种批评，已经难以凭借自己的力量发展自身。由于协会工作的专业化，它失去了公众的支持，接着由于内部的分裂，它又失去了专业人员的支持。现在，它只得依赖远在大西洋彼岸的新教育联谊会。而对于一个“土生土长”的群众性组织来说，当它的衰落已是大势所趋时，这种依赖是不会产生任何实际效果的。1953 年美国教育联谊会又恢复原名也多少说明了这一点。

进步主义教育协会在其存在的最后十余年里，所从事的主要工作一是为协会更名，再一个就是不断修改它的原则声明。1944 年的声明在 1948 年被修正。到 1953 年，又取消了 1948 年的声明，重新制定了一个新的原则声明。除了上述两个方面的工作之外，1944—1955 年，进步主义教育协会几乎没有留下任何实际行动的记录。正如克雷明所说，“进步主义教育协会从 1944 年开始到 1955 年解散的历史，最多是

---

① *Progressive Education*,(1944-1945):22.

对过去所有事情的注解。这是一个关于声明和修改声明的悲哀故事，既没有什么措施，也没有多少成员，只有苦恼”①。1955年，当协会最后一任会长赫尔费希宣布解散进步主义教育协会时，协会事实上已经不存在了，或者说只存在于一份会员名单上。在协会解散后，由于俄亥俄大学的资助，《进步主义教育》杂志继续刊行。1957年，因资助取消，杂志停刊。

四、无尽的遐思：1938年以来

进步主义教育协会的解体之所以成为一个“谜”，并不在于协会解体本身，而在于它为什么是在进步主义教育运动进入全盛时期后如此迅速地解体的。

对于进步主义教育及进步主义教育协会的衰落与解体之谜的破解，其实早在20世纪30年代后期就已经开始。杜威的《经验与教育》（1938）、博德（Bode）的《进步主义教育在十字路口》（1938）、拉格的《美国教育基础》（1947）是早期具有代表性的工作。从20世纪50年代起，伍德林（Paul Woodring）、爱德华滋和里奇（Richey）、路卡斯（Lucas）、克雷明和格拉汉姆等人都曾探讨了进步主义教育运动衰落的原因。在这些探讨中，自然也会涉及对协会解体原因的分析。例如，伍德林认为：“他们（进步主义者）固守自己的原则，直到它们成了陈词滥调；由于进步主义的追随者纵容自己的极端主义，因而在公众的心目中，它逐渐被等同于恣意妄为。”② 克雷明认为，进步主义教育运动衰落的原因是多方面的：（1）进步主义教育运动内部的分裂、冲突。（2）进步主义教育运动内在的否定主义倾向。进步主义教育运

① 劳伦斯·克雷明：《学校的变革》，单中惠译，上海教育出版社，1994，第298—299页。

② P. A. Woodring, *Fourth of a Nation* (New York: McGraw-Hill Co., 1957), p. 16.

动在反对什么上很清楚，而在赞成什么上始终不那么明确。简言之，在破坏旧的教育体制和观念上，进步主义教育家有很多作为，而在建设新的学校制度和观念方面，他们少有建树。（3）进步主义者所建议的做法在时间和能力上对教师提出了过高的要求。（4）进步主义教育运动的成功反而使它自身受到损害。这就是说，进步主义教育家在取得了最初的成功之后，逐渐变得故步自封，未能不断发展他们的思想和计划。（5）保守主义者的攻击。（6）缺乏公众的支持。（7）进步主义教育运动不能与美国社会的不断变化保持同步。① 这些分析中有的也适用于对进步主义教育协会解体原因的分析。

从全面的观点看，导致进步主义教育运动衰落和解体的原因是十分复杂的。这其中既有社会运动一般性运动规律的作用，又有进步主义教育所特有的问题；既有进步主义教育运动内在的原因，也有美国社会变迁所造成的外在作用因素。正是在一系列因素的交互作用下，才形成了一场轰轰烈烈的教育革新运动在达到全盛后却以令人惊奇的速度衰落、解体这样一种历史现象。

如果仅仅从进步主义教育协会自身的原因分析，那么是什么造成了协会的迅速解体呢？20 世纪 50 年代，柯布在接受克雷明的访问时，从当事人的角度谈到了进步主义教育协会内部所发生的不为人知的“内幕”。他说：“在第一个 10 年，协会是一个热情洋溢、协作良好的工作组织，但是接下来情况就不同了……‘他们’从我们手中夺走了它。”② 柯布所说的“他们”，主要就是哥伦比亚大学师范学院的教育学者，而“我们”则是创建协会的私立学校校长和教师们。把协会的衰落和解体归结为不同群体之间的权力之争，不仅是柯布的见解，事实上也是克雷明和格拉汉姆的观点。

---

① 劳伦斯·克雷明：《学校的变革》，单中惠译，上海教育出版社，1994，第 381—385 页。

② 劳伦斯·克雷明：《学校的变革》，单中惠译，上海教育出版社，1994，第 279 页。

从进步主义教育协会的发起人和早期领导人的背景可以看到，在创建时期，协会是一个由热心教育改革的教育实际工作者和社会人士组成的社团组织，而非专业团体。进步主义教育协会早期的核心成员多为私立学校的校长或教师，如协会的第一任会长摩根（Arthur E. Morgan，任期1920—1922年）是莫雷恩公园学校（Moraine Park School）校长；第二任会长史密斯（任期1923—1925年）为比弗日校（Beaver Country Day School）的教师，后任帕克学校（Park School）校长；第三任会长弗罗利切（任期1925—1927年）曾任费城栎木路日校校长（Oak Lane Country Day School）；第四任会长柯布（任期1927—1929年）时任美国海军学院教授，后任切维·蔡斯日校（Chevy Chase Country Day School）校长。其他主要成员如乔治为华盛顿蒙台梭利学校（Washington Montessori School）校长，约翰逊为有机学校（Organic School）创始人，斯奈德先后任教于纽瓦克中学（Newark Academy）、巴尔的摩公园学校（Park School）和斯卡巴勒学校（Scarborough School），福勒时任塔山学校（the Tower Hill School）校长等。相同的背景既产生了共同的追求，也形成了协会早期核心成员思想倾向的一致性。在很大程度上，他们都是儿童中心论的坚定信奉者。之所以说1919—1929年是协会的观念“和谐期”，主要是因为这个时期，儿童中心论是协会的基本原则和价值追求。

从1922年巴尔的摩年会和1923年芝加哥年会开始，来自哥伦比亚大学师范学院等大学从事教育专业研究的教师逐渐参与进步主义教育协会的活动。从1926年前后开始，克伯屈、拉格、华虚朋、比第（W. W. Beatty）和赖恩（W. Carson Ryan）等先后成为进步主义教育协会执行委员会和咨询委员会的成员，发挥着日益重要的作用。尽管教育学者很少实际担任协会的领导人，但其在协会中地位的不断上升是不争的事实。从20世纪20年代后期开始，为解决棘手的经费问题，协会大力谋求外界的支持。在这个过程中，拉格等人发挥了积极的作用。

正是因为他们的努力，协会才陆续获得了卡内基公司和普通教育委员会的资助，“八年研究”等一系列重要的项目才得以实施。

客观地分析教育学者的加盟，既是进步主义教育协会发展的结果，又是协会进一步发展的动因。一方面，正是因为协会的社会影响不断扩大，才吸引了教育学者的参与。与此同时，教育学者的加盟也适应了进步主义教育运动发展的内在要求，即从运动最初的社会动员阶段向合法化、制度化阶段的转变，① 从一种对传统教育的反叛和改革美国教育的激情向一种建设和创造的自觉努力、一种实现新的教育信念的周密计划和行动方案的转变。作为一场社会运动，进步主义教育要想继续生存和不断发展，必须实现这样的转变。在这个转变过程中，发生变化的不仅是运动的运行方向和节奏，自然还包含了作为运动象征的组织本身。就此而言，进步主义教育协会的领导权被“夺走”是势所必然。但在事实上，协会领导权的转移并没有直接导致协会的衰落。20 世纪 30 年代无疑是进步主义教育协会的黄金时期，其会员人数、社会影响、与外部的联系等，都远胜于第一个 10 年。因此，协会内部权力结构的变化并非导致协会衰落和解体的主要或直接原因。

另一方面，要成功地实现上述转变，一个关键的因素是思想原则的变化。进步主义教育运动是由来自不同源头的溪流汇合而成的，多元化、差异性是它得以发展的原动力。事实上，进步主义教育协会早期的领导人除了职业特征相近之外，最大的共同点仅仅在于他们都反对传统教育。随着运动本身的进展，进步主义教育协会必须寻求一种一致性或统一性，或者如杜威所说的“一种明确和系统的教育哲学”。教育学者的加盟至少为这种教育哲学的获得提供了可能性。随之而来的问题是，这是一种什么样的教育哲学？正是在这个问题上，进步主义教育协会内部发生了持续和激烈的冲突，并由话语的竞争引发了组

---

① 罗伯逊：《社会学》（下册），黄育馥译，商务印书馆，1991，第 788—789 页。

织的竞争，从而直接导致协会的分裂和最终解体。借用柯布的表达方式，“他们”夺走的其实不是协会的领导权，而是话语权。

进一步的问题是，为什么话语和话语权的竞争和冲突最终会导致协会的衰落和解体呢？

早在20世纪30年代后期，杜威就已经发现在进步主义教育运动中存在的一个根本问题就是“非此即彼”（Either-ors）的极端的思维方式。在《经验与教育》一文中，杜威试图“探讨现实种种矛盾的起因，然后比较代表各个论争派别的实际和思想，不偏向于任何一方，提出一种更深刻的、更全面的实施计划”①。

杜威指出，进步主义教育运动在其发展过程中所表现出来的一个基本局限是习惯于用“非此即彼”的思维方式认识问题，阐明自己的主张。因此，进步主义教育运动始终面临着一种危险，“即当它抛弃它将取而代之的一些目标和方法时，它可能只是消极地而不是积极地、建设性地提出它的原则。因此，在实践中，它是从被它抛弃的东西里获取解决问题的启示，而不是建设性发展自己的哲学，从而寻求解决问题的答案”②。也就是说，由于“非此即彼”的思想方式，进步主义教育运动至今仍未能从运动早期阶段所具有的“对抗的、偏离的和革新的”特征中摆脱出来，它仍是一个“破坏者”或传统的“反叛者”，而不是建设者。杜威的分析虽然主要针对进步主义教育，但这又何尝不是社会改造主义自身存在的问题呢？早在20世纪40年代后期，拉格在回顾19世纪末20世纪初以来美国教育的发展趋势时，提到了美国教育界正式出现的4种运动：以学科为中心的公共教育运动，以学科为中心、以永恒主义和要素主义为代表的自由教育运动，以儿童为中心的

① 杜威：《经验与教育》，载《我们怎样思维·经验与教育》，姜文闵译，人民教育出版社，1991，第246页。

② 杜威：《经验与教育》，载《我们怎样思维·经验与教育》，姜文闵译，人民教育出版社，1991，第246页。

进步主义教育运动，以社会为中心的社会教育运动。拉格指出，进步主义教育运动始于1896年“杜威学校”的创办，到20世纪20年代末基本结束，而以社会改造主义为代表的社会教育运动则盛行于三四十年代。① 在这里，拉格实际上是把进步主义与社会改造主义完全对立起来，当作前后交替的两个运动。

奈勒（George Kneller）指出，社会改造主义本质上是进步主义的派生物或进步主义的一个派别。② 这是因为，第一，包括拉格、康茨、克伯屈在内的社会改造主义者，原先大多是进步主义教育运动中很有影响的教育家，其思想倾向在20世纪30年代的变化并不是全面和根本的，而是有一定界限的。也就是说，由于社会改造主义者与进步主义的种种联系，即使他们改变了称谓，也难以真正与进步主义彻底决裂。第二，社会改造主义与进步主义在思想渊源上具有一种“同源”关系，它们是同一棵树上结出来的两个“果子”。这棵“大树”不是别的，正是杜威的教育哲学。如果说在20世纪20年代，克伯屈、拉格等人积极发展了杜威思想中注重个人发展的一面，那么在20世纪30年代，他们则充分挖掘了杜威思想中强调社会发展的另一面。第三，从历史的观点看，进步主义与社会改造主义代表了进步主义教育运动的两个发展阶段，二者是相互联系的。易言之，以儿童中心为导向的进步主义反映了进步主义教育运动在20世纪30年代以前的发展趋势，以社会中心为特征的社会改造主义则代表了进步主义教育运动在20世纪30年代以后的演变趋势。换个角度，进步主义与社会改造主义分别是进步主义教育运动的两个重要侧面，是运动的“两翼”。第四，社会改造主义与进步主义联系的更为基本的方面在于，虽然二者的“中心”看似不同，

---

① H. Rugg, *Foundations for American Education* (New York: World Book Company, 1947), p. 515.

② 泰勒：《教育哲学导论》，载陈友松主编《当代西方教育哲学》，教育科学出版社，1982，第92页。

但在本质上是一致的。社会改造主义对社会改造、社会观念、社会目的等的强调，并不是一种目的，而是一种手段。那么，社会改造主义者则把目的与手段做了区分。从这个意义上讲，社会改造主义与进步主义在基本价值观上是一脉相承的。①

如果说进步主义教育是以激进的方式反对过去的一切教育，那么社会改造主义则是以同样激进的方式反对进步主义教育。由于“非此即彼”的偏激的思维方式，无论是进步主义还是社会改造主义，都忽略了从对立面汲取对己有利的因素，都不能对自己的思想原则进行批判性的检验，从而再一次陷入独断主义的泥沼。正如杜威所说的那样，“任何以一种‘主义’为思想和行动依据的运动，都会陷入被其他‘主义’所控制的运动的对立方面”②。进步主义与社会改造主义内在的否定性倾向和偏激的思维方式是导致二者剧烈冲突的根本原因，而正是这种话语权的冲突和竞争导致了进步主义教育协会的分裂和解体。

参考文献

［1］陈友松．当代西方教育哲学［M］．杨之岭，林冰，蔡振生，等译，北京：教育科学出版社，1982．

［2］单中惠．美国进步教育协会的始末［J］．外国教育资料，1986（1）：63-64．

［3］杜威．我们怎样思维·经验与教育［M］．姜文闵，译．北京：人民教育出版社，1991．

［4］克雷明．学校的变革［M］．单中惠，马晓斌，译．上海：上海教育出版社，1994．

［5］罗伯逊．社会学（下册）［M］．黄育馥，译．北京：商务印书

① 梅逊：《西方当代教育理论》，陆有铨译，文化教育出版社，1984，第 106 页。

② 杜威：《经验与教育》，载《我们怎样思维·经验与教育》，姜文闵译，人民教育出版社，1991，第 246 页。

馆，1991.

［6］梅逊. 西方当代教育理论［M］. 陆有铨，译. 北京：文化教育出版社，1984.

［7］赵祥麟，王承绪. 杜威教育论著选［M］. 上海：华东师范大学出版社，1981.

[8] BOYDSTON J A. The collected works of john dewey: the later works 1925-1953[M]. Vol. 5. Carbondale, I. L. : Southern Illinois University Press, 1984.

[9] COUNTS G S. Dare the school build a new social order? [J]. Progressive Education, 1932, 9(4): 4.

[10] DEWEY J. Education today [M]. New York: Greenwood Press, 1940.

[11] GRAHAM P A. Progressive education from arcady to academe: a history of the progressive education association 1919-1955 [M]. New York: Teacher College Press, 1967.

[12] Hill P S. Liberalizing movements in elementary education during the last generation[J]. Progressive Education Association Bulletin, 1923(16): 11-16.

[13] PRATTER R. The public education movement: a critical study [M]. New York: McKay, 1973.

[14] RUGG H. Foundations for American education[M]. New York: World Book Company, 1947.

[15] SNYDER M. What is the progressive education[M]. Washington D. C. : NEA Proceedings and Addresses, 1927.

[16] WOODRING P. A fourth of a nation[M]. New York: McGraw-Hill Co. , 1957.

美国黑幕揭发运动：大众化杂志、进步知识分子与公众舆论*

肖华锋

20世纪初，美国社会从农业文明向工业文明的转型接近尾声。但美国社会出现了一个发展的悖论：经济腾飞，国力位居世界第一，伴随而来的金钱至上、社会道德堕落、官商勾结、滥用童工等种种不公正的腐败现象肆虐美国。一批新闻记者和作家为了社会正义，利用大众化杂志为传播媒体，借助深度解析的报道和鞭辟入里的言论，对此社会现象进行了长达10年的揭露和抨击，史称“黑幕揭发运动”（the muckraking movement）。黑幕揭发者的笔触深入到美国社会的各个黑暗角落，他们犀利尖刻的笔锋不断刺激着美国人麻木的神经，使大众逐渐意识到问题成堆的社会现状，从而产生了渴求变革的心理。20世纪初美国社会改革的舆论环境由此而形成。①

---

* 本文原载《历史研究》2004年第4期。肖华锋，江西师范大学外国语学院教授，研究方向为世界文化史、美国史。

① 黑幕揭发运动与美国进步主义改革运动几乎相始终。它们之间的因果关系不容忽视。路易斯·菲勒教授被认为是研究黑幕揭发运动史最权威的美国历史学者。See Peter Conn, *The Divided Mind: Ideology and Imagination in America, 1898-1917* (Cambridge: Cambridge University Press, 1983), p. 50。他把黑幕揭发运动与19世纪末20世纪初的自由主义思潮和进步主义运动有机地结合起来，认为“黑幕揭发需要一个强大的进步主义运动来贯彻和推动”。See Louis Filler, *The Muckrakers: Crusaders for American Liberalism* (Bloomington: Stanford University Press, 1993), p. XIX.

最早一部研究黑幕揭发运动的专著是 C. C. 热吉尔 1932 年发表的《黑幕揭发者时代》。作者认为，黑幕揭发者及其作品没有得到足够的历史评价，20 世纪初的头 10 年，黑幕揭发运动的最大特点在于大量作家齐心协力、利用大众化杂志的渲染而发起了这一运动。[①] 此外，学界普遍持黑幕揭发者只"重揭露问题而非解决问题"的观点。大卫·马克·查默斯则认为，黑幕揭发者不仅揭露问题，而且对问题提出了相应的解决方案。[②] 罗伯特·米拉尔迪则从新闻学角度探讨了黑幕揭发新闻的性质及其衰落的原因。[③] 1970 年在华盛顿召开的美国历史协会年会上举办了名为"黑幕揭发与社会危机"的专题讨论会，由此而出现了一系列讨论美国历史上黑幕揭发现象的研究成果。1973 年由约翰·M. 哈利森和哈里·H. 斯泰因编辑出版了题为"黑幕揭发：过去、现状和将来"的文集。[④] 该文集集中收录了对 20 世纪初和 20 世纪 70 年代美国历史上两大黑幕揭发高潮的研究。相对而言，国内关于美国黑幕揭发运动的研究较为贫乏。李剑鸣教授开国内学界之先，把黑幕揭发运动融入 20 世纪初美国进步主义运动进行研究，认为黑幕揭发者所揭露的社会问题为进步派改革指明了方向。"不少黑幕揭发著作成为改革的重要依据，而不少黑幕揭发者本人则是坚定的改革派。"[⑤]

笔者认为，黑幕揭发运动是一场知识分子发起的以整合社会和寻

---

① C. C. Regier, *The Era of The Muckrakers* (Chapel Hill: University of North Carolina Press, 1932), p. 195.

② See David Mark Chalmers, *The Social and Political Ideas of The Muckrakers* (New York: Citadel Press, 1970).

③ See Robert Miraldi, *Muckraking and Objectivity: Journalism's Colliding Traditions* (New York: Greenwood Press, 1990).

④ See John M. Harrison and Harry H. Stein, *Muckraking: Past, Present and Future* (University Park: Pennsylvania State University Press, 1973).

⑤ 李剑鸣：《大转折的年代——美国进步主义运动研究》，天津教育出版社，1992，第 72 页。

求公正为目的的改革运动，而非革命运动，文化批判和新闻监督是其手段。[①] 本文拟在以前研究的基础上，具体研究黑幕揭发运动中的大众化杂志、进步知识分子与公众舆论的形成，从这样一个角度审视黑幕揭发运动在美国历史进程中的作用。

一

社会问题盛行和大众化杂志的兴起是黑幕揭发运动产生的必要条件。[②] 前者为黑幕揭发者提供了揭露素材，后者为运动的传播创造了条件。

19 世纪下半叶巨大的经济变化导致美国社会两极分化，“强盗大王”们（robber barons）恣意妄为，连带引发一系列社会问题，为揭发者提供了丰富的素材。[③] “如果企业和政治真正是服务于人民，黑幕揭发者就不可能吸引这么多人相信他们的指控。”[④] 美国人经过南北内战洗礼之后变得更加现实、世俗，崇尚物质主义和拜金主义，关注物质进步，追求金钱财富，使人沦为经济动物、金钱的奴隶。“美国在创造财富的过程中，似乎正面临失去灵魂的危险。”[⑤] 美国人的道德观念开始沦丧，社会生活一派混乱，出现了李剑鸣所形容的“工业文明综合

① 参见肖华锋《美国黑幕揭发运动评释》，《世界历史》2003 年第 3 期。

② 肖华锋：《美国黑幕揭发运动研究》，博士学位论文，复旦大学历史学系，2000，第 101 页。

③ 参见肖华锋《论 19 世纪下半叶美国“强盗大王”们的财富学说》，《江西师范大学学报》2000 年第 3 期。

④ Walter Lippmann, *Drift and Mastery: An Attempt to Diagnose the Current Unrest* (New York: M. Kennerley, 1917), p. 4.

⑤ Harold Underwood Faulkner, *The Quest for Social Justice: 1898-1914* (New York: The Macmillan Company, 1931), p. 81.

征”[①]。例如，经济垄断。垄断是19世纪下半叶主要西方工业国家的经济现象。美国从19世纪70年代开始数十年，先后出现过垄断程度不一的3种组织形式：合伙经营（pool）、托拉斯（trust）和控股公司（holding company）。[②] 其中以“托拉斯”为主，故美国有“托拉斯帝国”之称。事实上，美国历史上第一次企业合并运动的高峰期就在1897—1903年。[③] 约翰·穆迪在1904年出版的《托拉斯实录》一书表明，这段时间里，大大小小318家工业托拉斯合并了几乎5300家不同的工厂。[④] 公司合并虽然有利于企业做大做强，朝大规模发展，某种程度上也有利于经济稳定，但无疑加剧了垄断，遏制了市场竞争，市场经济最后产生变异。黑幕揭发者关注于此乃在情理之中。

财富分配的两极化在19世纪末趋于登峰造极。仅占美国家庭总数0.016%的最富之户，在1860年占有全国财富的比例是3.6%，到1890年上升为9.6%。1891年，《论坛》杂志刊登托马斯·G.希尔曼的文章《随之而来的亿万富翁》，预测美国至少有120名资产超过1000万美元的富翁；1892年，《纽约论坛报》列出了4047位有名的百万富翁；据国情普查局统计员1893年披露的材料，估计当时9%的家庭占有全国财富的71%。据统计，在19世纪40年代，整个美国的百万富翁不足20位，但到1910年，仅坐在美国参议院的百万富翁就可能超过20

① 李剑鸣：《大转折的年代——美国进步主义运动研究》，天津教育出版社，1992，第24—42页。

② 参见肖华锋《论19世纪末20世纪初美国公司化运动》，《江西师范大学学报》2002年第1期。

③ Samuel P. Hays, *The Response to Industrialism: 1885-1914* (Chicago, IL.: University of Chicago Press, 1995), p. 72.

④ Harold Underwood Faulkner, *The Quest for Social Justice: 1898-1914* (New York: The Macmillan Company, 1931), p. 28.

位。[①] 另一说，1860 年美国百万富翁只有 3 位，但 40 年后已增至约 3800 位。全国十分之一的人口控制了十分之九的财富。[②] 由于工业化和机械化削弱了庞大的农民人口，代之而起的是一支城市无产阶级大军。1900 年，美国工业委员会报道，全国人口中 60%—88%都是穷人和赤贫者。[③] 1896—1910 年，最富的 1%人口所掌握的国民财富从 8%增长到 15%。同一时期，美国国民经济总产值翻了三番，但工人总工资只翻了两番，这反映工人的经济地位相对下降。城市的发展给人们带来了机会和自由，但同时也带来了危险和冲突。[④]

政府行为因受金钱支配，官商勾结的腐败行为层出不穷，美国民主制日益受到严峻考验。政治腐败在美国并不新鲜，但至 20 世纪，这一问题变得越来越严重。人口的飞速增长、国家的工业化和城市化加剧了各级政府行政管理的困难。这是政治腐败严重化的客观原因，而政府官员挡不住金钱的诱惑，利用手中权力，官商勾结、权钱交易，是政治腐败的人为因素。其结果是，上至国会，下至市政府，都成了贪污腐败分子聚会的场所。20—21 世纪的美国参议院被称为“百万富翁俱乐部”。克利斯托弗·P. 康诺利发现，“怀俄明州的弗兰西斯·E. 沃伦经营企业失败，但当上参议员后成了百万富翁”[⑤]。整个参议院除

---

① Richard Hofstadter, *The Age of Reform* (New York: Alfred A. Knopf, 1955), p. 136.

② Authur Weinberg and Lila Shaffer Weinberg, *The Muckrakers: the Era in Journalism That Moved America to Reform-the Most Significant Magazine Articles of 1902-1912* (New York: Putnam's Sons, 1961), p. xiii.

③ John J. Broesamle, *Reform and Reaction in Twentieth Century American Politics* (Westport: Greenwood, 1990), p. 33.

④ Otis A. Pease, *The Progressive Years: the Spirit and Achievement of American Reform* (New York: George Braziller, Inc., 1962), p. 5.

⑤ David Mark Chalmers, *The Social and Political Ideas of The Muckrakers* (New York: Citadel Press, 1970), p. 29.

拉福莱特、贝弗里奇、蒂尔曼等人外，大多数参议员都是有权有势的政党老板或公司老板。“几乎没有一个参议员不代表公司。”① 因此，在整个改革过程中，参议院一直扮演着一个最保守、最反动的角色。无论是纯净食品问题、铁路问题，还是关税问题，参议院都是顽固不化，一切进步的立法总在参议院被扼杀。为此，参议院遭到了各派进步人士的谴责和攻击。其中，抨击最激烈的当属黑幕揭发者大卫·格雷厄姆·菲利普斯。他在其系列文章《参议院的背叛》里开门见山地写道：“背叛是一个强硬措辞，但用来概括现在的参议院特点，一点都不算强硬，甚至还非常弱……参议员都不是人民选出来的，他们都是由‘利益集团’选出来的。”② 而黑幕揭发运动的先驱林肯·斯蒂芬斯则不遗余力地揭露美国市政腐败问题。③ 1907 年，他声称：“我的特殊职业就是撰写贪污、贪污分子和总的美国政治不公正的情况。”④

美国社会、经济、政治领域的结构性矛盾滋生了一系列的社会问题，成为有识之士奋力揭发的重重黑幕。而廉价的大众化杂志兴起，为黑幕揭发文章的普及从而形成一场全国性运动创造了良好的传播条件。可以说，那些大众化杂志是黑幕揭发者自我宣传的阵地，是黑幕揭发运动的喉舌。因为大众化杂志的兴起，“黑幕揭发”才有能力吸引全

---

① Louis Filler, *The Muckrakers : Crusaders for American Liberalism* (Stanford University Press, 1993), p. 247.

② Authur Weinberg and Lila Shaffer Weinberg, *The Muckrakers : the Era in Journalism That Moved America to Reform-the Most Significant Magazine Articles of 1902-1912* (New York: Putnam's Sons, 1961), p. 69.

③ 参见肖华锋《林肯·斯蒂芬斯与美国市政腐败》，《江西师范大学学报》2001 年第 1 期。

④ Otis A. Pease, *The Progressive Years : the Spirit and Achievement of American Reform* (New York: George Braziller, Inc., 1962), p. 131.

国范围的受众，[1] 故而有"黑幕揭发杂志"（the muckraking magazines）之称。

经过 1865—1914 年的发展演变，美国报刊业完成了大众化过程。[2] 从时间上来说，美国杂志的大众化比报纸晚了十多年，但毫无疑问，站在黑幕揭发运动最前线的是那些大众化杂志而非报纸。[3] 黑幕揭发新闻之所以能在杂志上流行，主要因素是杂志与报纸相比有很大的优势：1. 报纸篇幅小、时效短，其黑幕揭发新闻大多是关于报社所在地的新闻，只能刺激一些地方抗议行动，而杂志篇幅大，能容纳信息量大、分析全面、大范围地揭露全国性问题的黑幕揭发文章，而且面向全国发行。正因为如此，20 世纪初的黑幕揭发者很容易就形成一股全国性的揭发运动声势。2. 黑幕揭发新闻的文学性更强，许多黑幕揭发者都介于新闻记者和文学家之间，所以其新闻报道的时效性要求不如报纸记者那么强，有些黑幕揭发文章要经过杂志记者数月甚至几年的往返奔波和调查才能撰就。因此，他们的文章篇幅大、可读性强，作者可栩栩如生地揭露某一问题的细节，从而达到震撼读者灵魂的最终目的，而杂志容量大正好满足了这一要求。[4] 从黑幕揭发新闻来讲，"大众报纸只能充当那些伟大的黑幕揭发杂志的副手"[5]。

---

① Authur Weinberg and Lila Shaffer Weinberg, *The Muckrakers: the Era in Journalism That Moved America to Reform-the Most Significant Magazine Articles of 1902-1912* (New York: Putnam's Sons, 1961), p. xviii.

② 参见肖华锋《论美国报刊媒体的大众化：1865—1914》，《史学月刊》2001 年第 11 期。

③ 肖华锋：《美国黑幕揭发运动研究》，博士学位论文，复旦大学历史学系，2000，第 74 页。

④ 参见肖华锋《论美国报刊媒体的大众化：1865—1914》，《史学月刊》2001 年第 11 期。

⑤ Louis Filler, *The Muckrakers: Crusaders for American Liberalism* (Bloomington: Stanford University Press, 1993), p. 30.

1890—1915 年被认为是美国杂志史上的黄金时期。[①] 之前，美国有影响的杂志有 4 家：《哈泼氏》《世纪》《大西洋月刊》和《斯克里布纳氏》。它们主要是高级文艺性杂志，旨在培养读者的文化品位。对当代的政治经济尤其是与普通美国人生活密切关联的问题少有刊载，[②] 而且价格昂贵，除《斯克里布纳氏》定价 25 美分外，其余均为 35 美分。无论从内容上还是价格上，都不利于杂志的普及，其发行量都有限，一般在 13 万份左右[③]。

杂志的定价、内容、风格的变化反映了美国杂志的大众化。与传统的文艺性杂志相比，新杂志明显带有现代社会的市场气息：价格低廉、内容通俗并具有现实性。它们的主编“不是文人而是企业发起人”，把杂志作为企业来办，而不是视其为纯粹的文化事业，所以主编的市场竞争意识强烈。为争取更多读者，在 19 世纪 80 年代末 90 年代初，以塞缪尔·S. 麦克卢尔、约翰·布里斯本·沃克和弗兰克·A. 芒西为代表，在美国杂志界掀起了一股竞相降价的风潮。1893 年，芒西率先将其《芒西氏》降至 10 美分。沃克的《世界主义者》甚至在 1898 年调整为年定价 1 美元，一直持续到 1911 年。[④]

把杂志定价降为 10 美分，适应了普通收入读者的文化消费水平，最直接的效果是杂志的发行量急剧上升。《麦克卢尔氏》《世界主义者》《芒西氏》《柯利尔氏》《人人杂志》《妇女家庭杂志》等月发行量均在几十万份以上。数十万份的发行量于当今而言，也许不算大刊物，但

---

① Peter Lyon, *Success Story: the Life and Times of S. S. Mcclure* (New York: Charles Scribner's Sons, 1963), p. 114.

② C. C. Regier, *The Era of The Muckrakers* (Chapel Hill: University of North Carolina Press, 1932), pp. 11-12.

③ Richard Hofstadter, *The Age of Reform* (New York: Alfred A. Knopf, 1955), p. 192.

④ Frank Luther Mott, *A History of American Magazines (1885-1905)* (Cambridge, Mass.: Harvard University Press, 1957), pp. 484-485.

相对于20世纪初只有7800万人口的美国来说，就是销量非常大的杂志了。平均来讲，1893年后，10美分杂志使美国全部杂志的读者增加了4倍。[①] 芒西估计，1893—1899年，10美分杂志使购买杂志的人从25万增加到了75万。[②] 同时，更严肃的非小说类杂志也一直在培育读者对政治和经济问题的兴趣。由此，热吉尔认为，三大新的因素进入了美国生活：至少有50万从未买过杂志的人开始购买杂志，这标志着杂志读者可能增加200万；相当数量的人以前读报纸，现在转向看杂志；以营利为目的，满足读者所需，尽量激发读者兴趣的大众化杂志已经出现。[③]

从某种程度上可以说，降价促使了杂志发行剧增，形成了19世纪末20世纪初杂志发行的第一高峰。杂志发行的第二高峰期是在"黑幕揭发时代"。这是杂志内容改革的结果。

查默斯认为，1903—1912年黑幕揭发时期，大众化杂志的月均发行量超过300万册，当《星期六晚邮》和《妇女家庭杂志》努力追求规模的时候，总发行量有时会高达五百多万，其影响深入到二千多个美国家庭当中。[④]《人人杂志》1903年的发行量是15万份，1904年25万份，而至1905年又翻了一番，其直接原因是托马斯·W. 劳森《疯狂的金融》的连载。[⑤] 可见"黑幕揭发"已成为新杂志主编用来提高发行量

---

① Russel Blaine Nye, *Midwestern Progressive Politics: a Historical Study of Its Origins and Development, 1870-1958* (East Lansing: Michigan State University Press, 1959), p. 170.

② C. C. Regier, *The Era of The Muckrakers* (Chapel Hill: University of North Carolina Press, 1932), p. 20.

③ C. C. Regier, *The Era of The Muckrakers* (Chapel Hill: University of North Carolina Press, 1932), p. 21.

④ David Mark Chalmers, *The Social and Political Ideas of The Muckrakers* (New York: Citadel Press, 1970), p. 11.

⑤ Louis Filler, *Muckraking and Progressivism in the American Tradition* (New Brunswick, NJ: Transaction Publishers, 1996), p. 335.

的最成功的手段。以前，激起公众舆论由报纸完成，而现在都由各家杂志“接管”过来了。① 而这种现象与杂志的大众化和通俗化是分不开的。借助黑幕揭发推动改革，这方面没有谁的影响超出那些大众化杂志。②

大众化杂志的出现无疑为美国黑幕揭发运动创造了一个广阔的公共讨论空间。不容否认，这些杂志也成为20世纪初黑幕揭发运动最有力的宣传媒体，为同时期的美国进步主义改革做出了伟大贡献。如果没有这些大众化杂志，黑幕揭发记者的努力几乎会付诸东流。③

二

大众化杂志的兴起为20世纪初美国“公众”公开讨论社会问题创造了一个较为民主而透明的公共领域。正是这些杂志把黑幕揭发者的批判精神和批判信息传播给全国受众，从而产生了一场颇有声势的黑幕揭发运动，无论是从新闻监督抑或文化批判角度看，都达到了令人满意的改革效果。但是，若没有黑幕揭发者的支持，《麦克卢尔氏》等自然无法承担“黑幕揭发”的重任，④ 两者的关系是相辅相成的。黑幕揭发杂志的力量最终在于“公众要求揭露。它们是因为刊载了抨击力最强的文章才变得强大，而非那些毫无攻击性的文章。所以，继续满

---

① Harold Underwood Faulkner, *The Quest for Social Justice*: *1898-1914* (New York: The Macmillan Company, 1931), p. 257.

② Harold Underwood Faulkner, *The Quest for Social Justice*: *1898-1914* (New York: The Macmillan Company, 1931), p. 112.

③ C. C. Regier, *The Era of The Muckrakers* (Chapel Hill: University of North Carolina Press, 1932), p. 11.

④ John M. Harrison and Harry H. Stein, *Muckraking*: *Past*, *Present and Future* (University Park: Pennsylvania State University Press, 1973), p. 29.

足公众需求的是黑幕揭发者本身而不是杂志的编辑们"[①]。因为这些杂志的主编更大程度上是企业家而非纯粹的文人，"黑幕揭发"只是他们牟利的手段。如此目的自然决定了主编的事业会受到各垄断公司的钳制，或被吞并，或以撤走广告相威胁，这也导致黑幕揭发事业难以持久。[②]

黑幕揭发运动的参与者遍及各行各业，大学教授、改革家、环境保护主义者、牧师和政府官员等，他们积极撰文揭露社会黑幕。[③]1903—1912年，仅在《麦克卢尔氏》《世界主义者》《美国人杂志》等十多家大众化杂志上就刊登了二千多篇黑幕揭发文章。但其主要发动者和参加者是一批新闻记者。查默斯认为，堪称职业黑幕揭发者的是12位男记者和1位女记者，[④] 他们撰写了六百多篇黑幕揭发文章和90本著作，几占黑幕揭发文章总数的三分之一。[⑤] 他们是运动的核心，专门从事黑幕揭发题材的新闻写作，而且所揭露的领域各有分工，几乎涵盖20世纪初主要社会问题，如政府腐败、托拉斯非法垄断、假药和食品不卫生状况、使用童工和种族歧视等。每一个人在某一个特定领域都能挖出壁龛，成为公认的权威。

黑幕揭发者大致分为两派。一派是记者出身，其报道客观严肃，被称为"学者型"黑幕揭发者，代表人有林肯·斯蒂芬斯、埃达·塔

---

① Louis Filler, *The Muckrakers: Crusaders for American Liberalism* (San Francisco: Stanford University Press, 1993), p. 342.

② 参见肖华锋《试析美国黑幕揭发运动衰落的原因》，《史学月刊》2000年第3期。

③ David Mark Chalmers, *The Social and Political Ideas of The Muckrakers* (New York: Citadel Press, 1970), p. 15.

④ 他们是萨姆尔·H. 亚当斯、雷·S. 贝克、C. P. 康诺利、伯顿·J. 亨德利克、韦尔·欧文、托马斯·W. 劳森、阿尔弗烈德·H. 路易斯、大卫·格莱汉姆·菲利普斯、查尔斯·E. 拉塞尔、厄普顿·辛克莱、林肯·斯蒂芬斯、埃达·塔贝尔、乔治·K. 特纳。

⑤ David Mark Chalmers, *The Social and Political Ideas of The Muckrakers* (New York: Citadel Press, 1970), p. 8.

贝尔等。斯蒂芬斯平均每年写 4 篇报道，对政府腐败进行了鞭辟入里的揭露。[①] 塔贝尔花了 5 年时间调查，只写了 15 篇报道，最后汇编成书——《美孚石油公司史》。在其鸿篇巨制里，塔贝尔已暗示两大论点：垄断毁灭了健康的个人主义；其手段是非法和不道德的。“美孚石油公司史”实际上是美孚石油公司这只“大手”如何攫取同行“战利品”“扼杀其未来发展”的历史。[②] 另一派是以大卫·格莱汉姆·菲利普斯和厄普顿·辛克莱为代表的“作家型”黑幕揭发者。前者通过《参议院的背叛》系列报道揭露美国参议员的腐败行径，因其煽情味太浓而被西奥多·罗斯福总统奚落为“肮脏的、嘴臭的流氓”[③]。后者虽然只花了 7 周时间进行实地调查，但凭借其妙笔生花的才华，写出了揭露芝加哥屠宰场脏乱状况的《屠场》，影响巨大，直接推动了《纯净食品及药物管理法》的出台。[④]

上述两派虽有客观与煽情之分，但其出发点都是严肃的。与“黄色新闻”歪曲事实、纯为满足读者的感官需求不同，黑幕揭发者之揭露是为了社会责任，其作品事实有据，他们运用煽情手法是为了更深入地唤醒公众良知，对塑造一个有利于社会改革的“民主公众”起到了很大的作用。[⑤]

这些黑幕揭发记者被菲勒教授称为“自由主义斗士”。他们一般出生于美国南北内战前后，林肯是他们从小崇拜的偶像。他们大都来自

---

① 参见肖华锋《林肯·斯蒂芬斯与美国市政腐败》，《江西师范大学学报》2001 年第 1 期。

② Ida M. Tarbell, *The History of the Standard Oil Company* (N. Y. : Dover Publications, 1963), p. 37.

③ Robert Miraldi, *Muckraking and Objectivity: Journalism's Colliding Traditions* (New York: Greenwood Press, 1990), p. 27.

④ 参见肖华锋《“屠场”与美国纯净食品运动》，《江西财经大学学报》2003 年第 1 期。

⑤ 参见肖华锋《美国黑幕揭发运动评释》，《世界历史》2003 年第 3 期。

美国西部或中西部地区，长期受到民主氛围的熏陶，而且家境富裕，多数人接受过良好的早期教育和高等教育，有的还留学欧洲，吸收了科学的调研方法。作为新闻记者，他们综合了进步知识分子的特点：有文化，有事业心，社会责任感强，崇尚资本主义价值观念，对前程充满乐观主义精神。他们光明磊落，信仰民主。他们认为，如果了解到弊病，就应该起来对它们采取行动。他们“耙粪”，是因为他们钟爱这个世界。尽管他们对不公平现象感到愤懑，但心中并没有仇恨。① 虽然对社会弊端揭露得淋漓尽致，但他们并不想推翻美国制度，而是希望通过揭露唤醒民心，推动改革，实现正义。每人都有一颗爱国心，深爱自己的国家。他们既是个人主义者，又是民族主义者。② 对他们而言，美国虽然“丑陋不堪”，但仍然是他们的家乡，他们仍然是美国人，通过改革，美国终究会变好。③ 其根据就是美国人一时失落了的“自尊心”。④ 只要唤醒这种自尊心，“流弊终会革除，美好时代终会到来”。由此，呼唤公民自尊心成了黑幕揭发者揭露的主要目的。阿尔伯特·B. 哈特在1912年写道：“在如此繁荣和舒适的国家，居然有严重的问题，成千上万的美国人感到难以想象……相当一部分人感到不满意和愤怒并将要改变面貌。”⑤ 黑幕揭发者就是这“相当一部分人”中的成员。他们并未受美国社会的表面繁荣蒙蔽，而是意识到世风日下，

---

① Authur Weinberg and Lila Shaffer Weinberg, *The Muckrakers : the Era in Journalism That Moved America to Reform-the Most Significant Magazine Articles of 1902-1912* (New York: Putnam's Sons, 1961), p. 431.

② Louis Filler, *The Muckrakers : Crusaders for American Liberalism* (San Francisco: Stanford University Press, 1993), p. 4.

③ Louis Filler, *The Muckrakers : Crusaders for American Liberalism* (San Francisco: Stanford University Press, 1993), p. 7.

④ Lincoln Steffens, *The Shame of the Cities* (New York: Sagamore Press, 1957), p. 18.

⑤ John J. Broesamle, *Reform and Reaction in Twentieth Century American Politics* (Westport: Greenwood, 1990), p. 39.

社会矛盾日益尖锐，必须做出适当的调整。由此可见，黑幕揭发运动主要是美国新闻界发动的一场社会批判运动，是一场文化的而非政治的运动。① 黑幕揭发者“希望通过道德规劝刺激其同胞参加一场道德改革运动”②。他们不仅是黑幕揭发运动的直接参与者，同时也是美国社会中产阶级阵营中的一员。

19 世纪下半叶，随着美国经济“腾飞”和工业化，美国社会阶级对抗加剧，这从当时大规模的工农组织和工农运动可见一斑。值得注意的是，美国工业化不仅仅制造了两大对抗阶级——工业资产阶级和工业无产阶级，而且使中产阶级异军突起，成为美国社会的中坚力量。在社会贫富两极分化加剧、社会骚动和阶级冲突越来越激烈的情况下，中产阶级积极倡导改革，成为 19 世纪末 20 世纪初美国社会改革的动力。可以说，中产阶级是美国社会的黏合剂，是他们保证了美国社会和平而稳定地从无序向有序转型。③ 美国黑幕揭发运动获得的最有力的社会支持就是当时新兴的中产阶级。

一般来讲，只有在工业社会里，中产阶级才能成为社会主流。④ 关于中产阶级的定义，学界见仁见智，莫衷一是。⑤ 笔者认为，划分中产阶级，必须强调两个条件：中间地位（经济地位和社会地位）和较好的素质（文化素质和社会责任）。中产阶级都是脑力劳动者，工作相对固定，收入较高。他们无生活困窘之虞且有一定闲暇，因此有时间和精力参加社会活动和献身于公益事业。⑥ 根据这些特点，我们可以把中

---

① 参见肖华锋《美国黑幕揭发运动评释》，《世界历史》2003 年第 3 期。

② Stanley K. Schultz, “The Morality of Politics: the Muckrakers' Vision of Democracy,” *The Journal of American History* 52, No. 3(1965): 530.

③ 参见肖华锋《19 世纪后半叶美国中产阶级的兴起》，《文史哲》2001 年第 5 期。

④ 李庆余、周贵银：《美国现代化道路》，人民出版社，1994，第 3 页。

⑤ 张友伦：《当代美国社会运动和美国工人阶级》，天津人民出版社，1991，第 243—249 页；陈恕祥：《美国贫困问题研究》，武汉大学出版社，2000，第 209—215 页。

⑥ 参见肖华锋《19 世纪后半叶美国中产阶级的兴起》，《文史哲》2001 年第 5 期。

产阶级归为两大类：专业技术人员（医生、律师、教师、新闻记者、建筑师等），公司、政府里从事脑力劳动的白领阶层（公司非生产性雇员和政府公务员等）。在美国进步主义时代，虽然劳资冲突依然激烈，但是中产阶级人数突飞猛涨。1870 年，有 75 万人分别担任经理、带薪水的专业技术人员、推销员和办公室工作人员等；至 1910 年，增至每 5 个人中就有 1 人担任这些工作。[①] 霍夫斯塔德认为，新中产阶级的人数不论是绝对数还是相对数，都在快速增长。1870—1910 年，美国总人口增长 2 倍多，其中工人阶级增长 3 倍，农民增长 1 倍，旧中产阶级只增长 2 倍，但新中产阶级增长了近 7 倍，人数从 7516 万增至 56 019 万人，成为中产阶级中的多数，占 63%。[②] 他同时认为，20 世纪初的进步主义有别于 19 世纪末人民党主义之处是“城市中产阶级不仅参加了反抗潮流，而且担负了运动的领导责任”[③]。

中产阶级中职业性最强、社会地位最高的是属于知识分子阶层的专业技术人员，如医生、律师、建筑师、教师和新闻记者等。1900 年，美国专业技术人员已达到一百二十多万人。[④] 人数虽然少，但他们的思想传播对当时的改革舆论导向作用非常大，为 20 世纪初在美国形成一个健康的公众舆论环境起到了至关重要的作用。[⑤]

不可否认，黑幕揭发者的努力，若没有政府改革的呼应，其历史影响不可能有如此之大。而西奥多·罗斯福作为在任总统，对美国社

---

① Steven J. Diner, *A Very Different Age: Americans of the Progressive Era* (New York: Hill&Wang, 1998), p. 156.

② Richard Hofstadter, *The Age of Reform* (New York: Alfred A. Knopf, 1955), p. 218.

③ Richard Hofstadter, *The Age of Reform* (New York: Alfred A. Knopf, 1955), p. 131.

④ Alan Dawley, *Struggle for Justice: Social Responsibility and the Liberal State* (Cambridge, Mass.: Harvard University Press, 1991), p. 20.

⑤ 参见肖华锋《19 世纪后半叶美国中产阶级的兴起》，《文史哲》2001 年第 5 期。

会的改革功不可没。作为美国进步主义改革运动的总舵手，他非常重视舆论的力量，并且充分利用公众舆论推行他的进步主义改革事业。从某种程度上可以说，黑幕揭发运动之所以开展得如此有规模且有声势，与罗斯福总统的“支持”和“宣传”是分不开的。①

但是，作为政治家，罗斯福对待新闻的态度与作为知识分子的黑幕揭发者的看法有本质上的不同。后者认为，他们的工作价值就在于通过媒体揭露问题和监督政府，而罗斯福却希望通过媒体宣传其改革成就和社会和谐。

所以，当1906年菲利普斯在《世界主义者》上连载《参议院的背叛》时，罗斯福阅后非常气愤，认为这是不负责任的新闻，并且在1906年4月14日众议院办公大楼奠基典礼的演讲中，严厉指责揭发者是一些不谙世事、只注意“地上的污秽”而从不仰看“头上的皇冠”的“耙粪者”(muckrakers)。“如果他们继续认为整个世界只是污秽一片，那么他们手中有用的权力（指监督权）也将没有了。”

罗斯福的公开谴责在全国引起轩然大波。黑幕揭发者一开始非常愤懑，但随后顺水推舟，利用罗斯福的批评为自己造势，干脆以“耙粪者”的身份到处搜寻污点。而那些大众化杂志也抓住发行的契机，积极鼓励揭丑，为黑幕揭发者提供固定的发表园地。黑幕揭发队伍也因此扩大，除记者和作家外，其他行业的改革派也纷纷加入。同时，关心社会的热心读者积极响应。一场颇有声势的“黑幕揭发运动”由此展开。

可以说，1906年是黑幕揭发运动的高潮。之前虽然一直有黑幕揭发传统，但“muckrake”术语的使用是从罗斯福开始的。所以，罗斯福对黑幕揭发起到了推波助澜的作用。菲勒教授认为“他对黑幕揭发

---

① 参见肖华锋《西奥多·罗斯福与美国黑幕揭发运动》，《江西师范大学学报》2003年第1期。

运动的出现具有不可推卸的责任”[1]。这是罗斯福本人所始料未及的。

作为一位开明的改革总统，罗斯福也能恰当地尊重并利用黑幕揭发舆论。他不仅经常邀请记者朋友到白宫做客谈心，征求他们对一些问题的看法，而且对黑幕揭发者揭露的问题总是尽量认真考虑。市政腐败、非法垄断、劳资冲突等黑幕揭发者所揭露的问题都在罗斯福治理下进行了不同程度的改革。尤其是《纯净食品及药物管理法》的通过，纯粹是罗斯福在相信厄普顿·辛克莱的《屠场》所揭露的肉食品行业卫生状况太差的事实之后极力促成的。[2]

综上所述，黑幕揭发者是黑幕揭发运动的旗手、宣传员，他们充分利用大众化杂志作为宣传阵地，运用记者和作家得天独厚的条件，在全国掀起了一场黑幕揭发运动。而中产阶级是美国黑幕揭发运动的群众基础，是黑幕揭发者和大众化杂志传播的民主受众，他们是20世纪初美国社会改革的主力。但从制度上实现改革，还得仰仗罗斯福发动的政府行为。罗斯福对黑幕揭发运动的“支持”和“宣传”是一种巧合，歪打正着。但不能否认的是，罗斯福凭借自己的狡猾和大度，巧妙地把黑幕揭发运动同他的进步主义改革运动结合起来，美国社会因此而顺利实现转型。

三

由此可见，黑幕揭发运动在实现19世纪末20世纪初美国社会大转型的过程中起到了一定的作用。我们评价社会“转型”，不能简单地以量化指标来衡量。社会转型不光是指由贫困社会向富裕社会的转变，

---

① Louis Filler, *The Muckrakers: Crusaders for American Liberalism* (San Francisco: Stanford University Press, 1993), p. 44.

② 参见肖华锋《“屠场”与美国纯净食品运动》，《江西财经大学学报》2003年第1期。

所谓的经济增长指数和社会成员教育水平提高指数只是社会发展“转型”的一个方面，在某种意义上，社会转型强调的是一种观念，是一种现代公民意识和民主公众的成长，即公民的权利意识和责任意识的成长。为解决 20—21 世纪美国的社会危机，实现社会公正和民主的预期目标，以黑幕揭发者为代表的美国进步知识分子一致认为，“民主公众”是关键。只有这样，才能实现公众判断和透明决策。“真正的民主就是在政治生活中发展一个民主公众，”[①] 而提高公众的判断力是制造“民主公众”的关键。马特森认为，只有当公民聚在一起对影响他们生活的地方性和全国性问题进行商议并做出公共判断的时候，“民主公众”才会形成。通过这样的公共讨论，公民能掌握那些发展“民主公众”所必需的技能——听、劝、辩论、妥协并寻找共同点。而这些技能的习得过程正是公民自我教育以做出明智决策的过程。[②]

但是，如何塑造一个“民主公众”并使之有威力呢？我认为，关键取决于两大要素：一是公民的素质；二是公民“公共性”讨论的机会。这是“民主公众”能否形成的两个基本条件。进步知识分子皆认为，“公共性是公正的真正灵魂”[③]。杜威说过：“如果知识是交流和传播的一种功能，而非形式主义的抽象物的话，那么，从基层的教育机构到政治决策，公共领域的自由和活力始终是一个社会成就的最高尺度。”[④] 大众化杂志是 20 世纪初美国公共领域塑造“民主公众”的有力媒介，为公众展开“公共性”讨论提供了一个绝好的论坛和机会。在

① Kevin Mattson, *Creating a Democratic Public* (University Park, Penn. : Pennsylvania State University Press, 1998), p. 5.

② Kevin Mattson, *Creating a Democratic Public* (University Park, Penn. : Pennsylvania State University Press, 1998), p. 4-5.

③ Leon Fink, *Progressive Intellectuals and the Dilemmas of Democratic Commitment* (Cambridge, Mass. : Harvard University Press, 1998), p. 14.

④ Leon Fink, *Progressive Intellectuals and the Dilemmas of Democratic Commitment* (Cambridge, Mass. : Harvard University Press, 1998), p. 17.

这里，“每一个人都是站在一个不同的位置上来看和听的”，充分体现了公共生活的意义。[①]

在进步知识分子心目中，“公众”与“大众”的区别是很严格的。前者追求民主、理性和科学，是有教养的人。“如果大众是指那些随随便便、‘未经雕琢的’人，民主公众就是指那些被培养成具有公民责任意识的人。”如果极少数特权阶级随时准备为自私目的而利用大众之麻木或狂热的话，那么民主自治的成功与否从根本上取决于有教养公众的自觉而理性的参与。查尔斯·朱布林认为：“一个人只有通过参与才能成为公民，而且不仅仅参加每年一度的投票，还必须履行日常的公民权利和义务。”[②] 在知识分子的引导支持下，“公众”将能控制“大众”。[③] 而“大众意见”和“公众舆论”也是有区别的。“大众”是一物质现象，可能为一，指“全体人口”；“大众意见”往往是随意的、无组织的，甚至是狂热的，其盲从性很强，可以说是些“乌合之议”。而“公众”是一社会心理概念，往往随问题而生，有多少问题就有多少公众，“公众舆论”总是有一些主舆论人在通过印刷文字进行舆论诱导，其批判性和政治目的非常明显，即为了发现问题、解决问题，是较为理性的意见。[④]

为培养民众的公共精神，黑幕揭发者做出了两点努力：其一，大范围的揭露，借此让民众了解国情，刺激他们麻木的神经，从而达到

---

① 汪晖、陈燕谷：《文化与公共性》，生活·读书·新知三联书店，1998，第45页。

② Kevin Mattson, *Creating a Democratic Public* (University Park, Penn.: Pennsylvania State University Press, 1998), p. 14.

③ Leon Fink, *Progressive Intellectuals and the Dilemmas of Democratic Commitment* (Cambridge, Mass.: Harvard University Press, 1998), p. 16.

④ 肖华锋：《美国黑幕揭发运动研究》，博士学位论文，复旦大学历史学系，2000，第1—20页。

启蒙效果。他们认为一个“知情的公众舆论将使进步成为可能”①。历史昭示，在震撼美国人的良心上，黑幕揭发具有无与伦比的力量。② 其二，呼吁改革以扩大民众参政议政的权利和机会，如公民创制权、公民表决权、罢免权、直接预选和参议员直选等。唯有如此，民主制度才能得以维护。

当时的社会科学和黑幕揭发新闻的经典作品都注重事实而非笼统的解释，这无疑对读者了解社会现状颇有帮助。黑幕揭发者想通过揭露鼓励受过教育的“公众”（指了解情况的人——引者注）去改变工业资本主义的不公正。著名黑幕揭发者雷·斯坦纳德·贝克就曾多次写下这样的誓言：“我的工作就是启蒙，‘教育、教育、再教育’。”很明显，他的“教育”不是指学校教育，而是指其揭露文章给人们所提供的教育素材。黑幕揭发者相信，只要让人们知道腐败，他们就必定会采取行动。他们想激发一种公众的理念作为改革的基础。③ 在《麦克卢尔氏》刊登系列揭露文章后不久，贝克写道，各种各样的揭露文章“比其他任何出版物都更能震撼美国人的灵魂”④。黑幕揭发者给自己确定了一个清晰而朴素的议事日程：发现事实，把事实传播给人民，然后让人民去改变世界。⑤ 正因如此，大多数黑幕揭发者一开始都只停留在“揭发事实”上，并没有对如何解决问题进行过多的探讨。他们的

① David Mark Chalmers, *The Social and Political Ideas of The Muckrakers* (New York: Citadel Press, 1970), p. 105.

② John M. Harrison and Harry H. Stein, *Muckraking: Past, Present and Future* (University Park: Pennsylvania State University Press, 1973), p. 22.

③ Kevin Mattson, *Creating a Democratic Public* (University Park, Penn.: Pennsylvania State University Press, 1998), p. 7.

④ David Mark Chalmers, *The Social and Political Ideas of The Muckrakers* (New York: Citadel Press, 1970), p. 67.

⑤ Leon Fink, *Progressive Intellectuals and the Dilemmas of Democratic Commitment* (Cambridge, Mass.: Harvard University Press, 1998), p. 25.

目的是“教育”、提供信息，其作品虽然带有作者的批评观点，但终究是以事实为主。它们主要是针对美国的社会良心，其目的是揭露而非解决。① 具体怎么做，应该由公众自己去判断。正是这样，黑幕揭发者在产生一个“民主公众”和形成一个宜于改革的“公众舆论”上的作用非常大。沃尔特·李普曼认为，黑幕揭发运动最重要的发现就是找到了人们要听的事实。他强调说：“没有其他方法来解释黑幕揭发者为什么能这么快赢得赞许。他们并不是原野所传来的声音，也不是被石头砸死的孤独的先知。他们需要人听，就有人听，需要人相信，就有人相信……人们对社会不满一定有真正的原因，否则那片以崇拜成功而闻名的国土就不可能对那些已获成功的人那般凶狠。”②

当然，对待“公众舆论”的威力，我们应该辩证地看，不能过分夸大其作用。作为民主社会公共领域的重要内容，“公众舆论”所体现的民主实际上是一种“话语民主”。在平等交往的前提下，公众以话语方式形成意见和意愿，从而对社会产生影响。科恩对“话语民主”做了如下定义：

> 话语民主这一概念植根于民主交往的直觉理想中，根据这一理想，交往的条件是否合理，通过平等公民的公共辩论和批判来决定。这样，在解决集体事务的过程中，公民凭借公共批判，承载了一定的责任。因为基础机制建构了自由公共讨论的框架。

但是，话语并不具有统治功能。它产生了一种交往权力，并不取

---

① Authur Weinberg and Lila Shaffer Weinberg, *The Muckrakers: the Era in Journalism That Moved America to Reform-the Most Significant Magazine Articles of 1902-1912* (New York: Putnam's Sons, 1961), p. xviii.

② Walter Lippmann, *Drift and Mastery: An Attempt to Diagnose the Current Unrest* (New York: M. Kennerley, 1917), pp. 4-5.

代管理权力，只是“以围攻的方式”对其施加影响。① 因此，“公众舆论”的真正威力和价值体现在道德约束力上，因为只有从道德视角出发，人们才能够不掺有任何党派色彩，对什么是共同利益做出判断。

20 世纪初的美国知识分子认为，“政治上的解救”不在于某一方案，而在于人们解决问题的心境，即斯蒂芬斯所言的“心智”②。对他们来说，心理学是政治的关键，教育是社会变革的契机，而文化革命像社会革命一样重要。就此而言，黑幕揭发者时时刻刻强调“公众舆论”“公民精神”等，实际上就是通过“话语”宣传强调道德和文化的力量。很大程度上，他们是出于一种社会责任感而去揭露，其道德影响力和威慑力不可小视，但只是“影响”而非“左右”。社会革新的力量来自黑幕揭发者、进步知识分子及其附托的中产阶级、民主公众及权力精英形成的合力。

参考文献

[1] 陈恕祥. 美国贫困问题研究 [M]. 武汉：武汉大学出版社，2000.

[2] 哈贝马斯. 公共领域的结构转型 [M]. 曹卫东，王晓珏，刘北城，等译，上海：学林出版社，1999.

[3] 李剑鸣. 大转折的年代——美国进步主义运动研究 [M]. 天津：天津教育出版社，1992.

[4] 李庆余，周贵银. 美国现代化道路 [M]. 北京：人民出版社，1994.

[5] 汪晖，陈燕谷. 文化与公共性 [M]. 北京：生活·读书·新

---

① 哈贝马斯：《公共领域的结构转型》，曹卫东等译，学林出版社，1999，第 28 页。

② Christopher Lasch, *The New Radicalism in America (1889-1963): the Intellectual as a Social Type* (N. Y.: Knopf, 1965), p. 286.

知三联书店，1998.

[6] 肖华锋. 美国黑幕揭发运动评释 [J]. 世界历史，2003 (3): 12-20.

[7] 肖华锋. 论19世纪末20世纪初美国公司化运动 [J]. 江西师范大学学报（哲学社会科学版），2002 (1): 32-37.

[8] 肖华锋. 论19世纪下半叶美国"强盗大王"们的财富学说——以长内基和洛克菲勒为讨论中心 [J]. 江西师范大学学报（哲学社会科学版），2000 (3): 171-178.

[9] 肖华锋. 美国黑幕揭发运动研究 [D]. 上海：复旦大学，2000.

[10] 肖华锋. 林肯·斯蒂芬斯与美国市政腐败 [J]. 江西师范大学学报（哲学社会科学版），2001 (1): 3-10.

[11] 肖华锋. 论美国报刊媒体的大众化：1865-1914 [J]. 史学月刊，2001 (11): 54-61.

[12] 肖华锋. "屠场"与美国纯净食品运动 [J]. 江西财经大学学报，2003 (1): 90-96.

[13] 肖华锋. 试析美国黑幕揭发运动衰落的原因 [J]. 史学月刊，2000 (3): 79-89.

[14] 肖华锋. 19世纪后半叶美国中产阶级的兴起 [J]. 文史哲，2001 (5): 120-126.

[15] 肖华锋. 西奥多·罗斯福与美国黑幕揭发运动 [J]. 江西师范大学学报（哲学社会科学版），2003 (1): 73-78.

[16] 张友伦. 当代美国社会运动和美国工人阶级 [M]. 天津：天津人民出版社，1991.

[17] BROESAMLE J J. Reform and reaction in twentieth century American politics[M]. Westport: Greenwood, 1990.

[18] CHALMERS D M. The social and political ideas of the muckrakers

[M]. New York:Citadel Press,1970.

[19] DAWLEY A. Struggle for justice:social responsibility and the liberal state[M]. Cambridge,Mass. :Harvard University Press,1991.

[20] DINER S J. A very different age:Americans of the progressive era[M]. New York:Hill & Wang,1998.

[21] FAULKNER H U. The quest for social justice: 1898-1914 [M]. New York:The Macmillan Company,1931.

[22] FILLER L. Muckraking and progressivism in the American tradition[M]. New Brunswick,NJ:Transaction Publishers,1996.

[23] FILLER L. The muckrakers: crusaders for American liberalism [M]. San Francisco:Stanford University Press,1993.

[24] FINK L. Progressive intellectuals and the dilemmas of democratic commitment[M]. Cambridge,Mass. :Harvard University Press,1998.

[25] HARRISON J M,STEIN H H. Muckraking:past,present and future[M]. University Park:Pennsylvania State University Press,1973.

[26] HAYS S P. The response to industrialism: 1885-1914[M]. Chicago,IL. :University of Chicago Press,1995.

[27] HOFSTADTER R. The age of reform[M]. New York:Alfred A. Knopf,1955.

[28] LASCH C. The new radicalism in America(1889-1963): the intellectual as a social type[M]. N. Y. :Knopf,1965.

[29] LIPPMANN W. Drift and mastery:an attempt to diagnose the current unrest[M]. New York:M. Kennerley,1917.

[30] LYON P. Success story: the life and times of s. s. mcclure [M]. New York:Charles Scribner's Sons,1963.

[31] MATTSON K. Creating a democratic public[M]. University Park,Penn. :Pennsylvania State University Press,1998.

[32] MIRALDI R. Muckraking and objectivity: journalism's colliding traditions[M]. New York: Greenwood Press, 1990.

[33] MOTT F L. A history of American magazines (1885-1905) [M]. Cambridge, Mass.: Harvard University Press, 1957.

[34] NYE R B. Midwestern progressive politics: a historical study of its origins and development, 1870-1958[M]. East Lansing: Michigan State University Press, 1959.

[35] PEASE O. The progressive years: the spirit and achievement of American reform[M]. New York: George Braziller, Inc., 1962.

[36] REGIER C C. The era of the muckrakers[M]. Chapel Hill: University of North Carolina Press, 1932.

[37] SCHULTZ S K. The morality of politics: the muckrakers' vision of democracy[J]. The Journal of American History, 1965, 52(3): 530.

[38] STEFFENS L. The shame of the cities[M]. New York: Sagamore Press, 1957.

[39] TARBELL I M. The history of the standard oil company[M]. N. Y.: Dover Publications, 1963.

[40] WEINBERG A, WEINBERG L. The muckrakers: the era in journalism that moved America to reform-the most significant magazine articles of 1902-1912[M]. New York: Putnam's Sons, 1961.

杜威与斯内登关于职业教育的论争*

丁永为

20 世纪初，在美国中等职业教育发展的关键时期，美国教育界发生了一场著名的论争。论争阵营的一方代表是著名教育家、民主主义者约翰·杜威（John Dewey），另一阵营的代表是麻省教育专员、管理进步主义者大卫·斯内登（David Snedden）。本文就二者论争的语境、论争的焦点，以及论争的结果进行研究，以期增进国内学术界对美国职业教育思想史的认识与反思。

一、论争的语境

南北战争以后，美国工业资产阶级在政治上获得了领导地位，这有力地推动了美国工商业的发展。与此同时，来自东欧和亚洲等经济落后国家的移民数量激增。这些移民成为美国产业工人的主体。到 20 世纪初，美国的工业总产值已经跃居世界第一位。经济发展对合格技术工人的需求空前旺盛，与公立学校所提供的低质量职业训练之间的矛盾越来越激烈。发生在 20 世纪初的职业教育论争，就是上述矛盾在人们意识中的差异性反映。

---

* 丁永为，首都师范大学教育学院副教授，主要研究方向为外国教育史和杜威教育哲学。

进一步说，这个论争主要是围绕中等职业教育发展的方向、内容和方法而展开的。我们知道，美国职业教育发展的逻辑是初等职业教育发展在前，随后则是在南北战争后以赠地学院为主体的高等职业教育的发展。中等职业教育在 1917 年《史密斯-休斯法案》颁布以前，尚无联邦政策的支持，除了麻省、伊利诺伊州等少数州出台了政策，其他基本上处在自发的状态。除了在学校总数中比例极少的专门性的中等职业学校向劳动力市场输出中等层次的技术工人外，占据中学比例最大的公立中学基本上仍然延续着 19 世纪初期的传统，即以向学院和大学输出合格毕业生为目的。据美国城市教育史学家戴维·泰亚克的研究，“在 1900 年之前，只有一小部分学生进入公立中学学习；而且在这一部分学生中，实际上也只有相当少的一部分学生能够毕业……在 1900 年，只有 94 883 人从公立中学毕业，这个人数在整个 17 岁人口中只占 6.4%”①。公立中学的这种状况导致“商人和工人常常反对中学教育”②。

1906 年，麻省工业与教育委员会发表公立学校调查报告。报告指出，麻省的公立中学教育质量存在严重问题。从公立学校中辍学的青少年成千上万，他们文化知识有限，又没有工厂所需要的技能，因此只能从事较为低级的工作，生活无望。报告称，受访的青少年普遍认为，辍学的原因并非迫于家庭增加收入的压力，而是学校课程内容枯燥乏味，毫无用途。报告的结论是，学校没有能够为青少年提供足够的“工业智慧”，因此呼吁中等学校由“文化”教育转向职业教育。这个报告迅速引起了全国各行各业对中等教育改革的热情。美国制造商协会、商务部、美国劳工联合会、农场主组织、社区工作者、教育研

---

① 参见泰亚克《一种最佳体制——美国城市教育史》，赵立玮译，上海人民出版社，2009。

② 参见泰亚克《一种最佳体制——美国城市教育史》，赵立玮译，上海人民出版社，2009。

究者、学校管理者、普通教师和家长都被卷入其中，从而形成了声势浩大的中等职业教育改革运动。[①]

尽管职业教育赢得了舆论的全力支持，但关于职业教育的发展方向问题，支持者中存在着深刻分歧：一方是雇主和代表雇主利益的城市管理者与教育管理专家（督学），史学界称之为“管理进步派”；一方是工人、教师和代表工人与教师利益的教育学者，史学界称之为“民主派”。[②] 尽管就某些细节，在每一方的内部也存在争论，但在职业教育制度的根本性质问题上，内部观点是一致的。管理进步派主张在现行的公立学校制度之外，平行设立公立的中等职业学校，即实行“双元制”；民主派反对双元制，主张“统一”，即改造现行的公立学校制度，使之承担升学和就业的双重功能。斯内登和杜威关于职业教育的著名争论就是在这个语境中展开的。

二、论争的焦点

斯内登是加利福尼亚州人，1892 年于圣·文森特学院获得理学硕士学位，1901 年从哥伦比亚大学教师学院获得艺术硕士学位，1909—1916 年担任麻省教育专员，1916—1935 年担任哥伦比亚大学教师学院的教育社会学教授。

杜威是佛蒙特州人，1884 年于约翰斯·霍普金斯大学获得哲学博士学位，1884—1904 年先后在密歇根大学和芝加哥大学担任哲学教授，1905—1939 年在哥伦比亚大学哲学系担任教授并在教师学院教授教育哲学课程。其教育哲学的代表作《民主主义与教育》与柏拉图的《理

---

① 参见罗伯特·威斯布鲁克《杜威与美国民主》，王红欣译，北京大学出版社，2010。

② 参见付雪凌《20 世纪美国职业教育思想的沿革》，《职业技术教育》2008 年第 1 期。

想国》、卢梭的《爱弥儿》被誉为教育史上的三座里程碑。

(一)在理解民主与效率关系上的论争

斯内登与杜威关于职业教育的论争，其深层理据在于他们对民主与效率的关系的认识存在严重分歧。在斯内登看来，美国现存的公立学校系统是不民主的，因为它只是满足了极少一部分学生升入学院和大学的需要，而忽视了绝大多数倾向于从事实际工作而非学术研究的学生的兴趣和利益，以至于这些被忽视的学生没有机会为将来的工作尽早地和更好地做准备。因此，对斯内登而言，职业教育的民主意味着区别对待不同禀赋和兴趣的学生，分别对之实行符合其禀赋和兴趣的教育。在这个意义上，民主的就意味着是最有“效率”的。这种效率体现在使具有理论禀赋和兴趣的学生能够集中精力进行学术训练，从而更好地满足学院和大学的要求；而对于绝大多数具有从事实际工作倾向的学生而言，省却学习“枯燥乏味”“无用”的学术性课程的烦恼，则可以专心进行直接的职业训练，这容易提高其未来在就业市场上的竞争力。很明显，在斯内登的设想中，这种基于区分性原则的“民主”和“效率”是内在一致的。

在杜威那里，民主被理解为一种共同体的生活方式。这种生活方式并不建立在区分性而是建立在联合性或合作性原则的基础上。基于合作性原则的民主，本质上是一种由异质成员构成的具有共同利益和兴趣的、成员之间能够自由沟通并与其他共同体自由沟通、协作的团体。按照某种单一兴趣和利益，而把学生划分为相对隔离和封闭的群体，在杜威看来是一种对社会现行阶级结构的复制。这种基于区分性原则的“民主”，实质是阶级社会在当前的隐蔽延续：把社会的未来成员分成一部分注定成为领导者和知识精英的人，这些人可以接受学术教育；另一部分将注定成为社会底层的劳动者，这些人必须接受职业训练。这样两部分人由于缺少共同生活和学习的机会，因此势必不能理解彼此的工作、爱好、兴趣和理想，这便为社会未来的阶级对立和冲突埋下了隐患。①

同时，在杜威看来，基于区分性原则之上的虚假民主，并不能带来真正的教育效率。真正的社会效率，并不是以教育所培养的人在多大程度上符合雇主阶级的利益需要而加以判断的。这种效率是雇主的效率，是技术和贸易的效率，而不是学生和工人理智、自由和生长的"效率"。杜威坚持认为，真正的效率不应该建立在对个人自由生长的压制、限制基础之上，教育的目的是帮助学生实现其潜力和理智的最大限度的生长。

斯内登攻击杜威无视社会的现实需要，主张社会发展相对于个人生长的重要性。他称之为"社会效率"。杜威回应说："社会效率"不应被理解为"是对个体活动的外在产品质量和数量的测量"，"在更为真实和更为宽泛的意义上，社会效率意味着增加个人能力，以分享社会交往中的一切价值的理解和感受"②。

斯内登和杜威对民主与效率的不同理解，决定了他们对待现行公立学校制度的不同态度，也决定了他们对职业教育课程的意见分歧。

（二）在对待现行公立学校制度上的论争

与斯内登一样，杜威对现行公立学校制度也持有批评态度："直到最近，学校教育满足的只是一个阶层的人的需要，即那些因为知识本身而对知识感兴趣的人，如教师、学者和研究人员。对于从事手工劳动的人来说，训练是必要的这个思想仍然是如此新颖，以至于学校仅仅开始承认控制物质生活资料的能力确实也是知识。直到前不久，学校仍忽略了数量最多，并且整个世界都要依靠他们提供必需品的那一

---

① 参见罗伯特·威斯布鲁克《杜威与美国民主》，王红欣译，北京大学出版社，2010。

② Jo Ann Boydston, *The Middle Works of John Dewey*, Vol. 6-7 (Carbondale: Southern Illinois University Press, 1978), p. 432.

些人。”[①] 但是，在如何对待现行公立学校制度的问题上，两人再一次背道而驰。

斯内登主张，为了保证职业教育的效率，有必要在现行公立学校系统之外，设立一个以继续学校为主要机构的职业学校系统，使两者分别归于不同的管理部门加以控制和指导。对于现行公立学校制度来说，它可以通过把职业课程从学校课程体系中分离出去而增加学术训练课程的方式来提高学术训练的效率。[②] 在伊利诺伊州，在儿童14岁时进行分流，使不适合或不愿意接受学术训练的学生到职业学校中接受定向的技能训练，以便在17岁毕业时可以满足特定工作岗位的要求。杜威从两个方面批评斯内登的主张：第一，杜威认为，在现行公立学校系统之外，另设一平行的职业学校系统，不仅是在资源上的浪费，同时还有损儿童的利益。在杜威看来，普通教育和职业教育的分离将会对在所谓职业学校中学习的儿童们的真正利益造成严重损害。[③] 从德国二元制的职业教育体系的经验中，杜威深信，由银行家和制造商们独立掌控而排斥教育家参与的职业教育体系，尽管他们声称将要对儿童们进行全面的教育，包括公民学和科学方面的教育，在实践中将不可避免地走向狭隘。第二，杜威认为，斯内登设想的继续性职业教育，实际上是一种治标不治本的办法：“在儿童14岁离校时，我们当然需要为他们做些什么，而且比我们现在以兼职上学的方式更为充分的和系统的方式为他们做些事情。但是根本的是改变教育体制，否则，这些儿童便不会在14岁时大量离开学校。而且这么做以后，即使他们在14岁时离开学校，他们也将具备一种工业的理智和效率，而这完全超出

---

① Jo Ann Boydston, *The Middle Works of John Dewey*, Vol. 8(Carbondale: Southern Illinois University Press, 1979), p. 400.

② See David Snedden, “Vocational education,” *New Republic*, No. 3(1915).

③ See Jo Ann Boydston, *The Middle Works of John Dewey*, Vol. 6-7 (Carbondale: Southern Illinois University Press, 1978).

了当前 14 岁儿童通过学校教育所获得的能力。”①

（三）在设计职业教育课程上的论争

在斯内登看来，有必要根据现行的工商业的工作类型设计学校的职业教育课程，这些课程包括技术和贸易的许多领域，如关于农业的、家政的、商业的、工业的，等等。他举例麻省职业学校课程的目的在于保证青少年能够集中大部分精力学习他所选择的工作，当然也会学习文化课程，以为其选择上普通高中做准备，但这类课程在课程体系中的比重是很小的。②

斯内登的职业教育课程显然是建立在文化和职业的对立观念之上的，究其根本来说，它是传统的身心二元论哲学在教育中的反映。杜威认为，在学校教育中盛行的工业训练和文化教育的对立，破坏了人的身心和谐、自由的发展。因此，他既反对传统的静听式的文化教育，又反对整日忙碌不停但缺乏创造性、主动性思维的工业训练。

杜威主张用有助于锻炼儿童手眼脑协调、行知统一的“作业”作为职业教育的课程，这种课程将既是文化的，也是工业训练的。1896—1904 年，杜威曾在芝加哥大学主持了一项学校教育实验。在实验学校中，教师们为不同年龄的学生们安排了丰富多样的“工作”。在完成这些工作的过程中，学生收获了文化知识，学会了运用知识和经验解决各种实际问题，也认识了社会工作的意义和价值，培养了批判性的和建设性的公民精神。通过“工作”，人们在一种非正式的但更普遍深刻的方式下，将学校生活以社会为基础组织起来，进而把学校与现存社会的生活统一起来，从而打破了横亘在学校与社会之间的壁垒，使学校从修道院变为民主社会的实验室和智慧生产与创造的基地。

---

① See Jo Ann Boydston, *The Middle Works of John Dewey*, Vol. 6-7 (Carbondale: Southern Illinois University Press, 1978).

② See David Snedden, “Vocational education,” *New Republic*, No. 3(1915).

三、论争的结果

很难说，在这样一场论争中，孰胜孰败。双方都不是“一个人在战斗”，在其观点的背后是不同利益集团的竞争。尽管从理论上和理想上，杜威的民主主义职业教育思想，无论是在当时还是其后，都得到了很多支持、赞誉，但是他的主张还是被现实以各种方式扭曲甚至抛弃。1917年颁布的《史密斯-休斯法案》，吸收了双方的观点。法案采纳了斯内登等社会效率派关于成立专门的职业教育管理机构（即联邦和州的职业教育委员会），开办提供农业、工业、商业和家政等教育的职业学校的主张，也采纳了杜威等民主派关于在现行公立学校中设立职业科，把传统的专为升学服务的中学改革成为兼具升学和就业职能的综合中学。不过，在综合中学中，职业课程和文化课程仍是分离的。美国教育学者珍妮·奥克斯和马丁·利普顿研究指出：“1924年，社会学家罗伯特和海伦·林德在研究印第安纳州的芒西高中时，发现了12种不同的学习计划。在这12个计划中，只有一个开设了大学预备课程。其他计划包括一门综合研究课和音乐、艺术专业课程，以及一系列与实践的教学传统紧密相关的计划，如速记、电工、机械制图、印刷、机械修理、手工制作和家政等。”① 这个故事令人伤感，它表明杜威的职业教育理想即使在理论上是最具有说服力的，但现实在以各种形式抵制它。

参考文献

[1] 奥克斯，利普顿. 教学与社会变革（第二版）[M]. 程亮，丰

① 奥克斯、利普顿：《教学与社会变革》，程亮等译，华东师范大学出版社，2008，第114页。

继平，等译，上海：华东师范大学出版社，2008.

[2] 付雪凌. 20世纪美国职业教育思想的沿革 [J]. 职业技术教育，2008 (1)：89-93.

[3] 泰亚克. 一种最佳体制——美国城市教育史 [M]. 赵立玮，译. 上海：上海人民出版社，2010.

[4] 威斯布鲁克. 杜威与美国民主 [M]. 王红欣，译. 北京：北京大学出版社，2010.

[5] BOYDSTON A. The middle works of John Dewey[M]. Vol. 6-7. Carbondale: Southern Illinois University Press, 1978.

[6] BOYDSTON A. The middle works of John Dewey[M]. Vol. 8. Carbondale: Southern Illinois University Press, 1979.

[7] SNEDDEN D. Vocational education[J]. New Republic, 1915 (3): 40-42.

第二章 20世纪中期公共教育中的意识形态冲突

20世纪上半叶美国黑人争取教育平等权利的历程*

祝　贺　张斌贤

种族问题始终是美国教育史上的重要问题之一，1896—1954年的种族隔离加剧了问题的严重性。1896年，联邦最高法院对"普莱西诉弗格森案"（*Plessy v. Ferguson*）进行判决，赋予种族隔离以合法性地位，直到1954年布朗案的判决才宣布种族隔离违宪。在种族隔离合法的半个世纪里，黑人并没有停止对平等的教育权利的追求，其活动瓦解了普莱西案的宪法基础，为布朗案的产生与胜利奠定了基础。

一、杜波依斯与全国有色人种协进会的产生

（一）杜波依斯对布克·华盛顿的挑战

在种族隔离时代，黑人领域盛行布克·华盛顿（Booker T. Washington，1856—1915）的妥协主义观点。华盛顿认为，贫困、愚昧、无知、犯罪是黑人问题的症结所在，希望通过职业技术教育使黑人获得基本的生存技能、积累财富，同时获得富有同情心的白人的理解与支持，进而改善黑白种族之间的关系。然而，历史并没有按照这

---

* 本文原载《社会科学战线》2013年第5期。祝贺，华东师范大学教育学部副教授；张斌贤，北京师范大学教育历史与文化研究院教授，研究方向为西方教育思想史、西方大学史。

一设想发展，黑人和白人之间的关系继续恶化，他们相互不信任甚至敌视。19世纪末20世纪初，白人对黑人的私刑和暴力登峰造极，白人知识分子通过各种方式证明黑人种族的劣等性，黑白种族之间的冲突不断。黑人史学家雷福德·洛根指出，19世纪的最后10年和20世纪初叶是美国黑人社会地位的最低点。[①] 20世纪30年代初，大部分黑人对自己"二等公民"的身份听之任之、逆来顺受，[②] 但也有少部分黑人知识分子开始怀疑和反思华盛顿的主张，认为这种妥协思想是黑人遭受歧视与压迫、缺乏政治影响力和沦为"二等公民"的根源所在，其中具有代表性的是W. E. B. 杜波依斯（William Edward Burghardt Du Bois，1868—1963）。

杜波依斯生于马萨诸塞州一个自由黑人家庭，是第一个获得哈佛大学哲学博士学位的黑人。他拒绝了布克·华盛顿提供的塔斯基吉大学数学教席，而是受聘于威尔伯福斯学院，教授古典学科。后来，杜波依斯又依次受聘于宾夕法尼亚大学和亚特兰大大学。1900年之前，美国90%的黑人生活在南方。1915—1930年，150万的黑人迁离南方，大多数迁到东北部、中西部，少数到达偏远西部。"大迁徙"改变了黑人在全美国的地区分布。1900年，南方的黑人占全国黑人总数的89.7%，1930年这一比例下降到78.8%。与之相对，1900—1930年，全国黑人城市人口比例由22.7%上升至43.7%，而北部和西部的黑人城市人口比例则由70.4%上升到88.1%。这一时期，黑人问题从南方问题上升为全国性问题，由农村问题变成突出的城市问题。[③]

---

① 参见张聚国《杜波依斯与布克·华盛顿解决黑人问题方案的比较》，《南开学报》2000年第3期。

② See Ware Leland B, "Setting the Stage for Brown: the Development and Implementation of the NAACP's School Desegregation Campaign, 1930-1950," *Mercer Law Review* 52, (2000-2001).

③ 参见张聚国《杜波依斯对解决美国黑人问题道路的探索》，《史学月刊》2000年第4期。

在亚特兰大大学期间，杜波依斯对黑人问题进行深入研究，出版了一系列关于黑人问题的研究著作，揭露了南方黑人恶劣的生存条件及其受到的不公正待遇，逐渐走到了华盛顿观点的对立面。1903 年，杜波依斯出版了《黑人的灵魂》（*The Soul of Black Folk*）一书，在“布克·T. 华盛顿先生以及其他”一章中，公开反对华盛顿的妥协路线。他认为，华盛顿的劳动教育强调黑人应当集中精力从职业技术教育中获得社会财富和白人的认同，放弃至少暂时放弃追求政治权利、社会平等及高等教育，造成的结果是黑人被剥夺了选举权，接受高等教育的机会和资助越来越少，在社会生活各方面备受歧视。这使黑人虽然摆脱了法律上的奴隶身份，但仍然处于“二等公民”的地位。在亚特兰大国际棉花博览会上，华盛顿的发言是在黑人民主权利上一次完全的妥协、彻底的投降。他的妥协政策为自己赢得了名誉，成为“南方自从杰斐逊·戴维斯以来最为著名的人，拥有了大批追随者”，却出卖了黑人的平等权利。技能培训虽然对黑人意义重大，但只注重追求眼前的物质利益使其忽视了人生更高的目标，阻碍其进一步发展。杜波伊斯对黑人中普遍存在的无知和愚昧深感焦虑和痛惜，认为只有黑人精英才能给这个种族带来希望。他们应该接受高等教育，学习古典学科、人文、社会及自然学科等最有价值的知识，成为拯救黑人种族的领袖。①

杜波依斯认为黑人不仅应该接受高等教育，而且应该更积极地争取社会权利，这一观点为他赢得了强硬派的支持。从 1905 年开始，杜波依斯等主张抵抗、不愿妥协的黑人发起了“尼亚加拉运动”，每年举行会议讨论美国日趋严重的种族问题，寻求解决这些问题的途径并发表宣言，表明立场和观点，阐述斗争主张。

---

① 韦恩·厄本、瓦格纳：《美国教育：一部历史档案》，周晟、谢爱磊译，中国人民大学出版社，2009，第 213—215 页。

（二）全国有色人种协进会的产生

1908年，林肯总统的家乡——伊利诺伊州斯普林菲尔德市爆发了一场种族暴乱，白人的暴行引起了黑人和民权人士的反抗。1909年，黑人和白人的激进分子在纽约召开会议，对这次暴乱进行探讨以促进黑人的政治权利斗争，杜波依斯受邀参加会议。会上成立了"全国黑人委员会"，后来改名为"全国有色人种协进会"（National Association for the Advancement of Colored People，NAACP），目标是对抗白人在全国范围内日益加剧的种族暴行，确保"所有人在政治、教育、社会和经济方面享有同等的权利，消除种族仇恨和种族歧视"。他们将黑人的选举权等政治平等权利放在首位，积极争取包括教育平等权利在内的其他公民权。[①] 杜波依斯当选为协进会理事会理事，并且受聘担任协进会宣传与研究部主任。NAACP还创办了宣传刊物《危机》（*The Crisis*），作为其发表观点、传播思想的阵地。

全国有色人种协进会刚成立时，没有过多涉及教育领域，但杜波依斯已经意识到教育中的不公平问题。20世纪20年代，他在《危机》上发表了一系列社论文章，指出黑人学校与白人学校在教育经费方面存在着巨大差距。例如，当时联邦政府试图通过一项对教育进行联邦资助的法案，杜波依斯指出这会增加黑人教育和白人教育间的经费差异，如果通过了这个法案并由当地政府执行，只能使白人变成更加极端的种族主义者。他认为："摆在NAACP面前的下一步任务是一个长远的行动——保障黑人儿童在全国学校中的公平。教育基金的投放公然无视宪法……以及州法律……歧视有色人种儿童，使他们处于无知状态……肯定有方法将他们的案件诉讼至州法院和联邦法院。"[②]

---

① Elliott M. Rudwick, *W. E. B. Du Bois: Propagandist of the Negro Protest* (Philadelphia: University of Pennsylvania Press, 1968), p. 97.

② Mark V. Tushnet, *The NAACP's Legal Strategy against Segregation Education, 1925-1950* (Chapel Hill: The University of North Carolina Press, 1987), p. 6.

起初，NAACP的建立者认为黑人的斗争在经济问题上的立场过于温和，忽视了公民权利和政治权利。NAACP虽然代表一些原告进行了案件诉讼，但法律诉讼并不是其主要工作范围。1922年，查尔斯·加兰（Charles Garland）捐资80万美元建立基金以支持激进事业，其管理者是包括NAACP的执行秘书詹姆斯·约翰逊（James Weldon Johnson）在内的一群自由主义活动家。1929年，约翰逊等人组建了"黑人工作委员会"（Committee on Negro Work），着重解决美国的黑人问题。委员会建议基金会拨款支持NAACP进行大规模的法律斗争，为南方的黑人争取宪法权利。① 加兰基金同意后，NAACP很快建立了一个法律调整委员会，将工作范围界定为借助法律途径挑战种族隔离和种族歧视，敦促政府解决民权问题，并且开展宣传活动，使广大民众认识到种族问题的严重性。②

二、全国有色人种协进会争取教育平等的策略

（一）教育平等问题进入NAACP视野

1930年3月，为了获得更多资助，NAACP向加兰基金委员会提交了报告，详细说明将如何用资助所得争取黑人的平等权利。报告指出，将用这笔基金挑战"学校资金的不公平分配、禁止黑人参加陪审团、居住区隔离、剥夺公民权利及抵制公民自由"。在教育方面，"由于二元的学校系统开支过高变得不合时宜，因此需要加速废除种族隔离的学校"。NAACP将"支持老南方7个州为黑人学校争取平等教育

---

① See Ware Leland B,"Setting the Stage for Brown: the Development and Implementation of the NAACP's School Desegregation Campaign, 1930-1950," *Mercer Law Review* 52, (2000-2001).

② Mark V. Tushnet, *The NAACP's Legal Strategy against Segregation Education, 1925-1950* (Chapel Hill: The University of North Carolina Press, 1987), pp. 1-3.

经费的诉讼案件”，期望通过努力使“无论南方还是北方，都将把注意力集中在公共学校基金分配中的恶意歧视上面”。加兰基金委员会经过一系列讨论，最终同意了 NAACP 的申请，资助 10 万美元集中力量与“黑人所面临的具体障碍”进行斗争。其中第一项具体内容就是要解决“学校基金分配中的不平等”①。

在提交给加兰基金的报告中，NAACP 认为这场斗争要由“一位颇有才干的律师勾画出蓝图”，他“学习过至少一年法律，指导过起诉书和法庭要点摘录的起草，并且会协调整个诉讼过程”。NAACP 最后选定了一位年轻的犹太律师内森·马戈尔德（Nathan Margold），他是费利克斯·法兰克福特任教哈佛时的得意门生。他为 NAACP 起草了《马戈尔德报告》（“Margold Report”），其中一半内容都是分析教育中的种族隔离。② 这份报告分析了普莱西案确定的“隔离但平等”的宪法基础，为 NAACP 挑战教育中的种族不平等提供了两种可行的策略：一是直接挑战“隔离但平等”原则，因为隔离本身就是奴役和歧视的标志，隔离制度之下根本不可能存在平等；二是暂时认可“隔离但平等”的说法，利用相关法律先例坚持严格解释“平等”，迫使各州耗费巨资将黑人的教育提升至与白人相等的水平，进而使教育中的种族隔离成为一种极不经济的政策，最终迫使白人要求废除种族隔离。马戈尔德认为，可以从老南方的公立学校入手，因为那里的种族歧视最严重，黑人和白人的学校之间根本没有任何平等可言。③ NAACP 的内部也有不同意见，认为如果从种族主义极为顽固的老南方开始废除种族

---

① Mark V. Tushnet, *The NAACP's Legal Strategy against Segregation Education, 1925-1950* (Chapel Hill: The University of North Carolina Press, 1987), pp. 13-15.

② Mark V. Tushnet, *The NAACP's Legal Strategy against Segregation Education, 1925-1950* (Chapel Hill: The University of North Carolina Press, 1987), p. 20.

③ 任东来、胡晓进：《在宪政的舞台上——美国最高法院的历史轨迹》，中国法制出版社，2007，第 290—291 页。

隔离，不仅收效甚微，而且可能引起其他负面效应，因此要从南方以外的地区如宾夕法尼亚州或美国西南部等开始。[①]

20 世纪 30 年代的经济危机使 NAACP 挑战教育平等问题的步伐变缓，股票下跌使加兰基金的财产价值受损。另外，加兰基金将大部分资金借给 NAACP 等许多非营利机构，而这些组织在经济大萧条时期运营艰难，无力偿还贷款，导致加兰基金出现资金短缺，无力支持 NAACP 的活动。1933 年，马戈尔德被任命为美国内政部助理律师，离开了 NAACP，使这一时间缺少了法律诉讼的领导者。[②]

（二）休斯敦与教育“均等化策略”

接替马戈尔德工作的是霍华德大学的法学教授查尔斯·汉密尔顿·休斯敦（Charles Hamilton Houston），他是 NAACP 较早的成员之一。在加入 NAACP 之前，休斯敦为 NAACP 和加兰基金委员会准备了一份备忘录，其中对“均等化策略”进行了构想。由于经费缩减，联合委员会将斗争范围缩小至教育和公共交通中的种族隔离。在为这一长期的法律诉讼制订计划时，休斯敦进一步缩小目标。他认为，在资源有限的条件下，必须精心选择诉讼目标以引起大众兴趣，使案件所涉及地区的黑人民众受到鼓舞并继续斗争。休斯敦称：“在只有 1 万美金资助的情况下，在全国范围内就种族歧视的两个方面进行有效的斗争越来越难了。孤立的案件没什么深远的意义，除非案件涉及的当事人和社区相信，进行持久斗争的动力用之不竭，因此需要集中力

---

① Mark V. Tushnet, *The NAACP's Legal Strategy against Segregation Education, 1925-1950* (Chapel Hill: The University of North Carolina Press, 1987), p. 26.

② Mark V. Tushnet, *The NAACP's Legal Strategy against Segregation Education, 1925-1950* (Chapel Hill: The University of North Carolina Press, 1987), pp. 16-17.

量。”① 休斯敦的备忘录提供了两种建议：第一种是将所有精力都集中在教育案件上，第二种是将经费平均分配到教育案件和公共交通案件的诉讼中。休斯敦认为，争取教育领域的平等更为重要，因为这样会得到黑人学生的支持，从而事半功倍。1935 年，他指出了关注教育领域的法律诉讼的原因：“教育为生活中的竞争做准备，如果没有接受良好的教育，就会阻碍个人参与竞争的能力。”在黑人律师协会（Negro Bar Association）的大会上，他进一步指出：“黑人在教育经费方面不如白人，因此在工作方面也处于劣势地位。”劣等的教育使黑人青年很难英勇无畏、积极地捍卫自己的权利。② 他推荐双管齐下的斗争方法，一方面反对学校基金的不平等分配，另一方面反对教师工资中的差别对待。休斯敦希望通过这些法律诉讼鼓舞各地区为权利而战，同时形成一套法庭诉讼模式，使各地区可以据此自愿进行诉讼。③

休斯敦还修改了《马戈尔德报告》，发展出了“均等化策略”（Equalization Strategy）。休斯敦认为，马戈尔德的法律分析虽然非常充分，但联邦最高法院似乎还没有准备推翻普莱西案的判决，因此在时机成熟时可以采用马戈尔德的方法，当前适合在普莱西案判决的范围内进行诉讼。“均等化策略”的前提是维持真正“隔离但平等”的教育体系的费用过高，各州都无法负担，不得不放弃教育中的种族隔离。休斯敦本着先易后难的原则，希望从南北边界州的研究生教育和专业

① See Ware Leland B,“Setting the Stage for Brown: the Development and Implementation of the NAACP's School Desegregation Campaign, 1930-1950,”*Mercer Law Review* 52, (2000-2001); Genna Rae Mcneil, *Groundwork : Charles Hamilton Houston and the Struggle for Civil Rights* (Philadelphia: University of Pennsylvania Press, 1984), p. 3.

② Mark V. Tushnet, *The NAACP's Legal Strategy against Segregation Education , 1925-1950* (Chapel Hill: The University of North Carolina Press, 1987), p. 34.

③ See Ware Leland B,“Setting the Stage for Brown: the Development and Implementation of the NAACP's School Desegregation Campaign, 1930-1950,”*Mercer Law Review* 52, (2000-2001).

教育入手解决种族隔离问题。在这一指导思想下，休斯敦开始在全国范围内寻找案件。

在休斯敦任教期间，他将有“黑人哈佛”之称的霍华德大学法学院转变为培养黑人民权律师的摇篮，许多毕业生在美国南部从事律师职业。在他们的帮助下，首先进入NAACP视野的是来自马里兰大学的案件。马里兰大学曾经接收黑人学生，但从20世纪20年代开始，马里兰州通过立法，规定学校实行种族隔离，并且为黑人学生提供的设施质量远远落后于白人。1935年，黑人唐纳德·盖恩斯·默里（Donald Gaines Murray）申请到马里兰大学法学院读书，但由于种族原因遭到拒绝。休斯敦将这一事件报告给NAACP和加兰基金委员会，委员会决定资助默里起诉马里兰大学，授权休斯敦立即处理这一案件。休斯敦对马里兰大学提起了民事诉讼，并且和他的学生瑟古德·马歇尔（Thurgood Marshall）一起为默里辩护。经过激烈的法庭辩论之后，休斯敦在总结陈词中强调，没有任何州的法律禁止黑人学生进入公共基金支持的教育机构；普莱西案要求各州为黑白两种族学生提供平等的教育机会，而马里兰州没有做到，因此违反了其宪法责任。法官的判决认为马里兰大学有义务为黑人和白人提供同等的教育机会，因此强制命令马里兰大学允许默里入学。但马里兰大学提起上诉，其辩护律师列出了三点反对意见：第一，这所学校是一个私人实体，不是一个政府机构，所以并不需要遵循第十四条修正案。第二，即使大学是政府的一部分，州也已经为黑人学生专门建立了一所黑人法学院。第三，州已经建立了一项奖学金为黑人学生提供研究生教育的机会，黑人学生可以用这笔钱到其他州上学。然而，这三点反对意见不攻自破：马里兰大学与马里兰农业学院合并，变成了一个州属机构；新建的法学院在各项设施上都无法和马里兰大学相比，因此不构成平等；当默里的请求被拒绝时，资助黑人到外州上学的奖学金还没有建立，而且奖金总额不足以满足众多申请者的需要，同时这笔奖金并不包括在外州上法学院的全部学费。因此，上诉法院维持原判，要求马里兰大学允许默里入学。这一案件的胜利极大地鼓舞了 NAACP 及黑人民众争取平等教育权利的信心，其他州的律师纷纷向法院提起类似诉讼，而黑人学生急于提升自己的教育机会，情愿冒险充当案件的原告。

其后，NAACP 又取得了盖恩斯诉密苏里大学案的胜利。劳埃德·盖恩斯（Lloyd Gaines）是密苏里州林肯大学 1935 年的毕业生，他申请到密苏里大学法学院就读，但遭到拒绝。NAACP 代表盖恩斯向初审法院提起诉讼，但法院支持密苏里大学一方。盖恩斯的案子最终上诉到联邦最高法院。法院认为，每个州在提供平等的教育机会方面都有独立的宪法责任，同时认为平等保护的权利是“个人权利”，密苏里州必须在本州范围内保障盖恩斯享受与白人平等的接受法学教育的权利。由于密苏里州没有为黑人单独建立法学院，因此授权盖恩斯进入密苏里大学法学院就读。此案的胜诉代表了 NAACP 的一个重大胜利，意味着马里兰州法院在默里案中的推理思路被联邦最高法院接受，盖恩斯案作为一个有约束力的判例可以适用于全国范围。休斯敦的“均等化策略”为黑人反对公共学校中种族隔离的斗争奠定了坚实的基础。

三、争取平等教育权利策略的转变

1936 年，休斯敦邀请他的学生马歇尔加入 NAACP，自己卸任了 NAACP 的大部分职务，仅作为马歇尔的顾问。在马歇尔的建议下，NAACP 于 1939 年建立了下属的法律实体，即法律辩护和教育基金会（Legal Defense and Educational Fund，Inc，LDF），由马歇尔出任首席律师，以实施法律诉讼和教育活动。

（一）研究生教育领域争取平等教育权利的努力

20 世纪 40 年代，LDF 的工作重点是为黑人教师争取平等的工资，以及废除边境州研究生教育的种族隔离。在马歇尔等人的努力下，南方黑人教师的工资有了较大幅度的增长，1945—1946 年，基本达到了白人教师工资的 65%。[①] 美国卷入第二次世界大战之后，NAACP 投入了大量的精力关注军队中的种族歧视，并且帮助黑人在社会生活的各个领域，如公共交通、居住区、选举权、就业等方面争取平等权利，取得了一系列重要的胜利。第二次世界大战后，大批退伍军人重返大学校园，NAACP 意识到整个社会对高等教育的需求急剧上升，因此重新关注研究生教育中的黑人教育权利问题。在马歇尔的指挥下，LDF 努力通过案件诉讼为黑人进入州立教育机构扫清障碍。从某种意义上而言，LDF 对研究生教育中种族隔离的挑战是对默里案和盖恩斯案的继续，但是有不少创新之处，其中一项进展是诉讼程序的缩短。1937 年，美国颁布了《司法条例》（*Judiciary Act*），规定对美国宪法提出挑战的案件首先在联邦地区法院由 3 名法官同时审理，其中一名法官来自本地区的联邦上诉法院，两名法官来自联邦地区法院。如果对审理意见不服，可以直接上诉至联邦最高法院。这样就减少了上诉步骤，加速了 LDF 处理案件的进程。另一个战略性的进展是马歇尔开始运用教育及其他专家的证词，小心谨慎地聚焦于教育过程的复杂性来说明强制的种族隔离对黑人学生产生了严重的心理危害。马歇尔用专家的证词证实，虽然黑人和白人的教育在物质层面做到了平等，但在种族隔离的社会环境下，教育过程中许多错综复杂的因素仍然无法实现。由于大部分案件涉及法学院的准入问题，因此主审的法官能够通过个人经验了解专家所指的技术概念。这不仅证明了普莱西案的前提有缺点，而且证明了即使各州能够建立设施完全平等的、二元的教育系统，也无法实现第十四条修正案所承诺的平等。这一时期，NAACP 取得了“斯威特案”（*Sweatt v. Painter*）和“麦克劳林案”（*McLaurin v.*

---

① Mark V. Tushnet, *The NAACP's Legal Strategy against Segregation Education, 1925-1950* (Chapel Hill: The University of North Carolina Press, 1987), p. 108.

Oklahoma State Regents for Higher Education）的胜利，标志着从早期追求教育设施平等到20世纪50年代直接挑战种族隔离制度的转变。这些案件认为种族隔离制度对黑人造成的损失是平等的设施所无法补救的。一旦法庭将目光转向了这些证据，离承认“种族隔离之下不存在平等”就不远了。

在斯威特案中，黑人斯威特申请到得克萨斯大学法学院读书，因肤色问题而遭到拒绝。马歇尔代表斯威特向得克萨斯州的初审法院提出诉讼，初审法院判决得克萨斯大学在6个月内建成一所黑人法学院。法院认为，新的黑人法学院与得克萨斯大学法学院“在本质上是平等的”。但马歇尔等律师没有就此罢休，他们就此案进行上诉，并且运用专家证词进行辩护，认为在公共学校中实行种族隔离制度是没有科学依据的；学生之间的互动在学习过程中起到了至关重要的作用，而种族隔离阻碍了这种作用的发挥。最终，此案上诉至联邦最高法院。麦克劳林案大同小异。68岁的黑人教师麦克劳林申请到俄克拉荷马大学攻读教育学博士学位，这所大学于一年之后接收了他，但他无论在教室、图书馆，还是咖啡厅，都必须坐在隔离的座位上。NAACP代表麦克劳林提起诉讼，此案也上诉至联邦最高法院。在斯威特案中，最高法院发现新建的法学院在质与量上都无法和得克萨斯大学相比，而在麦克劳林案中，虽然麦克劳林获准进入俄克拉荷马大学，但进行座位隔离的做法抑制和损害了麦克劳林的学习效果，影响了他与其他学生的互动，最终影响了他的专业学习。联邦最高法院于1950年6月同时宣布了这两个案件的审理结果，做出了有利于黑人的判决。在这两个案件中，虽然最高法院并没有直接说明废除种族隔离制度的合宪法性，但已经彻底瓦解了普莱西案的基础。教育平等已经不仅仅限于教育设施的平等，还包括学生之间平等、无障碍的交流。种族隔离制度阻碍了黑人与白人学生之间的交流，进而阻碍了黑人学生的发展。

（二）争取教育平等策略的转变

休斯敦的均等化策略，加之20世纪三四十年代美国国内政治形势严峻、公立中小学内设施不平等的问题出现，直到20世纪40年代末，NAACP才逐渐关注公立中小学中种族隔离和不平等问题。

第二次世界大战之后，美国的种族关系出现了微妙的变化。美国南北方经济和社会的一体化强化了南方对北方经济的依赖，也逐渐削弱了南方团结一致抵制种族变革的行为，从而加大了南方种族关系变革的可能性。与此同时，黑人政治权力迅速发展，黑人政治团体发展壮大，北方的黑人选票在总统选举中发挥着重要的作用，使民主、共和两党竞相出台有利于黑人民权的政策，以拉拢黑人选票。黑人不仅获得了更多的经济机会，参与到第二次世界大战后发展更快的经济当中，而且更积极地争取民主权利。第二次世界大战和美苏冷战迫使白人反思国内种族隔离制度的合理性，从而为黑白种族关系的变革提供了可能性。此外，自由派白人对黑人越来越多的声援为美国国内种族关系的变革及黑人争取平等权利的斗争营造了良好的舆论环境，如杜鲁门总统当政时期出台的总统咨文呼吁从多个方面保护黑人的合法权利。

马歇尔认为，这一时期仅为黑人在种族隔离的中小学里争取到平等的设施和待遇是不够的，[①] 而对种族隔离制度本身进行攻击的胜诉概率比较大。1950年，NAACP为处理种族隔离案件的律师和法律顾问召开了会议，决定在案件诉讼中追求“没有种族隔离基础上的教育”，这就意味着“均等化原则”最终让路于对种族隔离的直接挑战。

20世纪中叶，有关中小学种族隔离的案件大量出现，截至1950年秋天，仅堪萨斯一个州就出现了11件起诉黑白种族公立中小学内教育

---

① John Hope Franklin and Alfred Moss, *From Slavery to Freedom: a History of Negro Americans* (New York: Knopf, 1987), p. 608.

设施不平等的案例。全美国至少有 11 000 个种族隔离的学区，大部分位于南方。这些涉及黑白种族之间教育条件差异的案件只能在当地起诉和审理。在法律程序上，这些案件只能具体问题具体分析，即使打赢了官司，其结果也不能普遍化，而且 LDF 没有足够的人力和物力处理大量的诉讼案件。由于 NAACP 不仅在研究生教育领域取得了“斯威特案”和“麦克劳林案”的胜利，而且在 38 个争取黑人其他领域民权的诉讼案件中打赢了 34 个，极大地增强了黑人的信心。① 另外，黑人尤其重视黑人儿童能否获得与白人儿童同等的教育机会，因此马歇尔说服 NAACP 的赞助者们支持对中小学教育的种族隔离制度的直接攻击。② 在这些原因的作用下，来自中小学的种族隔离案件突然间占据了 20 世纪 50 年代美国种族问题的中心，NAACP 也在这一时期直接将矛头指向了种族隔离制度本身。

20 世纪上半叶，黑人为争取教育平等权利，主要通过 NAACP 做出了不懈的努力，为布朗案的出现奠定了基础。正如审判布朗案的首席大法官厄尔·沃伦（Earl Warren）在布朗案判决 20 年之后说：“多年来，各式各样的判决结果在逐渐侵蚀着作为标准的普莱西案；它们仅仅是蚕食，没有正面对其进行挑战。如果稍微回顾一下历史就会发现，从盖恩斯案、斯威特案到一部分洲际贸易的案件，‘隔离但平等’的原则在不断受到侵蚀，只有隔离本身被忽略。无论从是非曲直的、逻辑的、中立的和实践的任何一个角度来讲，这个案件应该怎样审判是很清楚的，唯一的问题就是如何得到这样一个结论。”③

---

① Diane Telgen, *Defining Moments : Brown v. Board of Education* (Detroit, MI: Omnigraphics, Inc. , 2005), pp. 35-36.

② Mark V. Tushnet, *The NAACP's Legal Strategy against Segregation Education , 1925-1950* (Chapel Hill: The University of North Carolina Press, 1987), pp. 106-107.

③ Richard Kluger, *Simple Justice : the History of Brown v. Board of Education and Black America's Struggle for Equality* (New York: Oxford University Press, 1978), p. 678.

参考文献

[1] 厄本，瓦格纳. 美国教育：一部历史档案 [M]. 周晟，谢爱磊，译. 北京：中国人民大学出版社，2009.

[2] 任东来，胡晓进. 在宪政的舞台上——美国最高法院的历史轨迹 [M]. 北京：中国法制出版社，2007.

[3] 张聚国. 杜波依斯与布克·华盛顿解决黑人问题方案的比较 [J]. 南开学报，2000 (3)：67-74.

[4] 张聚国. 杜波依斯对解决美国黑人问题道路的探索 [J]. 史学月刊，2000 (4)：93-101.

[6] FRANKLIN J H, MOSS A A. From slavery to freedom: a history of negro Americans[M]. New York: Knopf, 1987.

[7] KLUGER R. Simple justice: the history of Brown v. Board of Education and black America's struggle for equality[M]. New York: Oxford University Press, 1978.

[8] MCNEIL G. Groundwork: Charles Hamilton Houston and the struggle for civil rights[M]. Philadelphia: University of Pennsylvania Press, 1984.

[9] RUDWICK E M, HARLAN L. W. E. B. Du Bois: propagandist of the negro protest[M]. Philadelphia: University of Pennsylvania Press, 1968.

[10] TELGEN D. Defining moments: Brown v. Board of Education [M]. Detroit, MI: Omnigraphics, Inc. , 2005.

[11] TUSHNET M V. The NAACP's legal strategy against segregation education, 1925-1950[M]. Chapel Hill: The University of North Carolina Press, 1987.

[12] WARE L B. Setting the stage for Brown: the development and implementation of the NAACP's school desegregation campaign, 1930-1950[J]. Mercer Law Review, 2001(52): 631-673.

美国利益集团与教育立法*

——以 ESEA 法案（1965）为例

傅　林

利益集团（Interest Groups）是影响美国教育改革的重要力量，按照戴维·杜鲁门（David Truman）在《政府过程》（*The Governmental Process*）一书中的解释，“利益集团是一个持有共同态度并向社会其他集团或组织提出某种要求的团体”。集团成员为了共同的利益或目标而积极行动，力求对公共政策造成影响。利益集团多为非政府组织。① 本文以美国 1965 年《初等与中等教育法》为例，考察利益集团的形成原因、类型、活动方式及影响教育立法的方式和特征，并且对其局限性等进行分析，以使我们更加清晰地看到美国利益集团在教育立法中所起的作用，以及美国宪治社会教育决策的基本特点，加深我们对当今美国教育改革的认识。

一、利益集团的成因和类型

（一）成因

利益集团是美国政治体制的产物。权力的相互制衡是美国宪治社

* 本文原载《北京大学教育评论》2006 年第 2 期；《美国教育改革中的利益集团》，《比较教育研究》2006 年第 3 期。傅林，四川师范大学教育科学学院教授。

① David Bicknell Truman, *The governmental process* (N. Y. : Knopf, 1971), p. 33.

会的基本特点之一，在教育领域，它不仅表现为教育权力在行政、立法、司法部门间横向分散，联邦与州之间纵向分割，不同党派间相互监督、制衡，还表现为不同背景、不同利益诉求的公民集结成各种利益集团，积极地通过各种方式表达自己对教育改革的意见，对有关部门、机构施加压力，参与教育决策。他们认为这是他们应该享有的权利，也是在履行自己的社会责任，是任何一个负责任的公民所应有的表现。美国历史学家施莱辛格（Arthur M. Schlesinger）把美国称为“参与者之邦”（A Nation of Joiners），意即在这个国家几乎人人都参与着某种活动，都是某个团体组织的成员。在传统意义上，教育是各州的事务，而美国人却从来没有把它看作州政府的职责，更没有把它看作联邦政府的职责。他们认为教育事务不能完全由政府操纵和包办，政府应该是一个有限政府，权力过大的无限政府只能是民主参与的威胁，并且实际上政府也没有这个力量事无巨细去管理一切。在美国人的意识中，全体公民都应该是独立的，每个人首先应该是他（她）自身的统治者，美国人根据宪政原则实验性地创建了一个与国家统治型（State-governed）社会相对立的自治型（Self-governing）社会。① 这是利益集团在美国形成的首要原因。

其次，利益集团的产生也与美国人长期以来形成的集团意识有关。早期移民初来北美大陆时，展现在他们面前的是一片荒芜之地，可谓满目凄凉，一望无际的大西洋将他们与文明世界分割开来。在这种情形下，仅仅依靠个人的力量是很难生存下去的，现实使他们不得不自动组织到一起，形成团体，此乃结社精神的源流。同时，他们还有个人主义的思想，相信自己的力量，注重个人的成就，“自助者天助”（God helps those who help themselves）是他们信奉的人生哲学，他们

---

① 文森特·奥斯特罗姆：《美国联邦主义》，王建勋译，生活·读书·新知三联书店，2003，第 3 页。

相信自己能够自我管理，不需要政府君王或其他什么人告诉他们应该怎样生活，但是个人的力量毕竟是有限的，个人目标的实现常常需要与他人合作，于是个人主义与结社的精神就自然而然地融合在一起，形成美国人特有的一种集团意识（groupism），为了实现某些共同的目标和愿望，一群人自愿结成团体，采取一致的行动，从而形成了远远大于个人力量的群体力量。美国人的这种集团意识使他们结成了众多的表达教育利益的社团。一旦社团成立后，个人的力量就聚集成了集体力量，个人的声音就汇聚成了一种群体的呼声，各种教育利益的诉求借此有效地表达出来并推动教育改革。

（二）类型

利益集团的类型是多种多样的，因为人们的利益诉求是形形色色的，既有政治的、经济的，也有文化、宗教方面的利益集团。利益集团的成员构成也是复杂的，既有单一型的（成员属于同一职业、种族、阶级、宗教信仰），也有复合型的（成员来自不同的阶层、种族，从事不同的职业，有着不同的宗教信仰）。美国的利益集团数量十分惊人，据一项全国性的调查，60%以上的成年人至少都参加了一个社团。[①] 而影响教育的利益集团，据巴特勒（Gregory S. Butler）的统计，多达182个。[②] 这些协会、组织名目繁多，概而言之，大体上可分为以下几种类型：

1. 职业协会

在美国，对教育极具影响力的职业协会当属教师职业协会，其会员主要由学校教师、校长、行政人员、学校主管、教育学教授等组成，其中规模最大的是“全国教育协会”（National Education Association）和“美国教师联合会”（American Federation of Teachers）。“全国教育

---

① 李道揆：《美国的利益集团》，《美国研究参考资料》1988年第5期。

② See Gregory S. Butler and James D. Slack, *U. S. Educational Policy Interest Groups: Institutional Profiles* (New York: Greenwood Press, 1994).

协会”无论是规模还是影响力，都远在其他协会之上。该协会创建于1857年，1918年时仅有1万名会员，1996年会员已达200万人，号称“世界上最大的职业组织”①。“美国教师联合会”建立时间也较早，于1916年成立，但无论在规模、资金来源及影响力方面，都比全国教育协会略逊一筹。此外，还有在美国高等教育界颇有影响的“美国教育理事会”（American Council on Education）、美国教师专业发展标准认证方面的权威组织“全国教师教育认定委员会”（亦称“全国师范院校资格审鉴委员会”）（National Council for Accreditation of Teacher Education）等。

2. 种族社团

美国的黑人、印第安人、犹太人、亚裔人、西班牙裔人等在美国社会生活中由于都受到不同程度的歧视，特别是黑人长期遭受种族隔离的不公平待遇，因而结成了许多种族社团，争取他们应有的平等权利（其中也包括教育方面的平等权利），比较著名的有“全国有色人种促进会”（NAACP）、“种族平等大会”（CORE）、“南方基督教联盟”（SCLC）等。特别是“全国有色人种促进会”，在推进学校废除种族隔离制度方面进行了卓有成效的工作。

3. 企业集团及基金会

一些资产雄厚的企业集团，如福特、卡内基、通用电器等也在教育领域大量投资，直接或间接地影响着教育改革，尤其是企业发起成立的大型基金会在这方面发挥的作用是非常大的，如卡内基基金会、福特基金会等。

4. 宗教团体

宗教团体是基于共同的宗教信仰而建立起来的，但它们所关心的

---

① Ronald J. Hrebenar, *Interest Group Politics in America* (N. Y. : New York, 1997), p. 307; See James D. Koerner, *Who Controls American Education ?* (Boston: Beacon Press, 1968).

不仅仅是宗教事务，还关心教育问题，如“全国教会委员会”（The National Council of Churches）等都不同程度地涉足了教育领域。

5. 其他组织

影响教育改革的还有其他一些团体和组织：（1）课程改革集团（Curriculum Reform Groups），如“物理科学学科委员会”（Physical Science Study Committee，PSSC）、“生物科学课程研究”（Biological Sciences Curriculum Study，BSCS）、“化学教育教材研究”（Chemistry Educational Materials Study，CEMS）等。（2）公民顾问团（Citizens Advisory Groups），如“全国校务委员会协会”（The National School Boards Association）、“全国家长教师大会”（The National Congress of Parents and Teachers）、“全国公民委员会”（The National Citizens Commission）等。（3）鉴定协会（Accrediting Association），如“全国教师教育认定委员会”等。

（4）家长与教师协会（Association of Parents and Teachers）。家长是与学校有着特殊利益关系的群体，他们为了保持与学校、教师有更多的沟通和联系，组建了“家长教师联谊会”（Parent-Teacher Association），直接参与学校的决策。

二、利益集团对 ESEA 制定和实施的影响

1965 年美国颁布的《初等与中等教育法》（*The Elementary and Secondary Education Act*，ESEA）是美国教育史上的重要立法。该法案的主要内容是为城市贫民、乡村贫穷地区的儿童提供资助，改善他们的受教育状况。同时，法案还规定受到联邦资助的学区必须废止学校种族隔离制度。该法案颁布后至今又产生了若干修正案，它们对改善贫穷儿童的受教育状况、消除学校中的种族歧视、帮助处境不利的学生获得更大的学习进步起了至关重要的作用，因而被认为是一部使

20 世纪 60 年代以后的美国教育发生了显著变化、改变了当代美国教育进程的法案。由于《初等与中等教育法》涉及当时美国面临的两个重大社会问题——贫困和种族歧视，因而在其制定和实施过程中党派之争、种族利益之争，以及其他各种力量之间的较量和冲突表现得十分明显，是利益集团影响教育立法的典型例证。

（一）酝酿

过去出版的著作和论文多论及该法案的立法指导思想、内容等，对此法案的出台背景涉及甚少。① 《初等与中等教育法》（ESEA）与 1964 年的《经济机会法》（EOA）一样，同属于 20 世纪 60 年代美国“反贫困之战”（War on Poverty）中的重要立法，而这场“反贫困之战”的兴起与社会学家的研究有密切关系。20 世纪 40 年代中后期，瑞典经济学家冈纳・麦尔登（Gunnar Myrdal）著有《美国的两难境地：黑人问题与现代民主》（*An American Dilemma : the Negro problem and Modern Democracy*）一书，提出了“贫困圈”概念，即把黑人的穷困看作一系列互为因果关系的因素组成的循环圈，穷人受的教育很

---

① 从国内的情况看，有相当多的著作与论文述及和研究《初等与中等教育法》，王天一等：《外国教育史》，人民教育出版社，1985，第 97 页；滕大春：《外国教育通史》，山东教育出版社，1994，第 98 页；迟恩莲、曲恒昌：《中外教育改革的指导思想与对策》，北京师范大学出版社，1996，第 45 页；陈孝彬：《外国教育管理史》，人民教育出版社，1996，第 317 页等探讨了该法案的立法指导思想、法案的主旨内容（重点介绍的内容是法案“第一条”，即 Title I)、联邦的专项拨款等，内容均较简约。在美国，各种教育立法颁布若干年后就须修正并重新获得授权，近些年国内学者所撰论文关注的焦点是该法案的修正案，如研究 1993 年美国联邦政府在《初等与中等教育法》基础上制定的《美国中小学改进法》（*Improving American Schools Act of 1993*）（钟清：《美制定中小学改进法》，《课程・教材・教法》1994 年第 6 期）、2001 年出台的《不让一个儿童落后法》（*No Child Left Behind Act*）（赵中建：《从教育蓝图到教育立法——美国〈不让一个儿童落后法〉评述》，《教育发展研究》2002 年第 2 期）。另有学者从教育财政的角度，分析了《初等与中等教育法》（1965）出台后美国联邦在中小学教育经费投入上的变化，借以探讨二战后美国义务教育的普及与保障过程（“完善农村义务教育财政保障机制”课题组：《美国二战后至 1971 年义务教育普及与保障过程》，《经济研究参考》2005 年第 46 期）。

少，这会影响他的就业机会，找不到工作或找不到报酬较高的工作就会导致他没有好的住房条件、医疗保健和饮食，还会影响到下一代人受教育。如此而形成了一个恶性循环圈，站在这个圈上任何一点的人都可能开始他的贫困循环。随着该书的出版发行，“贫困圈”的概念渐渐在美国流行开来。另一位美国的社会学家迈克尔·哈里顿（Michael Harrington）从文化的视角分析了美国的贫困问题，在其极具影响力的作品《另一个美国：美国的贫困》（*The Other America ： poverty in the United States*）中揭示了美国繁荣背后一个令人惊讶的事实——大量贫困人口的存在。他把穷人叫作“另一种美国人”，这是一群被隔离在主流文化之外、生活在另一种贫穷文化世界中的人。哈里顿观察到随着现代科学技术的进步，贫困非但不易消除，反而加深了。这是因为各种职业对劳动者文化程度的要求越来越高，穷人由于仍然没有条件接受更多的教育，离职业的技术要求越来越远，要实现社会地位的升迁越来越难。更为严重的是穷人的处境使他们的子女也难以接受到良好的教育和工作培训，因而贫困从一代人传向了下一代人，周而复始，他们一代又一代始终在“贫困圈”上循环着，科技进步的结果竟然是促使贫困文化进一步加深。这种贫穷的怪圈造就了以酗酒、犯罪、冷酷等为特征的“贫困文化”模式，而社会对这种贫困文化采取的是蔑视、冷漠的态度。哈里顿认为，只有让这些穷人受到更多的教育，获得必要的技能，才能改变他们的生活环境，打破贫困循环圈。《另一个美国：美国的贫困》被誉为具有创见性的美国贫困问题研究成果。

1962年，哈里顿的“贫困文化理论”一问世就引起了肯尼迪政府的注意，肯尼迪总统阅读了此书，酝酿提出一个大型的联邦反贫困、反失业计划，他立即把这一想法告诉了“（总统）经济顾问委员会”（the Council of Economic Advisers）主席瓦尔特·赫勒（Walter Heller）。1963年10月，赫勒开始起草相关计划，不久就提交了一份备忘录，要求制订一系列计划帮助穷人避免陷入“贫困文化”怪圈，以及为他们提供脱离贫穷的办法。1963年11月，就在这份备忘录正在被评议之时，肯尼迪遇刺身亡，林登·约翰逊（Lyndon Baines Johnson）旋即就任总统。1963年年底，约翰逊多次与瓦尔特·赫勒会面，商谈反贫困问题。约翰逊总统认为，根除贫困是通向“伟大社会”的必经之路，是他的一种政治理想。1964年1月，《赫勒报告》形成。该报告秉承了麦尔登、哈里顿等社会科学家的观点，认为“贫困循环”的存在是与教育有密切关系的。这份报告倡导的主要策略就是利用教育彻底解决贫困问题。该报告还设计了一整套通过教育帮助穷人摆脱“贫穷文化”、消除贫困的计划，如建立“青年保护服务团”（Youth Conservation Corps）、成人教育计划、“在职母亲日常关怀中心”、身体素质提高计划，以及增强对老龄人的帮助等。报告还特别指出，学校教育必须开始于学前基础阶段。这些设想都直接影响到不久后《初等与中等教育法》的出台。约翰逊总统在他的第一篇国情咨文（1964年1月8日）中正式宣布该届政府对美国的贫穷“无条件宣战”。他认为，很多美国人由于贫穷或由于肤色这双重的因素实现不了自己的希望，“我们的任务是帮助他们得到机会，而不再感到绝望”。在谈到反贫穷的策略时，他指出，“在一场更集中的进攻中，我们的主要武器将是改善学校、改善保健、改善住宅、改善训练工作和增进就业机会，以帮助更多的美国人——特别是美国青年”①。可见，约翰逊把教育和培训看作反贫困的有力手段，这和《赫勒报告》的基调完全吻合。约翰逊总统产生这种思想与他自己的个人经历有关。他早年曾在得克萨斯州的一所学校任教，其学生多为穷困的墨西哥裔人，因而对穷人受教育的苦衷有所了解。这段经历使他萌发了给予穷人更多受教育机会、实现社会均衡的思想。1965年4月11日，约翰逊总统签署《初等与中等教育法》时

---

① 参见约翰逊《林登·B.约翰逊第一篇国情咨文》，载梅孜编译《美国总统国情咨文选编》，时事出版社，1994。

的地点就选在得克萨斯州斯通沃尔附近的一间校舍里，这是他开始受教育的地方，也是他曾经从教的地方。①

除此以外，《初等与中等教育法》的出台还与60年代初美国学校面临学龄儿童高峰到来这个紧迫的问题有关，二战后生育高峰时出生的婴儿，到了五六十年代正需要接受学校教育。30年代初，美国在“经济大萧条”时期人口出生率下降；到了40年代初，学龄儿童的入学压力并不大，加之处于二战时期，因而新建学校很少。战后，随着经济的发展，不少教师又离开了教职，另谋收入更高的工作。几个因素加起来使公立学校对学童的激增感到应接不暇，负担过重，急需得到资金上的帮助，以便使教育得到扩充和改善。

基于以上原因，白宫专门成立了一个有关教育问题的专门工作组，由卡内基公司（The Carnegie Corporation）的董事长约翰·加德纳（John Gardner）负责该小组的工作，开始酝酿《初等与中等教育法》提案。

（二）出台

1964年11月林登·约翰逊正式当选总统后，白宫有关教育问题的专门工作组与教育总署署长弗朗西斯·坎贝尔（Francis Keppel）及“健康、教育和福利部”副部长威尔伯·科恩（Wilbur J. Cohen）一起给约翰逊总统汇报了他们的工作。该小组的调查发现美国教育体制还存在许多弊端，如一些学区缺少资金、特殊教育的资源不足、贫困学生难以接受中等以上教育、城市学区的学校教育还需要改进等。他们主张应对这些问题做出反思和检查，并且只有联邦更多地分担教育费用，才能减轻州和地方学区的负担，实现教育上的重大变革。约翰逊与他们在这些问题上是有共识的。无论是联邦“反贫困之战”的策略，

① Joel Spring, *The American School: 1642-2000 (fifth edition)* (N. Y.: The McGraw-Hill Companies, Inc., 2001), pp. 374-375.

还是学校系统自身的现状，都要求联邦加强对教育的资助。事实上，二战后联邦对教育资助的力度已明显加大。50 年代，联邦政府提供低息贷款用于大学校舍的建设。1958 年《国防教育法》的颁布更是一个典型的例证。但是，联邦对教育资助仍然存在很多有争议的问题。例如，这会不会导致联邦对教育的控制？教区学校也可以得到资助吗？后一个问题让约翰逊和白宫教育问题工作组感到尤为棘手，因为这关系到一个敏感的话题——教会与国家的关系，各利益集团也围绕该问题展开了激烈的争论，这个问题成为决定《初等与中等教育法》提案最终能否立法成功的关键因素之一。

“全国教育协会”（The National Education Association，NEA）和“全国教派协会”（The National Council of Churches，NCC）强烈反对联邦对教区学校的资助。而另一方“全国天主教福利协商会”（The National Catholic Welfare Conference，NCWC）则态度强硬，坚持认为教区学校应该得到资助，否则任何学校也不应该受到资助。两方相持不下，最后双方意识到唯有彼此都做出妥协，立法才能在国会通过。约翰逊总统深谙此理，因此他非常老练沉着地等待“全国教育协会”和“全国天主教福利协商会”的意见出现调和。与此同时，他还积极地和有关人士商榷找到应对这个问题的较好办法。威尔伯·科恩受到州立法使用过的一种办法的影响，提出了一个聪明的构想：联邦的资助与学生个体挂钩，而不与学校挂钩。这个思路就是后来“儿童受益理论”（Child Benefit Theory）的雏形，即主要根据个人的收入状况而非学校类型提供教育资助。这样一来就可以避免给教区资助可能带来的冲突，为《初等与中等教育法》的顺利通过带来了重大突破。

1965 年 1 月，提案送到了国会，国会立即举行了听证会。在听证会上，“费城教师协会”代表、“健康、教育和福利部”部长安多利·塞里布雷仁（Anthony J. Celebrezze）等慷慨陈词，提出充分理由证明为贫困儿童提供教育援助的重要性。他认为由于贫穷而缺少足够的教育是导致当前成千上万的青少年失业、违法、犯罪的主要原因之一。教育总署署长坎贝尔说了一段精彩的、至今看来仍可作为名言的话："很多世纪以前，阿基米德告诉我们：'给我一根足够长的杠杆和一个坚固的支点，我就能使地球移动。'今天，我们已经有了这个希望，有了一根足够长的杠杆和坚固的支点可以让我们为贫苦儿童做点事情了。"这只杠杆当然就是教育，而支点就是联邦的财政援助。① 约翰逊总统也向国会发出请求，要求通过《初等与中等教育法》，其言辞十分恳切而富有感染力。他向国会提出扩大对教育的财政预算的请求，指出"这个支出是为开发我国最无价的资源所付出的最小的代价"，发展教育是"当前美国人民的头等大事"②。

从民间反应来看，由于这项议案给了贫穷儿童通过受教育发展打破贫困桎梏的希望，因而赢得了很多下层民众的支持。

这个提案遇到的阻力主要来自共和党，就在当年春天众议院对这个提案进行讨论时，共和党人展开了猛烈的攻势。反对意见主要是认为联邦政府对教育，特别是对教材的资助将会助长联邦对教育的控制，削弱地方的教育管理权。纽约州共和党人查里斯·古戴尔（Charles Goodell）讽刺这个议案根本就不是什么反贫困计划。他断言："它的真实目的是批准与（学生）需要无关的常规性援助，明显地是想把权力戏剧性地转移到联邦一级，从而改变我们教育的历史传统结构。"俄亥俄州的一个共和党人小克拉伦斯·布朗（Clarence Brown，Jr.）则危言耸听地说："这项议案是他一生中遇到的最危险的措施之一。"伊利诺伊州的约翰·安德森（John Anderson）点明这是一场关于教育是否

① Joel Spring, *The American School: 1642-2000 (fifth edition)* (N. Y.: The McGraw-Hill Companies, Inc., 2001), pp. 374-375.

② Tony W. Johnson and Ronald F. Reed, *Historical Documents in American Education* (Boston: Allyn & Bacon, 2002), pp. 183-185.

是国家职能的争论。[①] 尽管共和党的反对声迭起，民主党还是不折不扣地坚持议案提出的主要条款。他们在佐治亚州民主党人费尔·兰德若姆（Phil Landrum）的带领下几乎否定了共和党人提出来的所有修改意见，在辩论中占据上风。1965 年 3 月 26 日，在大多数共和党人和南方民主党人反对的情况下，众议院还是以 263 票对 153 票的结果通过了这项议案，并且把它提交到参议院，[②] 接下来又由参议院教育小组委员会（The Senate Education Subcommittee）举行了两个星期的听证会。在听证会上，大多数证人都认为教育机会的缺乏，以及较差的学业成绩是与贫困有直接联系的。他们认为目前城市居民的结构正在发生变化，受过良好教育和具备高超职业技能的人正在迁出城市，而那些从南方农村来的家庭逐渐搬入城市，这些新来移民的子女受的教育很少，掌握的职业技能也是很有限的。这就要求联邦从它的税收中划拨一部分出来资助这些学童，为每个儿童提供平等的教育机会。但是，也有一部分参议员持另一种观点，时任纽约州参议员的罗伯特·肯尼迪（Robert Kennedy）警告说联邦拨下的钱很可能被用得不好，教育改革的根本问题不在资金，重要的是要设立一个“美国教师团”（American Teacher Corps），把教师选派到贫穷的农村和城市地区去。[③] 还有一些人不满于法案仅资助贫弱学生而不顾其他学生，也有人担心联邦资助会导致联邦官员对学校管理的干涉。

最后，这个议案被送至参议院讨论，针对这些观点，参议院做了调和，将法案的第一条（Title I）按“儿童受益理论”（The Child

① See John A. Andrew, *Lyndon Johnson and the Great Society* (Chicago: Ivan R. Dee, 1998).

② See John A. Andrew, *Lyndon Johnson and the Great Society* (Chicago: Ivan R. Dee, 1998).

③ See John A. Andrew, *Lyndon Johnson and the Great Society* (Chicago: Ivan R. Dee, 1998).

Benefit Theory）设计，即资助金的分配公式按照各个州每个在校学生的平均费用乘以低收入家庭的学生数，就等于划拨到该州的资金数。采用这种计算方法使该法案实际上也惠及了较为富裕的州，而不仅仅指向贫困地区的贫困儿童，这样一来对那些不满法案仅扶助贫弱学生的意见起了调和作用。① 再者，在法案的第五条（Title V）中提出要资助州教育部门，以加强其力量，并且规定任何联邦官员不得对任何学校系统的课程、行政、人事或教材的选择进行干涉或监督。这项规定减少了人们对联邦控制教育的担心，也部分平息了一些人对法案的批评。由于有了这条规定，使联邦给予教育资助后，并没有导致联邦对教育控制的增强，反而是州教育部门的权力增加了。

（三）实施

1965 年春《初等与中等教育法》在国会通过后，并没有立即付诸实施，资金不到位是主要原因。为了解决这项法案的资金问题，国会用了好几个月的时间进行投票，一直到 1966 年 3 月，这个问题才得以解决。由于这时已接近该学年的末尾，法案的实施时间又被拖了几个月，直到下一个新学年开始才正式启动。而到了 1966 年下半年，美国的国内外形势已发生了一些变化，民权运动开始渐渐转向暴力活动，寻求“黑人权力”，反越战情绪逐渐高涨，国内财政形势飘摇不定。尽管面临诸多内忧外患，美国国会仍批准了《初等与中等教育法》的资金预算，并且把贫困家庭的收入标准从 2000 美元上调到了 3000 美元，因而又多划出了 30 万名儿童作为资助对象，扩大了资助范围。② 1966 年底，共和党在中期选举中获胜，在众议院中赢得了 47 个席位，在参议院赢得了 33 个席位，这使民主党在国会的力量大大削减。1967 年，

① See John A. Andrew, *Lyndon Johnson and the Great Society* (Chicago: Ivan R. Dee, 1998).

② See John A. Andrew, *Lyndon Johnson and the Great Society* (Chicago: Ivan R. Dee, 1998).

当约翰逊总统向国会提出扩大《初等与中等教育法》（ESEA）规定的承付款项、进一步加大资金投入时，就遇到了强大的阻力。而当明尼苏达州的阿尔伯特·奎依（Albert Quie）等共和党人提出 ESEA 应无条件地资助地方学区时，也遭到了民主党人的坚决反对。民主党人认为这种主张实际上是把联邦政府和美国教育总署应有的权利和责任转移到了各州，而州根本就操控不好这些计划。一些劳工组织、教会组织、民权组织也表示反对共和党修改法案的建议，奎依等虽然有“美国商会”（The U. S. Chamber of Commerce）一些州学校官员的支持，但提议还是没有在国会通过。①

姑且不论党派之争，《初等与中等教育法》和州的法律也有矛盾冲突的地方，因美国各州有自己的州宪法，他们只忠诚和服从于联邦最高宪法，因而成文法在实施中仍可遇到各州的抵触，地方分权表现得非常充分。例如，法案制定时本着“儿童受益理论”（The Child Benefit Theory）资助处境不利的学生，但这触及了一个敏感的问题——教会与国家的关系，因为受益者也包括教区学校的学生，而好几个州的法律都明文禁止政府资助教区学校。

值得一提的是，1967 年国会又通过了一个《初等与中等教育法修正案》（*The Elementary and Secondary Education Amendments of 1967*），将“西班牙-英语双语教育条款”增加了进去。该建议是得克萨斯州参议员拉尔夫·亚伯诺夫（Ralph Yarborough）提出的。教育史学家迪安娜·瑞文琪（Diane Ravitch）认为提出双语教育的建议是有前提假设的，即西班牙裔儿童需要形成较强的自我概念，双语教学有助于弥补他们消极的自我意象，增强他们对本民族传统文化的自豪感。② 西

① See John A. Andrew, *Lyndon Johnson and the Great Society* (Chicago: Ivan R. Dee, 1998).

② See John A. Andrew, *Lyndon Johnson and the Great Society* (Chicago: Ivan R. Dee, 1998).

班牙裔人对这一条款的反应非常积极，纷纷要求所在学区按照法案规定对其子女用西班牙语教学。然而，双语教育的真正目的又是什么呢？是为了实现从本族语到英语的过渡吗？抑或是为了保持本民族的语言和文化差异？这涉及文化的“同化论”和“多元论”问题，美国是一个“色拉盘”（Salad Bowl）还是一个“熔炉”（Melting Pot）？作为一个由移民组成的多元文化国家，其主流文化是什么？移民所带来的本民族的传统文化与主流文化之间的关系又是怎样的？这些问题也许是任何教育政策制定时都难以回避的。“双语教育”从60年代以后一直是美国教育的一个热点议题，但它的目的是很难一语道清的，在1974年著名的“罗诉尼科尔斯案”（*Law v. Nichols*）中，最高法院裁决学校应该为操非英语的学生制订特殊语言教学计划。但高院的判决并未解决争端的实质，也未说明提供双语教育的目的。不管是维持性目的，还是过渡性的目的，至少《初等与中等教育法修正案》开创性地提出了双语教育计划，这对20世纪后期及21世纪美国的学校教育产生了重要影响。

《初等与中等教育法》还有一个突出的特点，也是它后来在实施中受到争议的问题——对学校废除种族隔离制度提出了要求。在这方面，它和1964年《民权法案》第四条（Title VI）有异曲同工之妙。《民权法案》第四条规定禁止任何接受联邦资助的项目进行种族歧视；同样，《初等与中等教育法》第一条规定要履行1954年布朗案中最高法院关于废除学校种族隔离制度的判决。参议员埃弗雷特·德克森（Everett Dirksen）曾提议修改《初等与中等教育法》在学校种族问题上的立场，禁止将联邦资金用于达到种族混合目的的“用公交车接送学生上学”或重新调配黑白教师。国会在经过长时间的辩论和几轮投票后否决了德克森的修改建议。在南方，布朗案虽然已过去了10年，1964年又颁布了《民权法案》，但废除学校种族隔离的行动仍然举步维艰，尽管当时“南方各州在种族混合学校就读的黑人儿童的数量比50年代初增长了3倍”，但到了1965—1966年，整个南方及相邻的州还仅仅只有16%的黑人儿童进入了种族混合学校。教育总署署长弗朗西斯·坎贝尔按照法案规定，对南方六十多个不实行种族混合的学校停止了资金援助。[①]《初等与中等教育法》利用经济杠杆加快了学校种族混合的步伐，南方各州为了获得联邦资助积极地实行学校种族混合，一些学区立即废止了学校的种族隔离制度以得到联邦的资助。但是，这个办法也不完全灵验，地方反过来给联邦施压或我行我素、坚决抵抗的事时有发生。芝加哥的学校因存在种族歧视被联邦收回了3400万美元的资助，但这一次执行起来并没有那么容易，该市市长、民主党竞选工作组成员达雷（Daley）对此大为光火，他拼命游说约翰逊总统要求恢复资助，结果约翰逊很快就屈服，答应了他的要求。教育总署对外的解释是这个问题主要是住房模式引起的，黑人常常聚居在某些固定的社区，自然黑人儿童就容易集中在一起，而这是《初等与中等教育法》所没有涉及的问题。[②] 亚拉巴马州在种族问题上的态度则更加强硬，完全不理会联邦中止资助的警告，“1966年，该州州长乔治·华莱士（George Wallace）签署了一项命令，宣布‘健康、教育和福利部’（Department of Health，Education，and Welfare，HEW）制定的‘学校废除种族隔离准则’无效并禁止本州官员去实行”[③]。看来种族和利益问题仍然是这个教育法案所难以回避的。

除此之外，《初等与中等教育法》在实施中还碰到这样一个问题：虽然联邦大大增加了教育投入，但对教育资金不足的抱怨，以及对联

---

① See John A. Andrew, *Lyndon Johnson and the Great Society* (Chicago: Ivan R. Dee, 1998).

② See John A. Andrew, *Lyndon Johnson and the Great Society* (Chicago: Ivan R. Dee, 1998).

③ See John A. Andrew, *Lyndon Johnson and the Great Society* (Chicago: Ivan R. Dee, 1998).

邦教育资金去向的质疑仍然不断。诸如此类的问题常常让联邦政府感到棘手不已。1966—1967 年，心理学家约瑟夫·亨特（Joseph Hunt）主导了一个“亨特专门工作组”（The Hunt Task Force），进行了有关儿童发展的研究。他们的研究报告《儿童权利议案》认为教育资金仍然不足，指出“在 1967 年，1900 万年龄在 65 岁以上的人（投票者）接受了价值 257 亿美元的福利待遇，而 2400 万儿童（不能参加投票者）只接受了仅 20 亿美元的资助”①。而“加德纳教育工作委员会”（Gardner Task Force on Education）② 的一份研究报告则将矛头指向了联邦教育资金的投入范围和受益对象上，报告的研究结论显示：1965—1969 年，联邦对整个教育资助太少，没能对教育改革产生重大影响；富裕的市郊而非贫穷的城区及农村地区成为获益最多的地区。正如美国历史学家阿伦·马图索（Allen Matusow）指出的那样，大多数地方学区接受了联邦资助，却没有接受这个钱所意味着要完成的目标。他们利用这个钱缩减了地方税收，并且把受益人扩展到中产阶级投票人的子女身上，而没有用到立法所关注的那些贫困儿童身上。③

联邦政府也意识到了上述问题，1967 年发表了一份政府报告——《公立学校中的种族隔离》（“Racial Isolation in the public Schools”），指出“钱”已不是解决一个国家教育弊端的答案了，它也不能为处境不利者脱贫提供机会，大规模的种族混合更为重要。

① See John A. Andrew, *Lyndon Johnson and the Great Society* (Chicago: Ivan R. Dee, 1998).

② 该工作委员会 1964 年由约翰逊总统提议建立，加德纳（John W. Gardner）任主席。

③ See John A. Andrew, *Lyndon Johnson and the Great Society* (Chicago: Ivan R. Dee, 1998).

三、利益集团影响教育立法的方式和特征

利益集团又被称为“压力集团”或“院外集团”，这两个别称恰恰反映了它的两个特点：经常给政府施加压力；起初的活动方式常常是在议会走廊或休息室进行游说。其实，利益集团影响教育改革的方式并不仅仅限于游说，他们还通过制定行业标准、示威游行、暴力抗议、政治捐款等多种方式左右教育决策，影响教育改革。

（一）方式

1. 制定教育行业标准

制定教育行业标准是利益集团影响教育改革最常见、最直接的方式，一些教师职业协会在这方面发挥着很大的作用。“全国教师教育认定委员会”是由5个专业团体发起建立的，现在已发展成由全国三十多个专业团体组成的一个民间行业组织。其成员包括学者、教师教育工作者、州和地方教育决策者等。该组织致力于提出教师专业化教育的高标准，鼓励各机构和院校予以采纳。由于该组织制定的标准专业性强，为教师教育机构和高等学校的教育院系所广泛接受，受到该组织的认可，被认为是教师教育质量良好的标志。因此，即使没有强制性规定，全美许多教师培训机构和高校的教育院系也自愿接受该组织的鉴定。“全国教师教育认定委员会”是当今美国确立教师专业标准和教师教育规范制度最权威的机构。它制定的标准对全美教师教育课程的设置有着极大的影响力，引导着美国教师教育的发展方向，对教师教育的质量起着监督作用。

2. 游说

游说是利益集团最常使用的手段。利益集团把游说的重点目标锁定在了联邦行政机构、立法及司法部门上。为了更容易接近这些部门，大多数利益集团都在华盛顿设有办事处，可以毫不夸张地说：“华盛顿

的繁荣兴盛归功于它作为利益集团大本营的显著吸引力。”① 游说是件专业性极强的工作，因此游说人员一般都具有较高的专业素养和广泛的社会关系，一些议员和政府官员在离任后，往往被利益集团争相邀请来为本集团的利益游说。

利益集团在对行政部门进行游说时，一般很难接近最高行政首脑——总统，因而他们常常选择那些与教育有直接关联的部门进行游说，原“联邦教育总署”（Office of Education）、“教育部”（Department of Education）、“健康、教育和福利部”（Department of Health，Education，and Welfare）都是集团重点游说的对象。

教育立法对推进教育改革有着重大作用，因此作为重要立法部门的国会更是利益集团竭力游说的对象，对国会的游说主要是以出席立法听证会的形式进行的，在美国教育重要法案的听证会上几乎都可以见到利益集团的证词，这些证词往往是在大量调查研究的基础上形成的，而且证人专业水准较高，因而对教育立法有相当大的影响。20 世纪 90 年代中期，“美国教育理事会”等 6 大高等教育协会（Big Six）成功地进行了游说活动，1996 年使国会顺利通过了大学生的资助拨款计划，增加了对大学生的资助，保护了高校利益。

人们一般认为在国家教育政策、提出教育改革计划的过程中，利益集团与国会、行政部门之间形成的是一种“铁三角”关系（Iron Triangle）。但实际上，利益集团不仅仅同国会、行政机构发生联系，还对司法产生影响，常见的方式是进行司法游说。美国法律是以判例法为主要表现形式，而判例法遵循的是“先例原则”。因此，在司法实践中，法院的判决先例对以后同类案件具有约束力，并且法院具有司法审查权和司法解释权。利益集团利用这一特点，向联邦和州法院提请了大量的有关教育问题的诉讼以达到自己的目的。

---

① 罗斯金：《政治科学》，林震等译，华夏出版社，2001，第 196 页。

3. 示威或暴力抗议

当利益集团感到游说不足以引起政府重视或不能完全表达自己的强烈愿望时，就会考虑采用非暴力的示威游行或直接的暴力对抗形式向有关部门施压了。这在 20 世纪五六十年代表现得十分明显，从 20 世纪 50 年代末直到 60 年代中期的民权运动中，种族利益集团最初采用的是和平、非暴力形式表达包括教育权利在内的愿望和要求，博得了不少公众和上层人士的同情和支持，促成了《民权法案》《经济机会法》《初等与中等教育法》等有利于维护少数民族权利的法案条款的形成。例如，当时的"拉丁语系民族美国公民联盟"（The League of United Latin American Citizens）、"民族团结同盟"（La Raza Unida）多次组织来自拉美国家的移民进行示威游行活动，要求在公立学校中实行双语教学、传播拉丁文化，其结果是直接促成了 1968 年《双语教育法案》的通过。但在 60 年代中期以后，种族利益集团的活动逐渐转入了暴力抗议阶段，骚乱、对峙等事件时有发生，不过这并非利益集团活动的主要方式。

4. 政治捐款

政治捐款指通过捐赠钱款支持政治候选人参加竞选，图谋获得这些政治人物今后在教育政策上的某些倾斜，这是利益集团追求和实现教育利益的一种间接方式。他们认为与政治人物商谈是好的，但如果再加上点金钱，效果会更好。

然而，利益集团遇到了一个比较棘手的问题：根据美国联邦法律，利益集团不得直接参与竞选捐赠，这使利益集团不得不纷纷成立自己的所谓"政治行动委员会"（Political Action Committee）来开展政治捐赠活动。但"政治行动委员会"的合法化问题一直备受争议，直到 1971 年《联邦竞选法》出台，以及 1972 年美国联邦最高法院以此法律为依据对“管道工工会案”（*Pipe Fitters Local Union No. 562 v. United States*）① 进行判决后，利益集团的“政治行动委员会”的政治捐款行为才有了合宪性。并且，由于联邦最高法院在捐赠活动诉讼案中没有判定“禁止捐赠”令具有合宪性，鉴于上述两个原因，大大助长了一些利益集团的政治捐款行为。“全国教育协会”“美国教师联合会”这两个美国最大的教师协会都成立了自己的政治行动委员会，向两党政治候选人或独立候选人捐钱。一些利益集团还采用“软钞”的形式支持竞选，即为政党支付竞选所需的宣传费、设备费等。这是一种变相的竞选捐赠，由于它不受《联邦竞选法》有关条款的限制，近些年来颇有上升趋势。利益集团的政治捐赠行为反映了利益集团企图接近教育决策关键人物，从而达到左右教育政策，使之最大限度符合本集团利益的目的。

（二）特征

通过上述 ESEA 法案的制定和实施过程来看，美国利益集团影响教育立法有其鲜明特征。通过对《初等与中等教育法》整个制定和实施过程的分析，我们可以看出美国利益集团影响教育立法及美国宪治社会教育决策的基本特点——权力的制衡和积极的自由。

美国政府是一个限权政府，各政府部门的权力都由《宪法》做了明确规定，不得随意修改或增加自己的权力。教育权力横向分散在行政、立法、司法 3 个部门，每个部门各行其是，互不干扰，相互制衡。以美国国会为例，拥有立法权的国会在教育立法方面很有作为，仅 1962—1967 年，国会通过的教育立法就达 30 个之多，教育拨款总额高

① 1968 年，圣路易斯管工工会的 3 名行政人员被指控在 1964 年、1966 年的选举中进行了政治捐款，此行为违反了 1947 年美国国会通过的《劳工管理关系法》（*Labor Management Relations Act*），该法律禁止工会捐赠行为，因此三人被处罚款和监禁。此案上诉到联邦最高法院，根据 1971 年出台的《联邦竞选法》，高院判令工会用其成员自愿的政治捐款，并且在捐款独立与工会财政相分离的情况下，有权进行竞选捐赠。

达几十亿美元。[①] 这些法案对美国教育改革进程产生了重要影响，1965年的《初等与中等教育法》（ESEA）只是其中较为突出的一个。国会的权力虽大，但也要受到制约，每项教育立法都须得到参、众两院的通过，而且所有的立法都须经最高行政首脑——总统的同意并正式签署方能生效。但是，反过来，由于国会具有“掌握钱袋的权力”(Power of the Purse)，它也对总统的权力产生制约，总统提出的教育立法建议或计划须经国会审核，其中有关教育拨款的项目还须国会开出支票。分权所起到的作用是彼此间权力的制衡，即所谓以权力制约权力，而不至于在教育决策时出现权力的滥用。

不仅如此，联邦与州还存在权力的纵向分割，《宪法》以列举的方式明确了联邦应有的权力，而对各州的权力则以概括的方式规定：未经列举的权力均“保留给州政府或人民行使之”，而《宪法》所列举的联邦各项权力中并未列出“教育权力”，因此教育权力自然保留在了各州，成为州管辖范围内的事务。但是，这并不意味着联邦毫不涉入教育领域。恰恰相反，我们通过《初等与中等教育法》看到，联邦行政、立法等部门在教育方面的作用比起各州来是毫不逊色的，甚至胜出一筹。二战后，联邦对教育的控制和影响力已明显加强，但是这种加强并非联邦的一种越权行为，同样也是有《宪法》作保障的。美国《宪法》第一条第八款规定：国会有权规定和征收直接税金、间接税、进口税和货物税，以偿付国债、提供合众国共同防御与公共福利。这就意味着作为防御或公共福利意义上的教育，联邦有权为之拨款、征税，而且有权进行立法。冷战氛围下的《国防教育法》(NDEA)、反贫困背景下的《初等与中等教育法》（ESEA）都是以“国家安全防御”或“社会福利”的名义给教育拨款的。虽然如此，联邦对教育的广泛干预

---

① See James D. Koerner, *Who Controls American Education?* (Boston: Beacon Press, 1968).

也出现了许多问题，从人们的传统心理来看，联邦不应该过多插手本属于州权限范围内的教育事务。这使联邦立法经常遭遇州和地方势力的公开阻挠，或者是变相抵触，他们巧立名目地获得联邦资助后却不按该项目的要求行事，使联邦教育计划不能完全达到预期目的，《初等与中等教育法》实施后的结果是使大多数地方学区接受了联邦资助，一些州却把受益人扩展到了中产阶级投票人的子女身上，并没有用到立法所关注的那些贫困儿童身上，偏离了法案的初衷。《初等与中等教育法》利用经济杠杆加快了学校种族混合的步伐，但是地方反过来给联邦施压，依然我行我素。因此，联邦和州、地方的关系就像一个天平的两端，在微妙的此消彼长中保持着平衡。

权力的制衡还表现在不同党派之间的权力制衡上。积极推进《初等与中等教育法》制定的是以约翰逊为代表的一些民主党人，因而在立法过程中遭遇的阻力主要来自共和党人，他们总是挑出法案的种种不足和缺失来加以攻击。但是，由于当时民主党力量强大，法案顺利通过。当 1966 年底共和党在中期选举中获胜，在参众两院中的席位增多、力量得到加强时，情况就发生了变化，约翰逊总统向国会提出扩大《初等与中等教育法》规定的承付款项、进一步加大资金投入时，就遇到了强大的阻力。党派之间的相互制衡可以起到互相监督、使法案更加完善、兼顾更多的利益等作用，但它的消极作用在于使本来具有合法、合理性的计划可能在政治斗争的旋涡中濒于流产，成为牺牲品，使法案出台和实施过程中付出的成本代价更高。

与权力的制衡相适应的是一种积极的自由行动主义，社会中的每一个元素都认为自由的实现依赖于对自己权力的积极行使。它不同于消极的自由观，消极的自由观认为自由的获得依赖的是对权威的约束，这种观念的前提是承认社会中权威的存在。从联邦、州行政、立法部门到各利益集团、组织，乃至公民个人在法案的制定和实施过程中都发挥着作用，他们的自由是在积极地参与中实现的。积极的自由行动主义不仅使自己获得充分的自由，还使各种权力受到制约。也就是说，它是实现权力制衡的必要前提条件。

属于公民社会领域的利益集团及公民个人总是积极地通过听证会、媒体、演讲等方式参与法案的制定，表达自己对教育改革的意见并对有关部门、机构施加压力。他们认为这是他们应该享有的自由，也是对自己社会责任的履行，是一个负责任的公民应有的表现，他们总是以一种积极参与的态度实现着自己的自由。

从表面来看，《初等与中等教育法》就像一碗难调众口的羹，保守主义者认为它做得有些过火了，联邦政府对教育的资助，特别是对教材的资助已危及地方对教育的控制，这种趋势与一年前通过的《经济机会法》及《民权法案》的精神如出一辙，是非常危险的。相反，在激进主义者看来，它还做得不够，教育史学家乔尔·斯普林（Joel Spring）就持这种观点。他认为该法案是一个解决贫困问题的保守做法，因为它并没有在经济制度方面提出任何较大的变动措施。他尖锐地指出，“反贫困之战”的解决办法就是抹杀不同的社会阶层中基本的利益冲突，从“反贫困之战”的前后逻辑来看，穷人的经济利益就在于进入中产阶级，而不是去改变经济和社会制度；中产阶级的利益不是去压迫穷人，而是去解决诸如犯罪、违法及失业等问题，把穷人带入主流社会。在这种理论分析中，教育被看作起主要作用的因素，它担负着为穷人进入主流社会架起桥梁的任务。因而，在“反贫困之战”的一片花言巧语中，“教育被看作穷人的希望、中产阶级的方法”①。但从本质上来说，它恰恰反映了美国社会的特点，任何法案或教育改革计划的出台都是各种力量较量的结果，也是各种利益相互冲突和协调的结果，没有一种力量不受制衡，没有一种权力不受监督，依赖于对

---

① Joel Spring, *The American School*: *1642-2000* (*fifth edition*) (N. Y.: The McGraw-Hill Companies, 2001), p. 376.

自己权力的积极行使而实现自由，以及用权力制约权力而实现权力的制衡是整个社会机制平稳运行的关键，这也是《初等与中等教育法》的制定和实施过程所带给我们的启示。

（三）局限性

利益集团通过多种方式左右教育决策、影响教育改革，在推动美国教育改革方面的作用不可低估，但是它自身也有局限性，作用远远没有想象中的那么大。据巴特勒和斯莱克（Butler & Slack）的统计，1987—1992 年这 6 年间，国会曾就 35 个教育提案举行了听证会，而全美一百八十多个利益集团中仅有 63 个做了证词，并且这 63 个利益集团中有一半以上仅仅在 1 个立法听证会上发了言，出席听证会最多的当属"全国教育协会"，但它也仅仅参加了 12 个立法听证会；1992 年支持总统竞选的教育利益集团仅 4 个。①

形成这种局面的原因主要有两个：一是美国法典 501（c）（3）条对非营利性组织做出规定：（这些组织）如果要想获得免税，就不得参与、介入任何政治性竞选活动。这项规定使利益集团对国会教育立法的影响力大大减弱，美国学者科尔纳（James D. Koerner）抱怨道："像全国教育协会这样的大型组织并没有把大部分活动用来影响立法，而是写了些'信息报告'来应付国会。"② 科尔纳这番话反映了利益集团与立法机构的联系方式更多的是写报告、提供信息，这正是利益集团影响教育决策时局限性的表现。当然，美国法典 501（c）（4）条也规定利益集团可以游说，但是在这种情况下，其成员就不能享受减税待遇了，这也使利益集团利用游说等方式对教育决策施加影响受到了一定限制。

---

① See Gregory S. Butler and James D. Slack, *U. S. Educational Policy Interest Groups: Institutional Profiles* (New York: Greenwood Press, 1994).

② See James D. Koerner, *Who Controls American Education?* (Boston: Beacon Press, 1968).

二是利益观上的实用主义也削弱了利益集团对教育的影响力。利益集团是在一种竞争的环境中运作的，严重依赖市场原则，集团领导为了获得会员支持、维持协会的会员人数、发展潜在的会员，就必须尽力满足其成员现实的、直接的需要。一些重大的教育改革虽然对国家利益很有意义，但对利益集团的会员们来说似乎太遥远、抽象，与他们的切身利益没有太大的关系，因而很难引起他们的兴趣，他们不会因此而心甘情愿付会费或投入大量的时间精力。同时，一些职业性的利益集团认为自己是专业性团体，每年召开年会、制订计划的目的主要在于改善会员个人的职业生涯，提供专业发展机会。这些利益集团的成员也认为集团领导者的目光应该向“内”看，而非向“外”看。再者，没有一个利益集团能够反映所有人在教育方面的利益，也没有某个教育方面的问题能够引起所有利益集团成员的关注，因而利益集团常常不会全力以赴地考虑较为长远的与国家利益有关的教育改革问题也是情理之中的事。

尽管利益集团存在这些局限性，但它们在州一级的水平上对教育的影响力相对还是比较大的。一项调查表明，“在每个州，由于附属于全国教育协会的各州教师协会的努力，立法者常常把教育利益作为州最大的问题挑选出来加以考虑”①。总之，利益集团的存在是美国多元政治的体现，它们通过种种方式影响教育改革，反映了美国各利益群体不同的教育诉求，同时也证明了它们是美国教育改革中不可忽视的重要力量。

参考文献

[1] 奥斯特罗姆. 美国联邦主义［M］. 王建勋，译. 上海：上海

① See James D. Koerner, *Who Controls American Education?* (Boston: Beacon Press, 1968).

三联书店，2003.

[2] 罗斯金，科德，梅代罗斯，等. 政治科学 [M]. 林震，译. 北京：华夏出版社，2001.

[3] 李道揆. 美国的利益集团 [J]. 美国研究参考资料，1988 (5)：23.

[4] 梅孜. 美国总统国情咨文选编 [C]. 北京：时事出版社，1994.

[5] ANDREW J A. Lyndon Johnson and the great society[M]. Chicago：Ivan R. Dee，1998.

[6] BUTLER G S，SLACK J D. United States educational policy interest groups：institutional profiles[M]. New York：Greenwood Press，1994.

[7] HREBENAR R J. Interest group politics in America[M]. New York：Routledge，1997.

[8] JOHNSON T W，REED R F. Historical documents in American education[M]. Boston：Allyn & Bacon，2002.

[9] KOERNER J D. Who controls American education? [M]. Boston：Beacon Press，1968.

[10] SPRING J. The American school：1642-2000[M]. 5th ed. N. Y.：The McGraw-Hill Companies，2001.

[11] TRUMAN D. The governmental process[M]. New York：Knopf，1971.

意识形态冲突与
美国公共教育

第三章 20世纪80年代以来公共教育中的意识形态冲突

美国20世纪末的一场文化战争：保守派与进步派的较量*

王恩铭

20世纪90年代初，美国学术界、教育界和政界围绕学校教育、家庭价值、生活方式、艺术创作、人工流产、同性恋婚姻、色情文化、媒体宣传、宗教信仰和“肯定性行动计划”等问题展开了一场激烈的争论。由于这些问题都涉及文化价值观，美国媒体把它称为“文化战争”①。也许说“战争”言辞过重，但由于论争双方各自视对方为“敌手”，而且双方认为两个阵营的观点和立场不可调和，所以把这场论战概括为“战争”也不为过，以彰显这场争论的尖锐程度。国内学术界对当代美国这一重要文化现象给予了一定的关注，出现了一些研究成果，如王璞的专著《文化战争中的美国大学》、周静琼的文章《美国文化战争何时了》和潘小松的文章《美国“文化战争”的历史根源》等②。但如同这些论著标题所示，它们主要是从大学教育、历史根源和

---

* 本文原载《世界历史》2011年第5期。王恩铭，上海外国语大学美国研究中心教授。

① See James Davison Hunter, *Culture Wars: The Struggle to Defend America* (N. Y.: Basic Books, 1991); Fred Whitehead, *Culture Wars: Opposing Viewpoints* (San Diego: Greenhaven Press, 1994).

② 参见王璞《文化战争中的美国大学》，北京师范大学出版社，2008；周静琼《美国文化战争何时了》，《东方》2000年第1期；潘小松《美国“文化战争”的历史根源》，《博览群书》2001年第6期。

时间延续等视角探讨这场文化战争，没有就文化战争本身及其所涉及的政治、社会和文化等问题展开详尽论述。本文试图从这场文化战争的两大阵营——保守派和进步派之视角考察这场文化战争，从两者鲜明对立的文化价值观和政治社会立场剖析它的争论焦点，探讨它的冲突渊源，揭示它的内在本质。

美国文化战争的宗教渊源

美国文化战争发端于冷战结束后的1991年，其标志为“政治正确”说法之首次出现。[①] 整个90年代，美国保守派阵营关注的焦点就是那些与文化和道德相关的问题，并且为此与美国进步派展开激烈的论战，从而把文化战争推向一个近乎“你死我活”的程度。[②] 但追根溯源的话，文化战争不仅可以从北美殖民地时期的宗教派别中找到它的渊源，还可以从黑奴制和父系制中寻找到它的踪迹。[③] 然而，历史渊源固然重要，它只是部分解释了文化战争爆发的原因。毕竟任何一种战争的爆发，不管是“热战”还是“冷战”，也不管是政治战争还是经济战争抑或文化战争，其爆发既有深层次的历史根源，又有触发性的现实因素，忽略其中的任何一个方面都不能解释清楚它的滥觞之源。如果从这两个层面考察和分析美国20世纪末的文化战争，我们就会发现，它爆发的原因确实既有悠久的历史根基，又有触发性的现实因素。一旦把两者结合起来进行历时和现时性的考察，当代美国文化战争产生之渊源

---

① David Ayers, *Literary Theory : An Reintroduction* (Oxford: Blackwell Publishing, 2008), p. 163.

② Bruce Pillbeam, *Conservatism in Crisis : Anglo-American Conservative Ideology after the Cold War* (N. Y. : Palgrave Macmillan, 2003), p. 83.

③ Bruce Pillbeam, *Conservatism in Crisis : Anglo-American Conservative Ideology after the Cold War* (N. Y. : Palgrave Macmillan, 2003), p. 83.

和原因便即刻昭然若揭，一清二楚。

首先需要说明的是，“文化战争”中的“文化”两字意思复杂，涵盖面广。在美国20世纪末的文化战争中，“文化”对挑起这场文化战争的保守派来说主要涉及两个方面：一是指人类艺术创作领域，如文学、绘画和音乐等；二是指一个社会群体共认和共享的价值和习俗等。[①] 尽管保守派认为两者之间的关系密不可分（毕竟评判艺术作品既涉及美学欣赏，又脱离不了伦理道德），但大多数保守派认为，道德关怀才是他们的心系所在。对此，保守派领军人物之一诺伏克（Michael Novak，1933—2017）一言道明，“文化战争是在道德领域里展开的一场斗争”。可见，美国20世纪末的文化战争涉及的是社会文化问题，但问题的根子是道德价值观。

众所周知，在美国这样一个宗教观念根深蒂固的社会环境里，道德价值观主要源于宗教信仰。从这个意义上讲，追溯文化战争的历史渊源实际上就是探究美国历史上宗教派别之间在信仰和价值方面的分歧和争斗，因为正是这些教派宗教观念上的差异和对立导致了它们道德价值观上的分歧乃至势不两立。就美国宗教而言，其最大的特点就是多元性，这在北美殖民地时期和共和国早期就已显现。譬如，殖民地时期，马萨诸塞、康涅狄格和新罕布什尔殖民地以公理教为主体；弗吉尼亚、佐治亚和卡罗来纳殖民地以圣公教占主导地位；罗得岛为洗礼教一统天下；马里兰殖民地是圣公教和天主教“平分秋色”；在纽约和部分马里兰殖民地，圣公教、加尔文教和长老会教“各领风骚”；宾夕法尼亚殖民地则是教派杂陈，各自为政。[②] 美国建国后不久掀起的“第二次大觉醒”，进一步加剧了教派多元化的发展趋势，不仅在原先

---

① Russell Kirk, *America's British Culture* (London: Transaction Publishers, 1993), pp. 1-6.

② James Davison Hunter, *Culture Wars: The Struggle to Defend America* (N. Y.: Basic Books, 1991), p. 68.

的东海岸地区蔓延开来，而且在新开辟的西部地区燃起“燎原之火”。不可否认，这些教派之间常有抵牾甚至矛盾和冲突，各自认为自己的教义和礼仪代表最正宗的基督教本意，但由于它们绝大多数属基督教新教，而且宗教信仰主体上都源于宗教改革运动之后的神学思想，所以互相之间的差异主要体现在程度上，而非本质上。鉴于这些新教宗派都希冀在“新大陆”建立一个“上帝之城”（a Godly City），所以它们心目中的邪恶不是新教内的不同教派，而是新教外的异教徒和形形色色没有宗教信仰的人。因此，从文化意义上讲，这个时期的美国大体上把自己看作一个以新教为主体的基督教国家，既没有文化战争的必要性，也没有文化战争的可能性。“新教独霸一天”似乎成了一个既成事实，其主导地位一直延续至 19 世纪中叶。

然而，说新教占据美国宗教文化阵地主导地位并不意味着它免受质疑，更不意味着它不受挑战。事实上，自 19 世纪 30 年代起，伴随着大批天主教和犹太教移民涌入美国，“新教”的“一言堂”地位便开始受到动摇。时至 1880 年，美国天主教教徒人数达 6 002 600 人；20 世纪 20 年代，他们的人口占全美 17%。与此同时，犹太教人数也开始剧增。19 世纪 30 年代末时，美国信奉犹太教的人数不足 15 000 万人，但到了 19 世纪 80 年代末，犹太教人数增至 30 万人；时至 20 世纪 20 年代中，犹太人在美国的人数突破 400 万人。[①] 非基督教新教徒人口剧增的直接结果是，占据主导地位的新教力量感到不安，甚至认为受到威胁。于是，在 19 世纪中期至 20 世纪中期近百年时间里，美国社会一直存在着一股或明或暗、或深或浅的反天主教、反犹太教运动。非基督教新教徒人数剧增的间接结果是，随着这两个宗教教徒人数在全美人口中的比例快速上升，他们不仅增强了自己的宗教力量，而且在此基

---

① James Davison Hunter, *Culture Wars: The Struggle to Defend America* (N. Y.: Basic Books, 1991), pp. 69-70.

础上大力促进了美国宗教多元化的发展进程，使美国逐渐朝着新教、天主教、犹太教“三分天下”的方向发展。根据威尔·赫伯格的研究，20世纪中期，尽管其时新教的“老大”地位仍未撼动，但以新教、天主教和犹太教为基轴的“犹太教-基督教”宗教版图已经形成，成为美国价值观的共同基石。① 换言之，至20世纪50年代和60年代，尽管三大教派之间有纷争和冲突，但它们仍能在《圣经》中寻找到相同的神圣启示，仍愿意为实现“千禧年”而共同努力，所以基于宗教价值观基础之上的美国文化战争之矛盾那时仍没有达到激化的程度。

二战之后，美国宗教版图发生重大变化。这种变化表现在几个方面：第一，原先已有的宗教组织，如天主教、犹太教和摩门教，人口比例快速上升。天主教人数20世纪80年代中期占全美人口29%，犹太教人数二战后一度占美国总人口的5%，② 摩门教人数则随着其一夫多妻制的废除而剧增，1991年时高达400万人，占全美人口比例为1.6%。③ 第二，原先美国没有的宗教组织、宗教信仰，尤其是来自亚洲和中东的宗教信仰及其组织，二战后开始登上美国舞台，其中最有影响力的是伊斯兰教、佛教和印度教。④ 这些“新”宗教不仅在新的移民中广为流传，而且吸引了相当多的美国白人。譬如，据盖洛普的一份民意调查，20世纪70年代末有4%的美国人参加印度教的超验式静坐活动，3%的美国人练瑜伽。第三，20世纪七八十年代，美国出现了名目繁多、以人类潜质为基础的团体组织，形成了一个蔚为壮观的“人类潜质运动”，其人数比例占全美人口总数的10%。这些组织宣称，

---

① See Will Herberg, *Protestant, Catholic, Jew* (N. Y.: Doubleday Publishing, 1955).

② See George Gallup, *Religion in America* (San Diego: Greenhaven Press, 1985).

③ James Davison Hunter, *Culture Wars: The Struggle to Defend America* (N. Y.: Basic Books, 1991), p. 73.

④ Diana Eck, *A New Religious America: How a "Christian Country" Has Now Become the World's Most Religious Diverse Nation* (HarperSanFrancisco: Harper Collins, 2001), pp. 1-25.

借助自我分析、按摩、接触“心灵感应”活动等感觉训练方式，人类便可以完成自我实现。[①] 第四，20 世纪下半叶，越来越多的美国人在宗教信仰民意调查时称自己为“世俗主义者”。这一人群主要集中在美国东北部和西部的大都市，大多受过良好的教育，不信奉任何教义，但有自己的一套伦理道德准则，其核心原则为“人本主义”，即人的康乐福祉是道德判断和政策的根本依据。这个人群因美国高等教育的日益大众化而呈快速增长趋势，代表着战后美国“道德信念”的新走向。[②] 第五，60 年代时期，美国社会运动此起彼伏，接连不断。从民权运动到新左派运动，从嬉皮士文化运动到女权主义运动，它们不仅挑战和嘲讽美国的传统价值观，而且执意用一套新的生活方式和新的价值理念取而代之。在这股反正统文化力量的猛烈冲击下，美国历史上形成的以犹太教-基督教为根基的文化价值体系遭到了严重的冲击和重大的考验[③]。

上述战后美国宗教版图的重大变化，对美国主流宗教组织提出了前所未有的挑战。伴随着宗教多元化的日益扩大，面临着非基督教宗教力量的不断增长，目睹着宗教信仰本质的逐渐变味，忍受着世俗化力量的频频嘲讽，眼看着反道德势力的咄咄进逼，长期以来以美国道德和文化价值观守护者自诩的主流基督教宗教团体（如新教、天主教和犹太教）就如何应对所有这些挑战开始出现严重分歧。从历史上来看，美国宗教史上的分歧主要表现在各教派之间的不和与冲突，如新教与天主教或新教与犹太教。但美国 20 世纪末的文化战争涉及的核心

---

① Robert Wuthnow, “Religious Movements and Counter Movement,” in *New Religious Movements and Rapid Social Change*, ed. James Beckford (London: Sage Publications, 1986), pp. 1-28.

② Robert Wuthnow, *The Restructuring of American Religion* (Princeton, N. J.: Princeton University Press, 1988), pp. 112-115.

③ 王恩铭：《美国反正统文化运动——嬉皮士文化研究》，北京大学出版社，2008，第 1—5 页。

问题是传统道德观与非传统道德观的对立，所以宗教上的分歧不再是教派之间的冲突，而是各教派内保守派与进步派之间的分化，导致美国宗教组织在这次文化战争中重新组合，各自以保守和进步立场画线，分别结成跨教派的共同联盟。几乎所有教派的保守派都强调坚持和捍卫以犹太教-基督教为主体的美国传统信仰，坚决反击和击退反传统文化势力的“逆流”。同样，几乎所有的进步派都反对一味固守美国新教传统理念，主张与时俱进，顺应时代发展，调整伦理观念，推动社会向前发展。① 大体上说，保守派坚持普世主义价值观，进步派赞同相对主义价值观。双方都认为这是个大是大非问题，容不得半点妥协。于是，出于各自的信念和理想，两者便展开了一场围绕美国价值观的“文化战争”。需要指出的是，尽管双方在一些具体问题上出现对立甚至难以调和，但两者价值观的根基是一致的，即双方都强调，人的个性自由和人的自由发展是美国文化价值体系的核心基础。其分歧和矛盾主要在于，什么方式才是确保和实现这些核心价值的最佳途径。

美国文化战争的几个重大问题

毋庸说，文化战争的核心分歧是美国价值观，但文化之战的内容需要通过具体问题表现出来，不然文化战争仅具有抽象意义，无法说明问题。美国宗教组织力量的消长，尤其是美国宗教思想的多元化，为当代美国文化战争的爆发奠定了思想资源和人力资源基础。但同样必须指出的是，宗教派别跨越教派组织结成保守派和进步派联盟，必须有涉及重要价值观的具体社会和文化问题，促使他们在这些问题上出现分化，重新组合，最终形成跨越教派的保守派和进步派。当这些

---

① James Davison Hunter, *Culture Wars: The Struggle to Defend America* (N. Y.: Basic Books, 1991), pp. 79-85.

保守派和进步派在这些问题上展开较量博弈、互不退让时，这场文化战争便不可避免地产生。显然，考察这些问题是解读这场文化战争的关键。

当代美国文化战争具有争议的第一个问题是“美国是否存在一个单一的、清晰可辨的、能影响当今美国价值和信条的传统”①。保守派认为，美国文化源于欧洲文明，从政治哲学到文化艺术，从法律制度到价值观念，从宗教信仰到文化传统，所有这一切都无不与欧洲文明一脉相承。在保守派看来，20 世纪下半叶美国所发生的一切严重地冲击和削弱了美国这一文明根基，使美国处于失去这一文明支柱的边缘。他们认为，制止当前美国道德失落、价值失衡、人格缺失的最有效方法就是回归经典文明的价值观，重塑美利坚精神。在这方面，芝加哥大学教授艾伦·布卢姆撰写的《美国精神走向封闭化》最具代表性。他指出，当代美国年轻一代对西方经典传统所知甚少，导致他们思想浅薄、道德混淆，缺少普世主义价值观。布卢姆强调，只有通过对西方经典思想的灌输和教育，美国文明才可能获救。② 进步派不赞同美国仅存在单一文化特性的说法，尤其否认美国传统文化以欧洲白人基督教文化为唯一特征的说法。他们指出，欧洲白人移民的信条和价值观在他们定居北美不久便遭到了各种思想的挑战和质疑。譬如，美洲印第安土著人不仅在宗教信仰上与欧洲白人基督教思想截然不同，而且在如何使用土地资源的观念上与欧洲白人大相径庭。又譬如，黑人无论作为奴隶还是自由人，也都以自己的民族特色对美国的经济、音乐、宗教、文化和烹饪做出了独特的贡献。再譬如，美国西进运动时，大量的墨西哥人加入美国籍，为美国文化的多元化增砖添瓦。

---

① Fred Whitehead, *Culture Wars: Opposing Viewpoints* (San Diego: Greenhaven Press, 1994), p. 16.

② Allan Bloom, *The Closing of The American Mind* (N. Y.: Simon and Sehuster, Inc., 1987), pp. 25-45.

总之，进步派认为，美国自殖民地时期起就一直是以多元化为特性，广泛吸纳来自世界各地的文化传统，而不是保守派所宣称的单一性欧洲白人文明。[①] 因此，说美国仅有一个清晰可辨的文化价值传统是站不住脚的，即便有的话，也早已过时，与当代美国格格不入。[②] 进步派对保守派质疑和贬低非犹太教-基督教宗教文化的言辞更是嗤之以鼻，指出美国这种多元宗教和多元文化，以及在此基础上的多元价值之社会格局，非但没有使美国日益走向封闭，反而使美国愈益走向开放。劳伦斯·勒文针对布卢姆《美国精神走向封闭化》一书撰写的《美国精神走向开放化》，可能是进步派有关多元意味着社会进步、意味着思想开放、意味着平等尊重的观点之最有力体现。[③] 显而易见，保守派与进步派“在美国是否存在一个单一的、清晰可辨的、能影响当今美国价值和信条的传统”问题上存在严重分歧。一个主张以犹太教-基督教为基轴、以欧洲白人文明为主体的文化价值体系为美国文化根基；另一个要求打破这种单一性的文化价值体系，主张以文化相对主义为原则，建立一个包括欧洲白人犹太教-基督教文明在内的多元、开放、包容的美国价值体系。因为这个问题涉及美国民族特性本质和意识形态话语权问题，所以保守派和进步派都各不相让，为捍卫各自的价值理念而在这场文化战中打得难解难分。

文化战争的第二个重大问题是，基督教原则是否应该指导美国政府的立法行为和政策制定。众所周知，美国尽管是一个“政教分离”的国家，但因为美国宗教历史悠久，信仰宗教者占美国人口的绝对多

---

① Fred Whitehead, *Culture Wars: Opposing Viewpoints* (San Diego: Greenhaven Press, 1994), p. 16.

② Ishmael Reed, "Fight against Illiteracy Can't be Left to Elitists," *San Francisco interrogator*, 1987(5): 22-27.

③ Lawrence Levine, *The Opening of the American Mind* (London: Beacon Press, 1996), pp. 158-168.

数，所以长期以来宗教一直对美国政治有着直接和间接的影响。在保守派看来，在美国这样一个基督教传统根深蒂固的国度，基督教影响政治不仅天经地义，而且十分必要。基督教保守派干将大卫·巴顿在基督教电视台上反复强调，美国是作为一个基督教社会一路发展过来的，基督教原则构成了美利坚合众国的命根子。[①] 巴顿还著书立说，宣称所谓“政教分离”之说只是个“迷思”（myth）而已，因为美国宪法根本没有明确写下“政教分离”的词语。为此，他还细致地查阅了美国法院大量的审判案例，发现法院判决中体现基督教原则的案例十分明显，尤其是在19世纪。[②] 进步派针锋相对地指出，美国确实是一个有着基督教传统的国家，但美国宪法不允许有任何形式的国教，在宪法和政治实践过程中早已在“政”“教”之间砌上了“一堵墙”（杰弗逊语）。更重要的是，作为宪法的诠释者，“美国最高法院从来没有正式接受美国是个基督教国家的说法”[③]。

从根本上讲，保守派和进步派在“政教分离”问题上争论的关键在于，基督教作为美国主流教派是否有权将其原则用来指导美国政府的法律和政策制定。如果答案是肯定的，那么保守派可以打出基督教教义的旗号，通过立法和行政等方式，制定禁止堕胎、反对同性恋、谴责未婚性行为、打击色情艺术、不鼓励单亲母亲家庭模式的相关法律条文，以恢复美国的传统道德准则和风尚。在保守派看来，上述所有这一切都是与上帝的旨意和基督教精神背道而驰。相反，如果答案是否定的，那么保守派不能以基督教宗教原则指导政府的立法和行政权力，任由美国政治民主制度应对这些问题。这恰恰就是进步派的基

---

① Fred Whitehead, *Culture Wars: Opposing Viewpoints* (San Diego: Greenhaven Press, 1994), p. 28.

② See David Barton, *The Myth of Separation* (Aledo, Texas: WallBuilder Press, 1992).

③ Rob Boston, "Is America a 'Christian Nation?'," *Church and State*, No. 1 (1993): 21-30.

本立场，在进步派看来，堕胎、同性恋、单亲母亲家庭模式和成人性行为等问题，从本质上说是公民权利问题，而不是基督教信仰问题。以宗教原则之名剥夺公民在堕胎、同性恋和单亲母亲家庭模式等方面的基本权利，不啻是践踏了美国的宪法精神，侵犯了公民基本人权。① 显然，保守派把堕胎和同性恋等权利视为不成体统的道德问题，认为任由它们发展下去美国文化价值体系必将彻底堕落，无可救药。与此相反，进步派则把它们看作公民权利问题，认为美国人在这些方面的权利诉求没有人可以剥夺。需要指出的是，进步派主张和捍卫人们拥有堕胎和同性恋等权利，并不等同于他们提倡和赞赏这种行为。但鉴于他们认为这些问题的核心是公民权利，而不是公民道德，所以他们无法认同保守派的观点和主张。不难想象，当两者在这一重大问题上的立场如此尖锐对立之后，他们之间的“文化战争”也就难以避免了。

文化战争的第三大重要争论焦点是，美国是否应该继续秉承清教主义为其社会伦理准则。保守派认为，如果说基督教是美国道德价值的基石，清教主义就是美国道德戒律的指南。保守派指出，清教主义不仅是早期移民在北美根植下来的道德规范，而且是长期以来指导美国人行为规范的道德原则。现代美国社会之所以道德失范、世风日下，其根本原因就是美国人数典忘祖，背弃了清教主义伦理精神。保守派特别强调，60 年代反正统文化的嬉皮士生活方式（性自由、摇滚乐和吸毒为其“三大法宝”）和妇女性革命运动是对清教主义精神的最大背叛，直接造成了性泛滥和道德沦丧。② 因此，保守派主张恢复美国传统上的清教主义优良传统，让清教主义强调的各种美德，如勤奋工作、

---

① James Davison Hunter, *Culture Wars: The Struggle to Defend America* (N. Y.: Basic Books, 1991), pp. 176-179; Bruce Pillbeam, *Conservatism in Crisis: Anglo-American Conservative Ideology after the Cold War* (N. Y.: Palgrave Macmillan, 2003), pp. 109-113.

② D. Wagner, *The New Temperance* (Boulder, C. O.: Westview Press, 1997), pp. 138-139.

简朴节俭、自我克制、自我负责、禁欲主义和自我牺牲，重新成为美国人珍视的伦理价值。保守派甚至提出，一旦清教主义精神在美国人的心中“复活”，它就将在重振美国道德风尚上起到积极的作用，许多长期以来困扰美国社会的道德问题，如吸毒、青少年犯罪、少女妈妈、居高不下的离婚率、色情行业、单亲家庭、堕胎和同性恋问题都可以逐渐得到解决。①

毋庸说，进步派不同意保守派对当代美国社会的这种“诊断”及为此开出的“药方”。在进步派看来，清教主义是17、18世纪的宗教思想，而且不说它早已过时，就其本质来说，它是一种压抑人性、缺少温暖、窒息人欲的思想，不仅制约了人的健康成长，而且阻碍了社会的进步发展。更重要的是，进步派认为，制约和指导人们道德行为的准则和标准必须随着时代的变化而不断修正和改进，必须随着社会环境的变化应对新的挑战和新的需求，即“对历史信条和哲学传统重新符号化”②。进步派指出，道德标准和精神真理并非一成不变、永世照旧，而是在不断的演变过程中适应和促进时代发展和进步的。清教主义之类的道德观念和精神信仰是否合理和需要，应该根据生活在特定时代的人的自身认识和社会本身的发展来决定，而不应该脱离时空强制性决定和安排。换言之，从进步派相对主义观点来看，清教主义在17、18世纪也许是合理和需要的，但在已经发生巨变的20世纪80、90年代，它不仅不能解决当代的社会问题，而且早已被证明存在着大量不合理成分。③ 不难看出，保守派和进步派在是否应该继承和发扬清教

① Fred Whitehead, *Culture Wars: Opposing Viewpoints* (San Diego: Greenhaven Press, 1994), pp. 44-50.

② James Davison Hunter, *Culture Wars: The Struggle to Defend America* (N. Y.: Basic Books, 1991), p. 122.

③ James Davison Hunter, *Culture Wars: The Struggle to Defend America* (N. Y.: Basic Books, 1991), p. 123.

主义方面存在着截然对立的立场。一个认为回归清教主义传统才是拯救美国道德沦丧的唯一出路，另一个强调道德标准相对论和顺应时代潮流发展观。双方无法弥合分歧，只好在“文化战争”的战场上兵戎相见，厮杀一番。

文化战争的第四个重大问题是，西方文明经典作品是否应该在美国高等教育中继续占主导地位。1952年，美国不列颠百科全书公司出版了一套题为“西方世界伟大著作”的丛书，共54卷，供高等学校选用。这套丛书的作者都为欧美白人男性，没有女性作者，更没有黑人作者。据该丛书1990年版的总主编莫蒂墨·阿德勒说，50年代丛书出版时没有出现任何异议或抗议之声，“大专院校的学生和教师总体上不关注丛书是否体现多元文化”[①]。但在其1990版问世后，尽管丛书中增加了女性作者，但由于丛书是清一色的欧美作者，它遭到了主张多元文化主义的进步派的“炮轰”和谴责。进步派指出，在美国这个多种族、多族裔、多元化的社会，欧美白人文化不可能也不应该一统天下，这是因为“当今世界已是一个相互依存、相互依赖、相互促进的社会，美国也不仅仅是一个边缘群体之总和”[②]。体现在教育上，进步派要求用于美国大专院校的经典著作在继续保持欧洲传统经典的同时，大量吸收非西方的经典著作，以便让学生了解其他文化，开阔视野，从理性层面上认识多元文化的现实性和必要性。在进步派看来，教育不仅仅是传授知识，更重要的是培养学生独立思辨能力和社会批判精神，一起推动社会进步。[③]

---

① Fred Whitehead, *Culture Wars: Opposing Viewpoints* (San Diego: Greenhaven Press, 1994), pp. 73-74.

② Todd Gitlin, "On the virtues of a loose canon," in *Beyond Pc: Toward a Politics of Understanding*, ed. Patricia Aufderheide (Minneapolis, M. N.: Graywolf Press, 1992), pp. 185-190.

③ James Davison Hunter, *Culture Wars: The Struggle to Defend America* (N. Y.: Basic Books, 1991), pp. 206-207.

保守派对此观点自然持有异议。长期以来，保守派历来重视教育，因为他们深信“一个自由社会的文化传播就是教育”[1]。既然教育是文化再生产的最主要工具，[2] 而保守派又坚信欧美的优秀经典文明必须不折不扣地“薪火相传”，所以他们当然不愿轻易让出这块阵地。基于这一考虑，保守派自 20 世纪 80 年代起就开始对美国高等教育表示了两大忧虑：一是对学术标准下降颇有微词，认为具有深邃思想力度的西方经典著作或被稀释或被技能性书本取代，导致培养要求降低，学生素质下降。[3] 二是对大学教育工作者不注重传授经典巨著精神而热衷于向学生灌输社会文化政治正确观念的想法大为不满，认为这种做法直接导致了非西方文化“抢占”大学殿堂，甚至致使西方经典著作遭受嘲弄和批驳。[4] 保守派认为，所有这些贬低或诋毁西方经典作品的观点和行为，不仅无助于美国文明的传承，反而会加速美国文化的堕落，乃至最终击倒美国文明大厦。[5] 为了“挽狂澜于既倒”，保守派们纷纷披挂上阵，与 20 世纪七八十年代起占据美国高等院校要津的进步派力量展开了一场争夺文化教育主导权的“文化战争”。

除了上述四大重要问题之外，文化战争涉及的问题还包括媒体、艺术、“肯定性行动计划”、“政治性正确”和“言论规约”等问题。但相比较而言，这里讨论的 4 个问题更宏观和具有原则性，因而也更能反映这场文化战争所涵盖的焦点问题。无论从哪个角度来说，这四大问

---

① DS. Eberly, "Introduction: The Quest for a Civil Society," in *Building a Community of Citizens: Civil Society in the 21st Century* (Lanham, M. D.: University press of America, 1994), p. 33.

② Roger Scruton, *The Meaning of Conservatism* (London: Palgrave Macmillan, 2001), pp. 132-141.

③ Anthony O'Hear, *Education and Democracy: Against the Educational Establishment* (London: Claridge Press, 1991), pp. 150-151.

④ See Lynne Cheney, *Telling the Truth* (N. Y.: Simon and Schuster, 1995).

⑤ Lynne Cheney, *Telling the Truth* (N. Y.: Simon and Schuster, 1995), pp. 24-30.

题都关涉到美国价值的根基和美利坚民族的本质。正是由于保守派与进步派在这些重大问题上的观点和立场泾渭分明、截然对立，所以他们无可避免地相互抨击、相互谴责，各自身不由己地参与了这场文化战争。

美国文化战争的历史意义和现实意义

从最直接的原因来说，文化战争之所以在20世纪80年代末90年代初爆发，是由于美国右翼保守势力在经过几十年时间的积蓄之后得到了壮大，从而具备了反击20世纪30年代起不断强盛、60年代几乎如日中天的自由主义（或曰进步主义）力量。也就是说，如果没有保守派力量的复苏和重新崛起，这场文化战争是打不起来的。正是在这个意义上，我们说文化战争本质上是一场保守派与进步自由派之间的较量。[①] 众所周知，冷战之前的美国保守派主要关注的是政治（限权政府）、经济（市场经济）和军事（穷兵黩武）问题。但冷战结束之后，保守派内部对文化和道德问题的讨论明显增多，成为不少保守派的核心问题。[②] 换言之，冷战结束对保守派来说，意味着资本主义与社会主义意识形态之争的结束，意味着美国外部敌人的消失，意味着斗争战场的转移。这实际上也就是弗朗西斯·福山的《历史的终结与最后一个人》之中心旨意。[③] 与此同时，不管是一种巧合还是一种寻求敌手之需要，美国保守派认为，20世纪60年代开始出现的众多生活方式（如

---

① Valerie LS. Scatamburlo, *Soldiers of Misfortune: The New Right's Culture War and the Politics of Political Correctness* (N. Y.: Peter Lang, 1998), pp. 30-36.

② Bruce Pillbeam, *Conservatism in Crisis: Anglo-American Conservative Ideology after the Cold War* (N. Y.: Palgrave Macmillan, 2003), p. 83.

③ See Francis Fukuyama, *The End of History and the Last Man* (N. Y.: Free Press, 1992).

吸毒、性自由、堕胎权利和同性恋权利）及其背后的文化价值观念，背离了美国价值体系，颠覆了美国的正统信条，威胁了美国的健康发展，因而有必要予以抵制和挞伐。于是，保守派就把他们的论敌从其传统的政治意识形态领域转向现时的道德文化领域，在美国国内掀起一场旨在击退进步派力量的文化战争。由于这是一场无硝烟的战争，有美国学者认为它才是一场“真正的冷战”①。

需要指出的是，说保守派在冷战之后发动文化战争并不意味着他们仅是在那时才意识到文化和道德的重要性。作为一个以捍卫传统价值观为己任的卫道士，保守派理所当然会对任何涉及文化道德和伦理价值的“异端奇想”感到担忧，表示关注，并且在必要时予以谴责，加以匡正。举例而言，美国二战后最显赫的保守派精神领袖列奥·施特劳斯早在 50 年代初就对美国学术界出现的历史循环论和相对主义思想深感不安，认为这些观点会引发虚无主义思想，从而削弱乃至破坏社会共同体的道德凝聚力。② 二战后另一位重量级保守派领袖丹尼尔·贝尔同样对现代思潮中有损于传统价值的趋势表示忧虑，认为现代工业资本主义释放出来的思想文化及其生活方式严重地销蚀甚至毒化了美国新教伦理传统，致使美国资本主义根基发生动摇。③ 如果说施特劳斯主张用“自然法则”（Natural Law）作为恢复美国传统的有效法宝，贝尔则认为宗教是激活美国精神活力的精神源泉。虽然两者重点不同，但他们都以各自的思想影响美国 80 年代末 90 年代初保守派对进步派思想的抨击和谴责，即从“自然法则”角度强调社会共同体容不得道德

① Bruce Pillbeam, *Conservatism in Crisis: Anglo-American Conservative Ideology after the Cold War* (N. Y.: Palgrave Macmillan, 2003), p. 84.

② Leo Strauss, *National Right and History* (Chicago: University of Chicago Press, 1953), pp. 9-34.

③ See Daniel Bell, *The Cultural Contradictions of Capitalism* (N. Y.: Basic Books, Inc., 1978).

腐蚀的重要性，从宗教信仰视角强调共同体成员修身养性、自戒自律以维护社会和谐的必要性。两者路径不一，但殊途同归。

真正对进步派发起反击和进攻的是自80年代起逐渐强大、影响日隆的当代保守派，其标志为当代美国保守派思想领袖之一艾伦·布卢姆于1987年出版的《美国精神走向封闭》一书。此书的中心思想可以概括为“源自德国而流行于当时美国的历史主义、相对主义、科学主义，正在使美国人陷于虚无主义的泥潭，美国人不再关心自然权利，丧失了善恶是非标准，忘却了立国文本的宗旨，在开放、多元的幌子下，美国人的心灵越来越无缘窥见真、善、美的生活”。与这一衰势相伴的是美国大学教育的危机，因为美国大学生已经无意聆听西方经典伟大作品的教诲，无意追随伟大心灵的召唤，致使心灵不断走向封闭。80年代末90年代初，随着保守派力量的不断增强，尤其是宗教右翼势力在全美大规模的扩展，保守派开始明确把反击进步派及其所代表的文化价值观当作头等大事。[①] 对此，当代美国保守派干将威廉·克里斯托做过十分明确的表述：文化价值问题比“税收或公共住房是否私有化等问题更为重要”[②]。另一位保守派人物说得更加直白：如果说保守派80年代关注的中心是政治和经济问题的话，那么他们90年代的“战场将在另一个领域即文化领域打响”[③]。

文化问题之所以在80年代末90年代初成为美国保守派优先关注的问题，除了上面提及的冷战结束、反正统文化嬉皮士生活方式之日益普及，以及保守派需要新的敌手论战等原因之外，还有一个重要原因，就是保守派对自己“使命”的重新认识。长期以来，保守派始终认为，

---

① 王恩铭：《试论美国新宗教右翼》，《世界历史》2007年第6期。

② Bruce Pillbeam, *Conservatism in Crisis : Anglo-American Conservative Ideology after the Cold War* (N. Y. : Palgrave Macmillan, 2003), p. 85.

③ Terry Teachout, "A Farewell to Politics," in *Beyond the Boom*, ed. Terry Teachout (N. Y. : Poseidon Press, 1990), p. 230.

只要战胜其头号敌人——社会主义，其使命便大功告成，其价值观便自然而然地独霸天下。然而，20 世纪末的美国现实并非如此。不但西方经典观念遭到质疑和挑战，而且美国的传统价值体系本身在新价值观念的猛力冲击下发生了动摇。正是在冷战结束的背景之下，当保守派目睹美国传统价值体系日益松懈和脆弱时，他们开始意识到，对西方文明构成最大威胁的意识形态思想不再来自外部，而是来自西方文化机构本身。① 所以，对保守派来说，冷战结束之后，面对进步派力量的不断进逼，"大敌当前"誓与进步派展开一场文化战争，在本文第二节提及的几个重大文化道德问题上展开较量，以重新确立美国传统价值的主导地位。新保守派之父欧文·克里斯托对这个问题的本质阐述得一清二楚："对我来说，没有'冷战之后'一说。它远没有结束；恰恰相反，文化冷战已经愈演愈烈，因为美国社会的各个领域都在自由（进步）精神的无情打击下遭到了严重的摧残。那场冷战结束了，但这场真正的冷战才刚刚开始。"② 显而易见，文化战争对保守派而言是冷战的延续，是一场冷战之后的另一场冷战。他们只有取得了胜利，才可以确信自己保住了"家产"；他们只有击退了进步派的进攻，才可以确信自己守护了"香火"。这就是保守派执意打这场文化战争的动力之源和主要目的。

从本质上讲，保守派发动这场文化战争，其终极目的是从根本上确立以犹太教-基督教为主体的信仰体系、以盎格鲁-撒克逊白人新教为核心的道德体系、以西方经典文明为基根的文化体系之美利坚民族特性。进步派的历史主义和相对主义及由它们演化出来的各种信仰、道德和文化观念，在不同程度上以不同形式向保守派坚信的这些价值体系提出挑战，并且试图用他们的价值体系修改和补充乃至匡正替代保

---

① Arthur Meyerson, "The Vision Thing, Continued," *Policy Review*, No. 53 (1990): 22-26.

② See Irving Kristol, "My Cold War," *The National Interest* 31, No. 31 (1993).

守派的那些体系。由于保守派坚信自己的信仰、道德和文化价值代表正宗的美国特性和美国本质，而进步派则认为保守派所有的一切在变化了的美国社会已无法涵盖，更无从代表大批非犹太教-基督教、非盎格鲁-撒克逊白人新教、非西方经典文明的社会文化群体，所以美利坚民族的特性和身份不可以也不应该仅用保守派的那套东西来确定，而应该根据变化了的美国社会新局面重新界定和确立。正是在这个意义上，美国学者詹姆斯·亨特认为，这场文化战争从本质上讲是一场保守派与进步派就如何确定美利坚民族特性、美利坚价值观和美利坚未来走向的斗争。①

亨特的这一论断无疑有其一定的道理，但由于他仅从文化问题争论本身做出结论，而不是从更宽广的美国社会大背景下进行考察，所以其结论过于武断、有失偏颇。确实，美国的民族构成在不断变化；确实，美国不同文化群体的政治意识在日益增强；确实，美国保守派和进步派的分歧和冲突愈益频仍，但各族裔群体、各文化群体，以及代表他们的保守派和进步派的文化和政治的较量和争斗，并不涉及美国政治文化理念和政治信仰的核心本质，更不关乎美国政治制度和权力结构的根本要害。保守派也好，进步派也好，他们参与这场文化战争的本意和目的并不是要从根本上重新定义美利坚民族的本质。对于前者而言，美国的传统已经为美利坚民族本质提供了一切；对于后者来说，传统固然有益，但还不够，需要增添新的内容。从这个意义上讲，两者非但不是不共戴天、你死我活的仇敌，反而是有诸多共同点的殊途同归之友。毕竟，保守派和进步派都坚信个人自由和个人权利代表了美国根本价值，其差异和分歧只是表现在通向个人自由和个人权利的途径和方式上而已。换言之，从本质上讲，保守派和进步派都

---

① James Davison Hunter, *Culture Wars: The Struggle to Defend America* (N. Y.: Basic Books, 1991), p. 107.

在以自己认为最合理的方式捍卫和弘扬美国的价值观，只是因为他们对这些价值观在认识和解读上有偏差，而且这些偏差达到了相当激烈的程度，所以双方之间就爆发了这场所谓的“文化战争”。

参考文献

[1] 潘小松. 美国“文化战争”的历史根源 [J]. 博览群书，2001（6）：14-18.

[2] 王恩铭. 美国反正统文化运动——嬉皮士文化研究 [M]. 北京：北京大学出版社，2008.

[3] 王恩铭. 试论美国新宗教右翼 [J]. 世界历史，2007（6）：81-90.

[4] 王璞. 文化战争中的美国大学 [M]. 北京：北京师范大学出版社，2008.

[5] AUFDERHEIDE P. Beyond pc：toward a politics of understanding [M]. Minneapolis，M. N.：Graywolf Press，1992.

[6] AYERS D. Literary theory：an reintroduction [M]. Oxford：Blackwell Publishing，2008.

[7] BARTON D. The myth of separation [M]. Aledo，Texas：Wall Builder Press，1992.

[8] BECKFORD J. New religious movements and rapid social change [M]. London：Sage Publications，1986.

[9] BELL D. The cultural contradictions of capitalism [M]. N. Y.：Basic Books，1978.

[10] BLOOM A. The closing of the American mind [M]. N. Y.：Simon and Sehuster，1987.

[11] CHENEY L. Telling the truth [M]. N. Y.：Simon and Schuster，1995.

[12] EBERLY D E. Building a community of citizens: civil society in the 21st century[M]. Lanham, M. D. : University press of America, 1994.

[13] ECK D. A new religious America: how a "christian country" has now become the world's most religious diverse nation[M]. Harper San Francisco: Harper Collins, 2001.

[14] FUKUYAMA F. The end of history and the last man[M]. N. Y. : Free Press, 1992.

[15] GALLUP G. Religion in America[M]. San Diego: Greenhaven Press, 1985.

[16] HERBERG W. Protestant, catholic, jew[M]. N. Y. : Doubleday Publishing, 1955.

[17] HUNTER J D. Culture wars: the struggle to defend America [M]. N. Y. : Basic Books, 1991.

[18] KIRK R. America's british culture[M]. London: Transaction Publishers, 1993.

[19] KRISTOL I. My cold war[J]. The National interest, 1993 (31): 141-144.

[20] LEVINE L. The opening of the American mind[M]. London: Beacon Press, 1996.

[21] MEYERSON A. The vision thing, continued[J]. Policy Review, 1990(53): 22-26.

[22] O'HEAR A. Education and democracy: against the educational establishment[M]. London: Claridge Press, 1991.

[23] PILLBEAM B. Conservatism in crisis: Anglo-American conservative ideology after the cold war[M]. N. Y. : Palgrave Macmillan, 2003.

[24] REED I. Fight against illiteracy can't be left to elitists[J]. San Francisco interrogator, 1987(11): 22-27.

[25] SCATAMBURLO V. Soldiers of misfortune: the new right's culture war and the politics of political correctness[M]. N. Y.: Peter Lang, 1998.

[26] SCRUTON R. The meaning of conservatism[M]. London: Palgrave Macmillan, 2001.

[27] STRAUSS L. National right and history[M]. Chicago: University of Chicago Press, 1953.

[28] TEACHOUT T. Beyond the boom[M]. N. Y.: Poseidon Press, 1990.

[29] WAGNER D. The new temperance[M]. Boulder, Colorado: Westview Press, 1997.

[30] WHITEHEAD F. Culture wars: opposing viewpoints[M]. San Diego: Greenhaven Press, 1994.

[31] WUTHNOW R. The restructuring of American religion[M]. Princeton, New Jersey: Princeton University Press, 1988.

谁改变了我们的常识？

——美国教育保守主义运动与教育不平等*

迈克尔·阿普尔

我们正处于教育思潮的“反动”期，到处充斥着“教育失败”的言论，诸如高辍学率、读写能力的滑坡、教学纪律的散漫、教育标准的缺乏、不能教给学生“真的知识”和就业技能，以至于学生们的考试成绩太差等都成为对学校进行抨击的理由。而所有这些又被认为是导致生产率低下、贫穷失业乃至缺乏国际竞争力的根源。于是，抨击者呼吁，教育应该回归“共同的社会文化”、对私领域负责（指个人和公司等——译者注）并提高学校的运作效率。只有这样做，以上问题才能得到解决。

隐藏在这些话语背后的是对平等价值观和行为准则的抨击。这些抨击虽然隐藏在各式各类的话语之中，然而批判的主旨并不难洞悉，其实质就是把美国经济和文化的滑坡主要归因于文化上和政治上“太过民主”。类似的倾向在其他国家也有，如英国撒切尔政府时期的教育科学大臣肯纳斯·贝克尔在评价近十年来的教育“右”倾风潮时认为，

* 本文原载《清华大学教育研究》2006 年第 4 期。迈克尔·阿普尔，威斯康星大学（麦迪逊）约翰·巴斯科姆讲座教授，主要研究领域为课程与教学、教育政策研究。译者罗燕，清华大学教育研究院副教授，研究方向为教育社会学。

这标志着“平等主义时代的结束”[①]。他说这句话时如释重负，远非忧心忡忡。

由于这些对平等目标的抨击都隐藏在“提升”竞争力和就业、“提高”质量和标准这样的话语之中，因此其真实面目反而变得模糊。这些话语堂而皇之地出现在了英国“新工党”的教育政策中，事实上，美国的教育政策也同样趋向保守。

然而，如果把教育政策出现这样的转变仅仅归因于占统治地位的经济精英把自己的利益强加于教育政策，无疑是过于简单的理解。尽管教育政策中许多针对公平价值观的抨击确乎有把教育政策和经济体系保持一致的考虑，但这并不意味着经济的考量是教育政策唯一的出发点。事实上，文化冲突及种族、性别冲突都与阶级联盟和阶级权力相关。[②]

教育是一个充满斗争和妥协的场所。大而言之，教育是不同群体围绕制度目标、群体利益和最终决策进行斗争的中介机制。小而言之，教育也是一个充满斗争的场所，在这里不同的资源和权力分配及意识形态的竞争导致了不同的教育政策、教育财政、课程、教学法和教育评估方式的出台。因此，教育既是导致社会形态的原因，也是其结果；教育既是决定性的因素，也是被决定的因素。[③] 这其中的复杂性不是一篇文章所能穷尽的，本文所要做的只是勾勒美国教育在迈向保守趋势时所引发的主要冲突和斗争。值得指出的是，我认为美国教育政策所趋向的保守性其实是多元的，在教育路线“右”倾的阵营内部也不是

---

① See Madeleine Arnot, “Schooling for Social Justice” (PhD diss., University of Cambridge, Department of Education, 1990).

② See Michael W. Apple, *The State and the Politics of Knowledge* (New York: Routledge, 2003).

③ See Michael W. Apple, *The State and the Politics of Knowledge* (New York: Routledge, 2003).

铁板一块，事实上也存在着不同的取向，有的取向彼此之间还是相互矛盾的。①

虽然本文主要探讨的是美国的问题，但显然对这个问题的理解无法离开宏观的国际背景。因此，在强调更高的教育标准、更严格的考试制度，强调教育为了就业，以及教育要更多地和经济保持一致的背后，是美国对国际竞争失利的恐惧，对资金和就业转移到日本和其他“亚洲虎”国家及墨西哥等地方的担忧。② 同样的，美国目前国内所呈现的重拾（当然是有选择性地）“共同社会文化”的社会压力，如对“西方传统”、宗教、英文语言的强调，其深层次还是体现了对拉美文化、非洲文化和亚洲文化的恐惧。这便是我在本文中所要展开讨论的大背景。

当然，美国教育政策之所以能够出现“右”倾，最主要还是得益于“右”倾阵营成功地实现了广泛联盟；而这个联盟之所以获得胜利在一定程度上得益于它对常识的成功改造。③ 事实上，它创造性地把不同的社会取向黏合在一起，然后在就社会福利、文化、经济及本文所要揭示的教育问题的应对上达成联盟，我姑且把其在社会政策和教育政策上所要达成的目标称为“保守主义的现代化”。

在这个联盟中包含了 4 股主要力量，它们是新自由主义、新保守主义、威权民粹主义和一个正处在上升阶段的由专业人员和管理人员构成的新中产阶级。每一支力量都有自己相对独立的历史和发展历程，每一支力量又都融合到这场更广泛的保守主义运动中去了。本文将侧

---

① See Michael W. Apple, *Educating the “Right” Way (second edition)* (New York: Routledge, 2006).

② See William Greider, *One World, Ready or Not* (New York: Simon and Schuster, 1997).

③ See Michael W. Apple, *Cultural Politics and Education* (New York: Teachers College Press, 1996); Michael W. Apple, *Official Knowledge (second edition)* (New York: Routledge, 2000).

重探讨前两支力量，因为这两支力量尤其是新自由主义在改造美国教育的运动中居于领导地位。这并不是说我认为另外两支力量就不重要，事实上，在我的其他文章中对此有详尽和全面的阐述。①

一、新自由主义：学校教育、选择和民主

应该说，在美国出现的这场保守主义教育运动中，新自由主义的力量是最强大的，它的主导思想便是倡导“弱政府”。因此，凡私必优，凡公必劣。公共机构，如学校，被认为是吸钱的“黑洞”——经费投入了却看不到实效。对于新自由主义者来说，世界上只有一种理性是最优理性，那就是经济理性。在这种理性支配下，效率、成本-收益的考量是两条指导人们行为的基本准则，每个个体的行为都是要实现自我利益的最大化。事实上，这背后隐含的是一个经验性的假设，即所有理性行为人都是这样行动的。然而，这并不是一个对社会动机客观中立的描述，而是特定的社会阶层围绕自己的价值观形成的主观建构。

隐藏在这个立场下的是一套视学生为人力资本的观念。新自由主义者认为，世界经济激烈竞争，学生作为未来的劳动者必须获得相应的技能和习性，使之能有效地参与竞争。对学校的任何投入，如果不是直接和经济目标相关，就都值得商榷。目前的公立学校无论是在组织模式上还是监控方式上，都存在缺陷。它不仅没能把美国的下一代培养成适应未来要求的劳动者，还大量消耗着公民们的纳税，而出现这样状况的一个很重要原因就是“生产者攫取”（producer capture）——学校的建立不是为“消费者”，而是为教师和国家行政人员，因此只反

---

① See Michael W. Apple, *Educating the “Right” Way (second edition)* (New York: Routledge, 2006).

映后者的需求，忽视了真正的教育消费者需求，这样的公立学校应该进行私人企业化的改制。

在这里，“消费者”的概念是至关重要的。对于新自由主义者来说，世界的本质就是一个巨大的超级市场。“消费者选择”便是对民主根本的诠释和保障。教育不过是和面包、汽车、电视机一样的产品，只要通过教育券和教育选择计划等方式推向市场，就会开始自我调控。在这样的计划中，公民的概念被偷换为消费者，民主的概念被偷换为消费者的选择性。于是，民主从一个政治概念被转变为一个彻头彻尾的经济概念，而作为消费者的个体也被抽象并原子化为无种族、无阶级、无性别的纯粹“数”的概念。或许，这种政策所传达的信息可以被称为“唯数论”。

不过，这个“消费者和超级市场”的譬喻在某种程度上又是贴切的。在现实生活中，确实有人可以去超级市场在一堆相似或不同的产品中挑选自己想要的，不过也有人只能进行“后现代”式的消费，消费那些琳琅满目的产品图片和介绍（此处为作者的调侃——译者注）。

应该说，新自由主义运动的本质就是统治集团将自己对公共决策过程的不满转嫁于国家和穷人的过程。因为，资本流动和工厂外迁不是政府的决定（工厂越来越被迁往那些没有工会或工会组织很薄弱的国家、那些有强制政府的国家、那些没有环境保护条约的国家），穷人也不会自己选择失去工作、失去工厂，让社区和学校齐齐陷入困境，生活失去指望。因此，既不是政府也不是穷人“选择”让成百上千的工人失业（他们中的大多数都受过良好教育），而真正让他们失业的是资本集团的公司兼并和融资收购行为。

由于新自由主义强调“消费者”甚于“生产者”，因此新自由主义者也对政府工作人员进行抨击。以教育领域为例，新自由主义者便对教师工会抨击不断，认为它太强大、太花钱。也许不是出于本意，但类似的抨击可以被视为人类攻击女性劳动者漫长历史的一部分，因为绝大多数国家的教师主体都是女性。

尽管在这个新的文化霸权阵营中，教育政策背后的考量不尽相同，不过最主要的不外乎两种：一个是围绕促进教育和经济之间关系而展开的，另一个则是要把学校直接推向市场。加强教育和经济关系的教育政策动议，体现在一系列“学习为了工作”和“教育为了就业”的动议中，以及要求缩减“庞大政府”开支的舆论抨击中；把学校推向市场的教育政策动议则体现在全美及各州纷纷推行的教育券和教育选择计划中①，还包括引发激烈争议的以公共财政支持私立学校和宗教学校的动议。事实上，所有这些政策动议背后的逻辑就是要让学校服从市场竞争的规律。这些“教育准市场化”的政策动议在全美引发了巨大的分歧和争议，尤其是私立学校和宗教学校是否可以经由教育券制度而得到公共财政的支持，这方面的官司正受到全美上下广泛的关注。

一些支持“教育选择”计划的人辩称，只有加强家长的声音和选择权，少数民族的家长和孩子才能最终得到“教育拯救”②。例如，莫伊就认为对于穷人来说，他们要想“离开差学校而寻求进入好学校”最现实的途径莫过于采取“非正统联盟”的策略，即与共和党和企业联盟，借手这两个最强大、有最强烈的教育改革意愿的社会力量，实

---

① See John Chubb and Terry Moe, *Politics, Market, and American Schools* (Washington D. C.: Brookings Institution, 1990); Ernest House, *Schools for Sale* (New York: Teachers College Press, 1998).

② See John Chubb and Terry Moe, *Politics, Market, and American Schools* (Washington D. C.: Brookings Institution, 1990); Ernest House, *Schools for Sale* (New York: Teachers College Press, 1998); Geoff Whitty, "Creating Quasi-Markets in Education: a Review of Recent Research on Parental Choice and School Autonomy in Three Countries," in *Review of research in education*, Vol. 22, ed. Michael W Apple (Washington D. C.: American Educational Research Association, 1997).

现穷人的自我利益最大化。①

正如我和许多人在很多时候所说的，越来越多的事实表明教育的“准市场化”已经激化了目前围绕阶级和种族所出现的社会分化。② 有研究表明，虽然教育券和教育选择计划表面上是要给予穷人离开公立学校并选择自己心仪的私立学校的权力，然而从长远的结果来看，该政策只会加速白人离开公立学校进入私立和宗教学校，最终导致富有的白人阶层拒绝为支持公立学校系统纳税，这将使得已经饱受州政府财政危机、教育经费连年不足的公立学校系统的生存雪上加霜，最终的结果只会出现更严重的教育种族隔离。③

英国教育政策学家杰夫·惠蒂对美国轰轰烈烈发生着的教育改革十分关注。他认为，强调消费者选择的政策动议者认为竞争会带来学校的办学效率和办学责任的提高，也会给社会不利阶层带来新的教育机遇。但是，这样的想法其实是不切实际的。如果“没有与之配套的根除社会和文化不平等的宏观政策体系”，这样的教育政策目标现在无法达到，将来也无法达到。他还论述：“在一个高度阶层化的社会，原子化的决策似乎是给了每个个体平等的机会，但是这种将公共决策的责任转而移交私领域的做法，最终会削弱集体行为的努力。”④

---

① Geoff Whitty, “Creating Quasi-Markets in Education: a Review of Recent Research on Parental Choice and School Autonomy in Three Countries,” in *Review of research in education*, Vol. 22, ed. Michael W Apple (Washington D. C.: American Educational Research Association, 1997), p. 17.

② See Michael W. Apple, *Educating the “Right” Way (second edition)* (New York: Routledge, 2006).

③ See Michael W. Apple, *Cultural Politics and Education* (New York: Teachers College Press, 1996).

④ Geoff Whitty, “Creating Quasi-Markets in Education: a Review of Recent Research on Parental Choice and School Autonomy in Three Countries,” in *Review of research in education*, Vol. 22, ed. Michael W Apple (Washington D. C.: American Educational Research Association, 1997), p. 58.

对此，赫尼格大表赞同，他也说："目前教育运动一个令人悲哀的讽刺就是，由于过度认同学校选择计划，那些试图通过激进改革解决社会问题的良好初衷，也许会最终演变为对集体商议和集体应对机制的瓦解和动摇。"① 事实上，当这样的取向在实际中会导致阶层、种族和性别不平等的激化时，就应该引起我们足够的重视和反省。

新自由主义还存在着另一分支。和上文中把学校推向市场的观点不同，该分支认同对学校（不论是私立还是公立）的投入，但前提是学校必须达到资本的要求，于是将教育与增强经济竞争力挂钩的改革和政策在资源上得到了保证。对此，笔者试举两例加以揭示。全美很多州都通过了针对各级学校旨在加强教育和经济联系的法令。以威斯康星州为例，所有的教师教育方向都必须对其未来教师的培养强调"教育为了就业"方面的教育实践；所有的公立小学和中学都必须把"就业教育"因素纳入正式课程体系。另一个例子看似不如上面的那个例子鲜明和重要，但事实上它是新自由主义意识形态一个更强的宣示，这就是"第一频道"（Channel One）。第一频道是一个营利性的电视网，目前全美 40%左右的中小学生所在的学校都被纳入了该传播网（当然其中很多学校是迫于财政压力才加入的，虽然事实上很多州的财政明明是有盈余的）。在这样一项"改革举措"中，一家私人媒体公司免费向该传播网所覆盖的每一所学校提供一个碟型卫星天线、两台播放器，以及为每个教室配备电视机。他们还为这些学生提供免费的新闻节目。作为回报，所有参与该项目的学校都必须签一个 3—5 年的合同，保证他们的学生每天都收看该频道的节目。这听起来相当宽厚，事实上并非如此。不但该套设备在硬件上被设计为只能收看第一频道的节目，而且和新闻节目一起强制学生们收看的还包括一些诸如快餐

① Jeffrey Henig, *Rethinking School Choice: Limits of the Market Metaphor* (Princeton, New Jersey: Princeton University Press, 1988), p. 22.

和运动装备产品的广告。学生被作为强制观众被学校卖给了公司。由于美国法律强制学生必须待在学校，美国因此成为世界上第一个允许将年轻一代作为商品出售的国家。在新自由主义的倡导和影响下，不仅美国的学校被改造成了市场中的商品，连学生也不能幸免。

正如我在上文所提出的，保守主义的教育政策之所以如此吸引人，在于它对我们常识的偷梁换柱，如什么是民主，我们是不是视自己为“消费者”，以及我们怎样理解市场的运作。在新自由主义教育政策和社会政策的背后是对市场公平性和公正性坚定的信仰——市场会按照个人的努力而有效且公正地进行资源分配；市场会创造所需要的就业机会；市场会保证所有公民（消费者）获得一个光明未来。

正因为如此，我们不得不问一问新自由主义所宣扬的经济模式到底是怎样的。新自由主义者为我们描述了一幅光明前景，似乎只要我们放松对学校的控制，让市场更多地发挥调控功能，那么最终技术性工作将取代劳役性工作，目前所饱受的不完全就业和失业之苦也会得到纠正。然而不幸的是，事实表明市场在人们的生活中既是强大的建设者，也是强大的破坏者。

试举劳动力市场中的一例来说明，新自由主义者不是一直敦促教育要和劳动力市场保持一致吗？然而劳动力市场的现实是，虽然劳动力市场中的高技术工作比例有所提高，但是对大多数的美国人而言，他们将要从事的工作都是非技术工作。劳动力市场的主体将越来越为零售、贸易和服务行业中的低薪、重复性工作所主宰。这种趋势鲜明地体现了一件事实——截至 2005 年，收银员的工作总数将超过计算机科学家、系统分析员、物理治疗师、操作分析员及应用辐射技术人员的数目总和。事实上，就业市场新增的 95％的职位都是在服务业领域，包括个体护理、家庭健康助理、社会工作、饭店和住宿工作、餐馆侍者、交通运输业及商业和办公室服务人员。而且，未来 10 年内在增长速度最快的工作中，排行前 8 项的分别为零售员、收银员、办公室职员、卡车司机、侍者、护理助手、勤务兵、餐馆中的配菜员及看门人。显然，这些职位中的大多数并不需要高层次的教育。这些工作中的很多都是些低薪水、无工会、临时和兼职的，而且是和劳动中的种族、性别和阶层分化相关并对其加以强化的。[①] 这便是出现在我们面前的经济实景，而不是一如新自由主义所勾勒的浪漫前景。

新自由主义者辩称，因为市场是社会价值的最终裁判者，因此应该将政府的非理性从我们的教育和社会决策过程中剔除出去，让效率、成本-收益分析成为社会转型和教育转型的发动机。然而，“节约成本”和“去政治化”的措施必然会加深社会中资源和权力的不平等。关于去政治化，弗雷泽有如下论述：“在男性主导的资本主义社会中，关于‘政治性’的界定往往和‘经济性’‘本土性’及‘个体性’的界定是对立的。从此，我们就可以导出两类‘去政治化’的制度架构：其一便是家庭制度，即目前的现代男性主导的核心家庭制度；其二便是正式的资本主义体系的经济制度，如付薪工作场所、市场信用机制及私营企业和公司。家庭制度通过将事务‘个体化’和‘日常化’，从而形成‘家庭隐私’和‘个体日常’的概念以区别公共和政治性的概念，达到‘去政治化’的目的。而正式的资本主义经济体系制度却通过‘成本节约’的概念达到‘去政治化’的目的，我们所涉及的问题因此被转化为宏观的市场推动力、私有财产所有权及管理规划者的技术问题，和政治无关。这两种去政治化策略，把基于个体需求的诠释刻意拉近，从而让人迷失掉整体森林的概貌；而且通过对该诠释因果链的刻意删减，制造了‘家庭的’‘经济的与政治的’概念鸿沟。”

这样的去政治化过程使得在经济、政治、文化上居劣势地位的群体需求很难作为公共问题出现在公众面前，问题也就不可能得到真正

① Michael W. Apple, *Official Knowledge (second edition)* (New York: Routledge, 2000), pp. 13-19.

解决。这在弗雷泽看来，就是因为“需求的（政治性）话语”被转化成了“市场的（经济）话语”及以“个体”为导向的政策。

为了本文的继续展开，我们需要在此讨论两种不同的“需求话语”。其一是反抗性的需求话语。这类话语产生于自下而上的需求政治化的过程，是对被统治群体反抗性特征的反映。以前基本被认为是“私”的事务被纳入了广义的政治范畴。比如，性骚扰、种族和性别隔离、教育和经济领域的反歧视行动都是此类例证，即“私”问题已越过个体和家庭的边界而上升为社会问题。

另一类是与反抗性话语相对立的重新私有化（reprivatization）的话语。它们是应反抗性需求话语的产生而产生的，目的就是要把反抗性话语试图将个体问题社会化的意图压制回个体私领域。他们力图瓦解或压缩社会服务，解除对私营企业的调控，终止那些“过分”的社会需求。因此，重新私有化者试图把家庭暴力界定为家庭内部事务，认为使用政治性话语（如权力和性别平等——译者注）是毫无必要的。或者他们认为，关闭一家工厂是私有制保障下无可指责的行为，是客观的市场行为，而不是什么政治问题。[①] 在以上两种观点中，重新私有化论者的目的就是要压制可能爆发的“逃逸性需求” （run away needs），并且将其去政治化。

在美国的教育政策中，这两种话语对抗的例子并不罕见，加利福尼亚州便是其一。加州的重新私有化话语者花大笔的钱做广告，向公众宣称过去在反抗性话语压力下形成的“高等教育平权法”是政府对“个体才能”的不当干预，是失控性政策。在宏大的宣传攻势下，禁止加州政府使用该法案、禁止加州大学的录取工作使用该法案的公民复决被高调通过。加州的行为引发了其他州出台类似充满争议的教育动

---

① Nancy Fraiser, *Unruly Practice* (Minneapolis: University of Minnesota Press, 1990), p. 171.

议。教育券计划便是另一个试图对公众教育需求进行“去政治化”的例子。该计划的提出者认为谁的知识应该被教、学校应该由谁控制乃至学校的经费状况如何，如此种种都应该交由市场决定。通过把“工作技能”的最终界定权交由私领域，重新私有化论者把“工作”还原为一件“个体”的事，而且是一个纯粹技术性的选择，以此杜绝任何针对工作组织、控制及薪酬体系的分析和批判。以上例子向我们展示了重新私有化话语的影响力。

为了更好地理解以上的案例，我们需要区分两个概念——“价值”合法化和“理性”合法化。这两种策略都是强势社会群体和州政府对其权威进行合法化时所采用的策略。在价值合法化策略中，合法化过程是通过给人们所想要的来实现的。比如，具有社会民主性质的州政府为了得到民众的继续支持，可能会为其民众提供他们所需要的社会服务，虽然他们之所以这样做往往是因为反对性的话语在社会领域越来越有影响力从而重新界定了公私领域边界的结果。

相反，在理性合法化策略中，强势社会群体和州政府并不给人们所想要的，而是试图改变社会需求的理性意义，使之完全异化为其他事物。比如，假如弱势群体要求政府更负责任，并且在决策过程中增加民主，那么强势社会群体和州政府并不给予人们所要的民主“价值”，而是改变“民主”的定义。在新自由主义的政策中，民主被界定为不受限制市场体制中的个体选择权。从其本质来说，就是政府的退出。而人们对改头换面后的需求，以及需求话语的广泛接纳程度，体现了重新私有化论者成功地重新界定了公私边界，

同时，它也表明在一个经济和意识形态的危机时期，人们的常识是可以沿着保守主义的方向发生逆转的。

二、新保守主义：教学生“真”的知识

虽然新自由主义是保守主义阵营中的领头羊，笔者认为它事实上还有其他3类同盟者，其中紧随其后的便是新保守主义。和新自由主义强调弱政府不同，新保守主义强调强政府，尤其是在知识和价值的问题上。如果说新自由主义如雷蒙·威廉斯所称是一个“形成中”的意识形态板块，那么新保守主义则来自其他的剩余部分。新保守主义主要是建立在对“过去”的一种玫瑰色的看法上，在它看来，“过去”的时期里知识和道德居于无上地位，人们各守其位，社区稳定且社区中的自然秩序使人们免受现代社会的摧残。[①]

基于该意识形态而形成的教育政策包括如下：强制统一的全美或全州课程计划、全美或全州范围的标准考试，重新强调“高”的教学标准和“西方传统”的回归，以及在性格教育中对爱国主义和其他保守特征的养成。不过，值得指出的是，隐藏在新保守主义教育和社会政策之下的考量并不仅仅是“回归”，更核心的是对“他者”的畏惧。这种畏惧在新保守主义对全国统一课程的强调、对双语和多元文化的攻击，以及对提升教育标准的执着之中都清晰可见。

新保守主义对回归传统和道德的强调已激起了一定的社会反响，近十年卖得最好的书便是威廉·贝纳特的《美德书》。贝纳特曾出任共和党教育委员。长期以来，他都在批评：“我们的教育根本是在不务正业，无视对知识和道德标准的攻击。”为了扭转这样的局面，我们应该

---

① See Allen Hunter, *Children in The Service of Conservatism: Parent-Child Relations in the New Right's Pro-Family Rhetoric* (Madison, Wis.: Institute for Legal Studies, University of Wisconsin Law School, 1995); Michael W. Apple, *Cultural Politics and Education* (New York: Teachers College Press, 1996).

“重新强调对卓越、品德和原则的追求”。[①] 贝纳特的书通过道德故事，力图恢复孩子们对传统美德的接纳和追随，如爱国主义、诚实、道德人性及企业家精神。这样的立场不仅成为社会常识影响深远，而且成为特许学校（charter school）运动很重要的推动力之一。特许学校是一类得到特许可以游离在国家要求之外，根据自己客户的需要而自行开发课程的学校。然而在理论上这类学校仍存在很多可以质疑的地方，如很多的研究都表明大量的特许学校成为保守的宗教分子变相攫取公共财政经费的手段。按照原来的公立教育法，宗教学校是不能得到政府财政经费的，但是通过特许学校制度，它们做到了。

显然，在新保守主义背后隐藏着的是深深的失落感，对信仰的失落，对想象中传统社区的失落，对有着共同信念且“西方传统”至上的田园牧歌式理想的失落。这和玛丽·道格拉斯对“纯粹”和“危险”的讨论十分类似，想象中存在的都是神圣的，对“污染”的担忧则是首当其冲的。

这种对文化污染的担心在教育的很多方面都有所体现，如对教育中的多元文化主义越来越猛烈的抨击，对是否应该为“非法移民”的孩子提供学校教育和其他社会福利的质疑，有些地方连合法移民的孩子也受到了质疑。此外，它还体现在具有保守主义倾向的“唯英语”运动，以及试图将课程和教材朝向西方传统的重构运动中。

为此，新保守主义者哀叹传统课程的“衰微”，哀叹传统课程中所传载的历史、文学和价值的“衰微”。而在这背后的是一套关于“传统”的历史假设，和对确乎存在着合法性知识和文化优越性的社会共识的假设。然而，我们不能忘了那些为新保守主义者所深刻哀悼其“衰微”的“传统”课程，却极大地忽视了构成美利坚民族的绝大多数

---

① See William Bennett, *Our Children and Our Country* (New York: Simon and Schuster, 1994).

群体如非裔、欧裔、亚裔、拉美裔和北美土著的文化。它所关注的只是那些来自西欧和北欧的社会群体，而全然不顾美国的历史和文化事实上是一个更广的光谱，它有着“更广泛和复杂的社会和群体构成”。然而，这样狭隘的道德和文化被强加于所有个体成为“传统”，不仅教给所有的学生，而且以优越的身份教给所有的学生。①

正如劳伦斯·莱文提醒我们的，是一种狭隘的和错误的历史观支撑并助长了新保守主义者的怀旧情绪。事实上，无论是经典还是课程，都是历史和变动的，它们总是不断地被调整和修正，虽然这样的过程始终伴随着“愤怒的捍卫者们的坚持”，认为“变革会带来传统的崩溃”。在美国，即使是把诸如莎士比亚这样的“经典”纳入课程，也总会引发一系列漫长和激烈的斗争，即谁的知识应该被教的争论。因此，莱文认为当新保守主义的文化批判者要求“回归共同文化和传统”时，他们犯了过于简单化的错误，以至于扭曲了事实的真相。目前在各级各类学校中所发生的合法性知识的扩张和变更，“完全是正常的现象；它绝不是对课程史中一般模式的背离，即课程与经典的内容总是在不断争议中扩张、改变的，并且始终伴随着不同社会群体就该扩张和改变应该是什么性质的持续斗争”②。

显然，如此保守主义的立场使新保守主义者在“改革”教育的政策和实践中，为保持自身在文化及其意识形态上的领导地位，不得不做出某种妥协。一个突出的例子便是历史课程中不断浮现的话语体系，尤其是美国作为一个“移民国家”的话语体系的构建。在这个带有文化霸权主义特征的话语体系中，美国历史中的每个个体都是移民，从最初跨过白令海峡并最终在北美、中美和南美扎根生存下来的“本地

---

① Lawrence Levine, *The Opening of the American Mind* (Boston: Beacon Press, 1996), p. 20.

② Lawrence Levine, *The Opening of the American Mind* (Boston: Beacon Press, 1996), p. 15.

人”，到继之不断涌入的墨西哥、爱尔兰、德国、斯堪的纳维亚、意大利、俄罗斯、波兰等地的人，以及稍后从亚洲、拉丁美洲、非洲和其他地区涌入的人，所有这些人都是移民。虽然这个关于美国是由来自世界不同地方的个体所构成的国家的结论是真实的，事实上这也正是它在文化上具有丰富和活力特征的原因所在，然而这样的话语不知不觉地把历史给抹杀了。因为，这些人的移民模式是不尽相同的，有的是戴着镣铐来的，来之后又被国家宣判为被合法持有的奴隶，遭到几百年的隔离；还有的则遭受了身体、语言和文化上的摧残。①

这表明，虽然新保守主义迫切地要改革全美的课程和考试制度，但他们也常常以妥协为手段。正因为如此，即使是对新保守主义教育计划和政策最坚定的拥趸者，也同意新的课程体系至少在部分程度上要承认“他者的贡献”。这在一定程度上是出于美国没有一个强大的能掌控全局的教育部，而且素有各州和地区掌控学校教育的传统。于是，解决该问题的唯一出路就成了每个学科自发地生成自己的全国性标准。② 笔者在上文所举的历史学科的例子便是这些自发达成的标准之一。

由于开发这些全国性标准的是全国的专业性组织，如全美数学教师顾问委员会，因此标准自身往往是社会妥协的结果，比新保守主义的理念显得多了一些弹性。应该说，学科标准出台的过程本身就起到了对新保守主义知识控制政策的平衡。尽管如此，我们还是不应该对美国整体教育政策的走向过于乐观。事实上，全美学校改革的话语越来越为保守主义力量所掌控，多围绕着“标准”“卓越”“责任”等而展开。而且，由于课程标准中的弹性部分在实际实施过程中往往需要

---

① See Howard Zinn, *A People's History of the United States* (New York: Harper Collins, 1999); Howard Zinn, *The Future of History* (Monroe Maine: Common Courage Press, 1999).

② See Diane Ravitch, *National Standards in American Education* (Washington D. C.: Brookings Institution, 1995).

很高的花费，因此关于课程标准的讨论，不过是为新保守主义力图加强“合法性知识”的中央控制及“提高学业成就水准”无形中增加了话语上的说服力。由此政策将带来学校在学业成就上的分化，变得越来越让人担心。

然而，新保守主义的教育政策推动力并不局限于合法性知识的领域，它的强国家理念还体现在加强对教师队伍的调控方面。教师的工作出现了从“许可的自主性”向“调控的自主性”的转变，因此变得高度的标准化、合理化和政策化。[①] 在“许可的自主性”下，一旦教师获得了教师资格认证，那么他在课堂上基本是自由的，当然这种自由是有一定限度的，不过这限度也由教师自己判断。这样的权力模式是建立在对专业判断力的信任基础上的。然而，随着教师权力越来越变成“调控性自主”，教师的行为无论是在过程还是结果上，都受到了更严格的监督。事实上，美国的有些州不仅对教师的教学内容进行了规定，甚至对教学方法也有唯一的规定，教师如果不遵循规定的教学法便会有行政处罚的危险。这样的控制权力模式不是建立在信任基础上，而是建立在对教师行为动机和能力怀疑的基础上。对于新保守主义而言，这是一个和“生产者攫取”相类似的概念。不过，对于新保守主义者来说，能解决这个问题的不是市场，而是一个强大的干预性政府，由这样的政府来规定并强制教学内容和教学方法的唯一“合法性”，在全州或全美推行教师和学生的统一考试的政策。

我在很多场合都谈到，这样的教育政策取向必然会导致教师技能的削弱、教师工作量的强化及教师自主权和尊严的丧失。这其中的道理不难想象，因为在这股保守主义的社会冲动背后，弥漫着的是对教师的不信任，以及对教师能力和教师工会的不满和攻击。

---

① See Roger Dale, *The State and Education Policy* (Buckingham: Open University Press, 1989).

虽然支撑新保守主义教育政策的是对教师的不信任，以及对文化控制权力和文化“污染”的担忧和假想，然而如前文所提到的，隐藏在该立场之下的根本还是文化种族主义，甚至是生理种族主义。一个最典型的例子莫过于赫恩斯坦和默雷的“大作”《钟形曲线》。在这样一本销售量达几十万本的著作中，两位作者堂而皇之地为种族基因决定论做论证和辩护，有的地方还有性别基因决定论的色彩。对该书作者来说，冀望社会政策来削弱社会不平等是一种浪漫但不实际的想法，因为智力和成就的差异根源于基因遗传，而不是后天的社会环境差异；对教育政策的制定者们来说，最佳的方法便是接纳这样的事实，不要再向那些穷人和智力不济的人群提供“虚假的希望”，当然这主要是针对黑人而言的。显然，这本书强化了在美国教育和社会政策中早就存在了的种族决定论的思想。

事实上，种族是一个社会分类，不同的历史时期及不同的群体对该分类概念的使用和理解可以是完全不同的。赫恩斯和默雷的大作不过是为传统的种族歧视思想贴上了一层科学的遮羞布。而该书作者接受了新保守主义基金会一大笔经费的事实，则不仅向世人透露了新保守主义的种族偏见的政策取向，还使新保守主义势力试图把这样的政策观点带到公众面前的意图昭然若揭。

这样的政策立场并不仅仅见于教育政策之中，事实上它还见于许多和教育政策相关的社会和经济政策中，并且十分强大。他们认为穷人所欠缺的不仅是金钱，还包括“恰当”的生物遗传，以及纪律、勤奋和道德等关键的价值观。所以，他们推动了一系列的“改进学习”“改进工作”运动。如果孩子缺课若干天，则父母的若干福利将被取消；如果不接受低工资的工作，则相关社会福利被取消，当然他们才不管工作的性质究竟如何卑微或州政府根本不提供托儿和医疗福利。这样的政策不过是“济贫院”（working house）历史的卷土重来，虽然该政策曾在英美历史上盛行并带来巨大的破坏力。

至此，我描述了美国教育及其社会政策中的新保守主义立场。它已经和新自由主义创造性地结成联盟，该联盟在其他社会力量的加盟下有效地改变了政策的出台机制。下面，我将转向对威权民粹主义的论述，这是美国保守主义阵营中的第三大力量。

三、威权民粹主义：上帝想要的学校教育

和其他工业化国家相比，如果不谈“基督教右倾”，就无法真正理解美国的教育政治生态。[①] 一股势力对美国的媒体、教育、社会福利、性及其身体政治学，以及宗教等领域的公共政策都产生着很大的影响，事实上远超过其群体范围自身。它影响的根源来自多方面，这包括其广大成员的忠诚、雄厚的经济实力、民粹主义的修辞学，以及对目标追求的不断进取。“新右倾”的威权民粹主义者把自己对教育和社会政策的一般原则建立在《圣经》中关于基督道德、性别角色和家庭的权威信念之上。例如，这些“新右倾”主义者将性别和家庭视为一个有机、神圣的统一体，它最终解决了“男性的自我中心和女性的自私自利”的缺陷。正如亨特尔所说，“由于性别是神圣和自然的，所以社会不应该允许（这方面的）合法性的政治冲突……如果不是因为现代主义、自由主义、女权主义和人文主义的干扰，家庭中的男性和女性——无论是静态的还是动态的——都是处于一种和谐状态……‘真正的女人’，如她们了解自己作为妻子和母亲的角色，是不会为了追求自我而威胁到家庭的神圣性的。当男人和女人对自己的角色内涵进行挑战时，他们实际上是背离了上帝和自然属性；当这些自由主义者、女权主义者及世俗人文主义者不扮演自己的性别角色时，他们的所作

① 更详细的阐述和讨论，See Michael W. Apple, *Educating the “Right” Way (second edition)* (New York: Routledge, 2006); Michael W. Apple, *The Subaltern Speak* (New York: Routledge, 2006).

所为事实上已经危害到我们社会存在所依赖的神圣和自然基础”①。

在这群人的观念中，公立教育自身便是无穷危机之渊薮。用保守主义运动家蒂姆·莱希耶的话来说，“现代公立教育是儿童生活中最危险的影响因素：无论是在宗教、性、经济、爱国主义及生理方面，都会带来危险的影响”②。和“新右倾”主义者围绕学校教育和家庭现状所感到的失落直接相关。

在过去，正如“新右倾”主义者所看到的，学校不过是家庭和传统道德的延伸。家长们之所以对把孩子送到公立学校感到放心，是因为这些学校都是由当地控制的，而且直接反映了《圣经》中及家长们的价值观。然而，随着学校的权力为一群外来的、精英势力所掌控之后，学校现在成为横在家长和孩子们之间的一道障碍。很多人都感到，以往存在于家庭、教会和学校之间的统一关系破裂了，人们的日常生活失去了控制，孩子乃至整个美国也同样失去了控制。事实上，“新右倾”主义者认为家长对教育的控制起源于《圣经》的界定，因为在上帝的蓝图中，具有对年轻人的教育职责首当其冲的是家庭，尤其是父亲。正是这种“外来精英的控制”、与《圣经》教义的割裂，以及“上帝所给予”的家庭和道德结构的瓦解，带给“新右倾”主义者强烈的失落感，成为他们致力于教育变革的不懈动力。威权民粹主义越来越成为影响美国教育政策的重要社会力量，这不仅是指它的话语影响，更重要的是它的经费支持，以及它在学校应该做什么、如何使用经费及由谁掌控等问题的社会冲突中的影响力。当然，他们所关注的问题

① Allen Hunter, *Children in The Service of Conservatism: Parent-Child Relations in the New Right's Pro-Family Rhetoric* (Madison, Wis.: Institute for Legal Studies, University of Wisconsin Law School, 1995), p. 15.

② Allen Hunter, *Children in The Service of Conservatism: Parent-Child Relations in the New Right's Pro-Family Rhetoric* (Madison, Wis.: Institute for Legal Studies, University of Wisconsin Law School, 1995), p. 57.

并不仅仅限于性别、性和家庭，事实上还涉及一系列和“什么才是学校教育的合法性知识”相关的问题。在对宏大的学校知识体系的思考中，保守主义活动家对课程的开发商施加不小的压力，以改变课程的内容及州政府关于教学、课程和评估的政策。这点至关重要，因为美国不存在国家课程，课本都是商业化运作，由各州政府自己采买，所以威权民粹主义对课本开发商及州政府的政策游说行为的影响还是很重要的。

以课本开发商的“自我审察机制”为例，威权民粹主义的影响还是相当强大的。例如，在保守人士的压力下，许多课本出版商将马丁·路德·金的《我有一个梦》的演讲稿收录到文学人类学课本中的前提条件是，必须把文中关于美国严重种族歧视的部分删除。[①] 在国家课程政策层面的，如课本立法，得克萨斯州的法律就规定课本中必须加强爱国主义、服从权威和反对“行为出轨”方面价值观的传递。由于绝大多数的课本开发商都着力于课本的内容和组织方式能为人口大州所接纳，以便达到全国推广的目的，这就使诸如得克萨斯州和加利福尼亚州这样的人口密集的州在“什么是合法性知识”的问题上有相当的决定权。

因此，和保守主义阵营中的新自由主义因素彼此呼应和强化，威权民粹主义的宗教活动家在课程政策和实践中拥有了广泛的影响。对他们来说，只有使权威、道德、家庭、教会和“优雅”等价值观重新回归社会核心，学校才能从目前包围着我们的“道德败坏”中被拯救出来；只有在学校中重新强调《圣经》教学的常规性和重要性，我们的文化才能得到拯救。

虽然许多州和学校已经建立了对抗这方面压力的机制，但是正如

---

① Joan Delfattore, *What Johnny Shouldn't Read* (New Haven: Yale University Press, 1988), p. 123.

我在《文化政治和教育》及《国家和知识政治学》中所阐释的，由于学校系统的官僚本质，加之当地和州政府的诱导，使许多家长和社区成员也许并不认同新右势力的意识形态，却仍然参与到了对现行学校教育的攻击和批判中来了。

虽然威权民粹主义试图影响课程和课本的努力不断升级，但是这种弥漫着的对现行学校教育的不满，使威权民粹主义者对新自由主义的教育政策如教育券和教育选择计划给予了有力的呼应和支持。虽然由威权民粹主义者所构成的新右势力对资本的动机和经济计划也持有保留和怀疑的态度，毕竟他们自己是企业裁员和经济重构的亲历者，但是他们认同教育市场化和私有化的教育政策取向，他们认为自己可以利用这样的“改革”达到自己的目的。无论是学校税率的减少，还是税收或公共财政的重新分配改革，都使这个群体可以谋取更多的经费创建符合他们道德信念的学校体系，以找回他们认为“失落了的社区”。

这种社区重建运动，无疑受到了教育政策较量中的“重新私有化”取向的影响。在否定对手立场的同时，重新私有化话语事实上采取了一种更“政治化”的处理，即把问题上升为公共问题。这似乎有些难以理解，重新私有化的讨论带来了更多的关于“逃逸需求”的公共讨论。不过，这样的讨论并不是以其反对势力的得胜而画上句号的。相反，它们带来了新的社会运动和社会界定，把“逃逸需求”重新纳入经济的、家庭的和个体的领域中去。如此，新的保守联盟最终形成。

这就是美国的社会现实——一套威权民粹主义式的重新私有化话语体系，创造性地把社会中的不满分子团结在了一起，将他们的希望和恐惧连接成了一体，并且因此成为教育重新私有化运动背后强有力的支持者。[①] 如果不是因为“右”倾群体成功改变了诸如“民主”等一系列关键概念的内涵，基督教“右”倾势力是不可能在保守阵营中谋得一席之地的，而重新私有化运动也就不可能像今天这样如火如荼。

四、新的专业与管理中产阶级：更多、更频繁的测试

我会用相对简洁的文字描述新的专业与管理中产阶级在保守主义现代化运动中的作用，因为它的影响虽然不断增加，却还是有限的。不过，值得指出的是，他们在这场政策运动中确实起到了推波助澜的作用。

这是一个新的专业中产阶级，他们基于自己的技术优势得以在国家和经济体系中实现升迁。他们大多拥有管理和技术的背景，因此为新自由主义的教育市场化政策和新保守主义的中央控制政策的几个核心理念——政策透明、政策估算、“产品控制”和政策评估提供技术的和专业的支持。

这群实现了社会升迁的专业及管理人士也许并不信奉保守主义阵营的任何一种意识形态，事实上在生活的其他方面他们也许是观点温和的，甚至在政治上还有点“自由”色彩。然而，由于他们是效率、管理、测试和审计方面的专家，因此为保守主义的政策实施提供了技术支持。而且，他们自己的个体升迁很大程度上取决于该类技术的推广，以及与之相匹配的强调“控制”“测量”和“效率”的意识形态。因此，他们常常支持“中立工具主义”的政策，即使该类政策被用于其他政治意图。[②]

---

① Nancy Fraiser, *Unruly Practice* (Minneapolis: University of Minnesota Press, 1990), pp. 172-173.

② Basil Bernstein 曾对国家中的新中产阶层和私领域中的中产阶层做出区分。See Basil Bernstein, *The Structuring of Pedagogic Discourse* (New York: Routledge, 1990).

正因为如此，我们不能把学校对更严格的测试、责任和控制的强调仅仅归因为新自由主义和新保守主义。事实上，这其中很大的一部分政策压力来自学校的管理者和教育部门的官员，他们坚定地认为这样的控制是得到授权的且是“有益”的。这些控制形式虽然在历史上由来已久，但是更严格的控制、更高标准的测试和责任回溯的方法为这些管理者扮演更积极的角色提供了支持。这使他们能够以全面的形式加入到教育改革的运动中去，并且强化了他们的专业地位。

而且，在一个学历和文化资本竞争日趋激烈的年代，重新进行社会分层的机制，如强制性的标准化考试制度，使专业和管理阶层的孩子和其他孩子相比，拥有更强的竞争优势。因此，引入诸如标准化考试这样的措施对人群重新进行分层无疑会强化文凭的价值，而文凭是新中产阶层最容易获取的，因为他们是文化资本的掌控者。笔者在此并不是说这都是一些有意识的行为，但是这样的政策在客观上有利于新中产阶层的前进，因为新中产阶层不掌控经济资本，他们所握有的只有文化资本。

基于以上的境况，我相信这个群体对意识形态的“右”倾不具有免疫力。考虑到新自由主义与新保守主义对国家和公共领域的抨击，这个群体难免会对其子女在一个不确定的经济世界中的社会前景感到忧虑。因此，他们也许会很容易地被新保守主义阵营的立场所吸引，尤其是新保守主义中对“传统”内容的关注、对考试制度的重视，以及对学校教育作为一种社会分层机制的大力强调。这可以从很多州的家长对强调传统科目学业成就的特许学校的支持中得到反映。而且，他们今后在类似的教育政策会达成一致。虽然他们在意识形态上和“右”倾集团存在不一致，但他们仍可能会为其所驱使，因为他们对工作和孩子前途的考虑是压倒性的。

结　论

由于美国教育政治的复杂性，笔者在本文中主要论述了对美国教育政策并在社会领域中有着深刻影响的保守主义运动。这场教育的保守现代化运动是由一个社会力量联盟推动的，虽然该联盟内的不同社会力量在目标上并不完全一致。

重要的是该联盟的性质。该联盟克服内部的分歧，赢得这场教育政策和实践变革的可能性很大。因此，尽管新自由主义的诉求是弱政府而新保守主义的诉求是强政府，这么两种看似矛盾和冲突的社会诉求却创造性地走到了一起。目前出现的教育标准、教育内容和教育控制权力出现的集中趋势，在某种意义上来说正是经由教育券和教育选择计划而实现的。

一旦全州或全美的课程和考试制度就位，学校之间的比较就成为可能，也许美国会出现类似英国的学校排行榜。当然，也只有存在标准化的内容和评估，市场才能变成“自由”的，“消费者”才能获得哪些学校是“胜出者”的“客观”数据，建立在消费者选择基础上的市场理性才能最终导致所谓的好学校学生盈门，而差学校关门了事。

关于该类政策对现实中学校的负面作用我已经在我其他的作品中进行了详细阐述。不过，我还是要在这里重申，一旦穷人“选择”把孩子留在内城或郊区那些没有经费且破败的学校时，他们就是为自己“错误”的选择唯一负责任的人。然而，事实是他们没有多少可以选择的机会，很多时候他们经济困窘、每天疲于奔命、对学校状况一无所知，加上城市公共交通拥挤且昂贵，他们也只能如此“糊涂了事”地选择。于是，结构性的不平等被重新私有化的话语一笔抹杀并获得了新的合法性。新自由主义和新保守主义政策、威权民粹主义和新专业管理中产阶层政策，这两对看似矛盾的政策流派却相互应和起来，并且结成了最终的联盟。[①]

虽然我认为教育政策的领导权握在保守主义阵营手中，但我并不想给大家一个错误的印象，认为构成这个阵营的 4 种力量是铁板一块，而且无往不胜。这不是事实。在美国的地方层次，掀起了大量的反抗文化霸权的运动，带来很多不同的改变。在面对新保守主义的意识形态冲击和压力时，许多的高校、中小学和学区都表现了相当的对抗能力，也有很多的教师、学者和社区活动家创造了许多在教学和政治属性上都具有“解放”特征的教育运动，或者正在捍卫具有类似特征的教育项目。

我们已发现保守主义阵营开始出现缝隙，如越来越多的中小学校的学生正在积极抵制各州颁布的强制性标准考试。这样的行为得到了不少教师、学校管理者、家长和社会运动家的支持。显然，有些社会力量开始浮出水面。

话虽如此，但是我们也应该对创造有益于进步主义政策的宏观社会环境的困难有充分的认识。我们要牢记，美国是一个没有强大中央教育部的国家。教师工会在全国范围内的影响又十分微弱，而且其所扮演的角色并不总是促进进步主义运动的。而且，关于什么才是“合适”的进步主义教育政策的日程表，人们也莫衷一是，毕竟推动教育进步主义的社会因素是纷繁复杂的，如种族或民族、性别、性、阶级、宗教、“能力”等，有时这些不同因素的社会诉求是相互矛盾的。因此，很难在形式上得出一个全国性的“进步主义”教育政策和实践运动。

正因为如此，绝大多数的反文化霸权工作都是在当地和地区范围内进行的。虽然目前也开始出现了建构全国联盟的努力，对此我们姑

---

① Michael W. Apple, *Cultural Politics and Education* (New York: Teachers College Press, 1996), pp. 22-41.

且称之为“分权统一体”（decentered unity），如“全国教育运动者联盟”（National Coalition of Educational Activists）及其他围绕“反思教育”而形成的组织已经在全美范围内出现，但是这些运动中没有一个如新自由主义、新保守主义和威权民粹主义那样有背后的经费和组织方面的支持，也没有一个有能力如保守主义运动那样通过媒体或基金会等方式把自己的主张带到“公众”面前，也没有一个有能力或资源迅速地在全美范围内形成一个力量联盟，提出或支持某个政策动议。

不过，在这些结构、经费和政治的多面性中，我们也可以乐观地看到，还有这么多的社会群体没有被保守主义的文化霸权整合，而且创造了这么多的形形色色的反抗运动，并且在地方层次带来这样一个百花齐放的局面。这些社会事实以鲜活的形式向我们表明教育政策和实践永远不会只有一维选择。更重要的是，这些鲜活的事实表明，保守主义政策的成功也不是必然和无懈可击的。这点对于我们身处已经忘记什么才是真正需要的教育的年代，尤为重要。

参考文献

［1］APPLE M W. Cultural politics and education[M]. New York：Teachers College Press，1996.

［2］APPLE M W. Educating the “right” way[M]. 2nd ed. New York：Routledge，2006.

［3］APPLE M W. Official knowledge[M]. 2nd ed. New York：Routledge，2000.

［4］APPLE M W. Review of research in education[M]. Washington D. C.：American Educational Research Association，1997.

［5］APPLE M W. The state and the politics of knowledge[M]. New York：Routledge，2003.

［6］ARNOT M. Schooling for social justice［D］. Cambridge：

University of Cambridge, Department of Education, 1990.

[7] BENNETT W. Our children and our country[M]. New York: Simon and Schuster, 1994.

[8] CHUBB J, MOE T. Politics, market, and American schools [M]. Washington D. C.: Brookings Institution, 1990.

[9] DALE R. The state and education policy[M]. Buckingham: Open University Press, 1989.

[10] DELFATTORE J. What Johnny shouldn't read[M]. New Haven: Yale University Press, 1988.

[11] FRAISER N. Unruly practice[M]. Minneapolis: University of Minnesota Press, 1990.

[12] GREIDER W. One world, ready or not[M]. New York: Simon and Schuster, 1997.

[13] HENIG J R. Rethinking school choice: limits of the market metaphor[M]. Princeton, New Jersey: Princeton University Press, 1988.

[14] HOUSE E. Schools for sale[M]. New York: Teachers College Press, 1998.

[15] HUNTER A. Children in the service of conservatism: parent-child relations in the New Right's pro-family rhetoric[M]. Madison, Wis.: Institute for Legal Studies, University of Wisconsin Law School, 1995.

[16] LEVINE L. The opening of the American mind[M]. Boston: Beacon Press, 1996.

[17] RAVITCH D. National standards in American education[M]. Washington D. C.: Brookings Institution, 1995.

[18] ZINN H. A people's history of the United States[M]. New York: Harper Collins, 1999.

论美国教育改革的市场机制及其公平问题*

马健生　张艳敏

20世纪80年代以来，在美国众多的教育改革措施中，市场本位的教育改革越来越成为人们关注的焦点。市场本位的教育改革形式主要有自由择校政策（School Choice）、供择校用的教育券（Educational Voucher）、改革公立学校的办学体制和模式的特许学校（Charter School）、推动私立学校的发展、给学校更大更多的办学自主权等。尽管市场在美国教育改革中的表现形式多样，但都体现了这样的本质，即把市场机制引入教育领域，让市场作为教育资源与要素配置的主角，最大限度地减少政府对教育资源的配置，把反垄断的自由竞争机制、供求机制、顾客策略等能够带来高效率的理念和方法原则引入教育领域中，激活由于垄断所造成的具有很大惰性的现行教育体制的活力，以有效地提供多样化的、高质量的教育服务。然而，这样的改革可能引发公平与效率之间的不平衡，产生或许比原来的问题更加严重的公平问题。

---

* 本文原载《比较教育研究》2004年第5期。马健生，教育部人文社会科学重点研究基地北京师范大学比较教育研究中心、北京师范大学国际与比较教育研究所，教授；张艳敏，辽宁师范大学教育学院，硕士研究生。

一、美国教育改革的市场机制

20 世纪 80 年代以来，美国公立学校遭到了猛烈的批评。这主要是由于公立学校实行就近入学，缺乏选择性，形成了僵硬的垄断体制，导致学校丧失了自主改进的动力，以致学生学习成绩普遍下降，办学效率低下。为此，美国实施了择校计划和教育券等多种方式的市场本位教育改革。曼哈顿一家研究所对圣安东尼奥市私人资助的择校计划和密尔沃基县的教育券计划进行了研究，得出这样的结论：择校计划和教育券计划有助于公立学校学生成绩的提高。在其他城市进行的相关研究也得出了同样的结论。纽约市、华盛顿、夏洛特（Charlotte）、密尔沃基、克利夫兰和达顿（Dayton）参与择校计划的学生的平均成绩都得到了提高。曼哈顿的研究所对得克萨斯州埃奇伍德学区的择校计划也进行了研究，发现埃奇伍德学区的学生成绩高于该州 85%学区的学生成绩。在实行教育券计划时间最长的密尔沃基也得到了同样的结果：参与教育券计划最多的小学，四年级学生成绩提高得更快。到目前为止，所有的研究，如对佛罗里达、密歇根、亚里桑那、缅因和佛蒙特州的研究，都得到了同样的结论：择校计划确实能提高公立学校学生的平均学习成绩。实际上，还没有研究发现实施择校计划的公立学校学生平均成绩下降了。那么，这些市场本位的教育改革何以能够取得如此效果呢?

（一）市场本位的教育改革实行顾客战略，更好地满足了学生和家长的需求

美国市场本位教育改革的顾客策略，就是通过赋予学生和家长选择权利，通过公立学校转制如建立特许学校等办法来实现的。学校的顾客有两种，一种是主要顾客，即学生和家长；另外一种是次要顾客，即包括整个社区及将来有一天雇佣毕业生的雇主，他们没有学生和家

长那样直接。① 学校通过满足主要顾客需求从而满足次要顾客的需要。学校（供给方）必须为学生和家长（顾客）负责，将其置于驾驶员的位置，由学生和家长决定学校的发展，因为不这样学校将被淘汰出局。以学券制思想为例，它主张政府机构为学生家长提供学券，孩子入学时，家长把学券交给学校，学校再拿学券到政府机构去交换现金——纳税人的税金。这种学校的资金是直接由他们所能招收的学生数量来决定。如果某所学校没有吸引足够的学生入学，将在财政上面临困境甚至被迫关门。在这样一种机制下，学校要想生存，就必须满足顾客的需求。另外，由于顾客能够进行选择，就会迫使学区改进教学质量并提供多样化的服务。通过让顾客有所选择，学区为争取学生和资金进行选择，鼓励教师、家长及其他人士共同创办不受那些繁文缛节困扰的新型学校。学区不想失去学生（顾客）及随之而来的资金，就将改进自身以把学生从特许学校里吸引回来，或者在特许学校出现以前就自求改进。教育券制与特许学校等通过顾客策略，能够改进所有学校的质量。②

（二）市场本位的教育改革引入竞争机制，提高了教育资源配置效率

市场本位教育改革的核心问题是维持垄断还是引入竞争的问题。在1988年总统大选中，布什（Bush）提出了“教育复兴”的口号，向美国人民保证他将致力于教育改革以提高学校质量，声称自己要当“教育总统”。可是随着时间的推移，布什总统的言论中日益对学校是否有自我更新的潜力表示怀疑。他把公立教育说成“一种业已失败的制度”，并且直言不讳地说：“我们给学校提供免于竞争的庇护，让学

① 参见戴维·奥斯本、彼得·普拉斯特里克《摒弃官僚制：政府再造的五项战略》，谭功荣、刘霞译，中国人民大学出版社，2002。

② 参见戴维·奥斯本、彼得·普拉斯特里克《摒弃官僚制：政府再造的五项战略》，谭功荣、刘霞译，中国人民大学出版社，2002。

校得到了为害非浅的垄断大权，这种状况的持续时间长得过了头。”①因此，引入市场竞争机制是合适的，不管竞争是来自证券服务合同的竞争性招标、特许经营，还是志愿活动。正是引入竞争机制，才会产生差异。尤其是学校教育，在美国教育产业中的政治垄断才是服务不力问题的根源，因为现行公立学校占有近乎垄断的地位，才使无效使用资源成为可能。许多专家特别是那些公共选择理论家指出，上述无效状况之所以发生，乃是因为政府的管理政策并没有显示由利益驱动的竞争所带给单位或个人的压力。

教育机构在市场竞争压力下会努力满足教育消费者的要求，降低成本，提高质量，会努力赶超对手，建立竞争优势。对许多实证研究的结果进行综合分析可以得出这样的结论：教育的竞争对教育质量和教育效率具有积极的影响。世界银行的哈里·帕奇诺（Hary Patrinos）在分析了美国、丹麦、澳大利亚、智利、哥伦比亚、新西兰、英国、比利时等许多国家在教育中引入市场竞争的结果认为，在教育中引入市场竞争，会激励学校创新和提高效率，从而改善教育。② 在许多国家，竞争对改善教育的作用是非常显著的。择校制度、特许学校、学校私有化都是在利用市场竞争机制，创造竞争氛围，更好地满足人们的教育需要，提高教育效率。

（三）市场本位的教育改革运用了市场的非中心化和自主决策的原则，解放了学校内在的生产力

学校的首要目标是要满足其顾客的需求，为顾客做好服务，但是要做到这一点，必须解除从上至下地控制教育的科层制，进行权力的下移。20 世纪 80 年代以来，美国把扩大学校自主权当作教育改革的一

① 欧内斯特·L. 博耶：《关于美国教育改革的演讲》，涂艳国、方彤译，教育科学出版社，2002，第 35 页。

② 参见王伟《美国营利性教育机构制度环境分析》，博士学位论文，北京师范大学教育学院，2002。

项重要措施，将许多属于地方教育行政部门的权力直接下放到学校，给学校更大更多的办学自主权。在学校内部管理方面，从改革运行机制入手，实行和完善学校董事会机制，并且在学校董事会或管理委员会成员组织中规定了校长、教师、家长和社会人士的组成比例，扩大了家长和当地社区代表的比例，赋予家长更大的教育参与权与选择权，鼓励他们参与学校重大事务的决策，以使学校在办学的各个方面能够反映家长与社会的要求。这样做的一个最基本原因是提高教育服务有一定的技术要求，即教育主要是基于个人之间的关系、交往和不断的反馈，基于教师的知识、技巧和经验。第二个基本原因是高质量的教育和与之相应的行为很难以客观的、量化的和正式的方式加以衡量，而科层制是建立在明确行为、奖罚分明的纪律规范基础之上，并且不断检验目标的实现情况。由于教育衡量机制上存在的不确定性使教育管理者难以了解自己的具体工作进程和效果，这影响到他们对整个工作进程的控制难以与其工作目标契合。“不可能有从上至下的纪律规范可以将质量低下的教师改造成优秀的教师，而在此基础上施以奖励惩罚措施，则会起到相反的作用。”①

另外，学校的教职工每天与学生和他们的家长打交道，他们比管理人员更充分了解他们的顾客是否满意学校提供的服务，也更能采取灵活机动的措施改进学校的服务，提高教育质量。他们比管理人员了解得更全面，因为这些正是他们工作中不可或缺的部分。对于学生和他们的家长来说，他们需要充分利用各自在学校里的受教育经历来满足各自的需求。校长和教师十分了解他们的学生，知道他们的特殊需求和特长，并且可以有针对性地提供教育服务。管理人员却不行，他们只是从一些数字、规范、统计数据、理论和方法了解学生，根据这

---

① David K. Cohen and Richard J. Murnane, “The merit of merit pay,” *Public Interest*, (1985): 3-30.

些采取的行动及其结果与学生和家长们的期望正相反——他们期望自己的需要得到特殊、个别化的对待，而科层制则采取统一方式对待事实上有差别的个体。[①] 可见，学校并不需要高度科层化的组织结构，而在市场条件下，可以解除高层和中层的控制和束缚，赋予学校充分的自主决策权，提高团队的灵活性，解放学校本身内在的潜力，提高教育的效率。学校愈远离外在控制，愈独立自主，愈减少科层制的调控，就愈能提高组织的效率。

（四）市场本位的教育改革拥有清晰、完善的教育产权制度，建立了有效的成本核算机制与激励机制

清晰、健全的产权制度是完善的市场经济的标志。美国的市场经济发展比较完善，它已经建立了一套健全、清晰的产权制度。阿尔奇安分析了作为形成人们对资产权威方式保证的产权认为，一方面，产权是在国家强制实施下，保证人们对资产拥有权威的制度方式；另一方面，产权是通过市场竞争形成的人们对资产能够拥有权威的社会强制。[②] 由此来看，产权是由政府强制与市场强制所形成的两方面权利的统一，是一种社会制度。美国建立了产权清晰、权能完整的教育产权制度，承认营利性与非营利性教育机构的产权。产权的主要功能是引导人们实现将外部性较大地转化为内在的激励，即产权将受益和受损效应内在化。作为产权主体，在做出行动决策时，具有认真地安排未来的收益和成本的倾向，选择使权利价值最大化的行动，做出使用资源的安排；同时要为获取收益付出成本，由此产生了更有效利用资源的激励。同时，由于产权主体拥有完整的产权，自己自然要承担“受损内部化”，还要承担违背法规和契约时的惩罚，这会产生对产权主体

---

① 杰夫·惠迪、萨莉·鲍尔、大卫·哈尔平：《教育中的放权与择校：学校、政府和市场》，马忠虎译，教育科学出版社，2003，第136—148页。

② 刘伟：《经济体制改革与发展的产权制度解释》，首都经贸大学出版社，2000年，第13—14页。

的约束。因此，产权具有激励与约束的功能。

学校作为人力资本生产体系中的竞争性教育生产单位，这个产权主体需要按教育规律和教育市场的要求组织教育生产，按市场规律与外部环境进行资源交换。产权清晰、权能完整会使营利性教育机构产生内在的激励，努力提高管理水平，提高资源配置效率；清晰、完整的产权亦使营利性教育机构的产权交易成为可能，有利于教育资源的重组和教育规模化生产的实现，提高整个人力资本生产体系的资源配置效率。但是，如果营利性教育机构充满机会主义行为和短期行为，降低所提供的教育服务质量，由于教育质量难以短期测量及教育服务对象的特殊性，相对其他行业而言，给社会造成的损害会更大。因此，良好的产权制度会抑制行动团体的机会主义倾向。营利性教育机构只有建立清晰的产权关系，才能建立明晰的权、责、利关系，促使其避免短期行为和机会主义行为倾向，依据有关法规和契约组织教育和经营活动，实现有效的外在约束。[①]

二、美国市场本位教育改革引发的公平问题

市场机制的内在逻辑是追求经济合理性。市场所依存的竞争和效率机制，使市场本身就具有资源集中和产生垄断的倾向，导致财富和贫困在社会两端积累的马太效应。吉登斯指出，正是基于市场能力的差别，决定性地建构了相互分离且封闭的阶级结构。[②] 美国的市场本位教育改革，使本来就不平等的社会成员在选择教育和参与教育治理的能力和机会方面会具有很大的差异，自然就引起了公平问题。

---

① 参见王伟《美国营利性教育机构制度环境分析》，博士学位论文，北京师范大学教育学院，2002。

② A. Giddens, *The Class Structure of the Advanced Society* (London: Hutchinson, 1973), pp. 105-109.

尽管市场倡导者的本意是学校应全方位向消费者赋权，然而，事实上自由择校使强势家长选择学校的机会大为增加，削弱了许多其他家长的择校权利。从美国择校情况来看，学生的分布是这样的：1%的学生选择特许学校；2%的学生选择家庭学校；10%的学生选择私立学校；1%的学生在公立学校体系内通过上重点学校、少数可以跨区招生的公立学校及伪报家庭住址的方式实现选择；36%的学生通过搬家选择学校；余下的 40%的学生则没有任何选择的机会和经济能力。① 可见，一旦学校满员，校门便会紧紧关闭，而且通过鼓励“超额注册”的学校日渐采用一种选拔性招生政策，自由择校就为选拔优等生增加了机会，并且因此可能造成不公正的后果。

（一）家长在择校过程中由于种种限制所带来的公平问题

在美国，择校的支持者们认为跨学区择校为克服居住区带来的“阶层隔阂”及促进各族间的“民族融合”提供了有效的“沟通和途径”，这时的沟通与融合是人们自己选择的结果，不同于公立学校人为地被迫组合到一起，或者说没有机会组合到一起。但实际的情况是在自愿的情形下，这样的组合很大程度上只是一种理想而不是现实。有些家长无力“增补”教育券之外的学费，那么这种选择仍是取决于私人资金和个人财富的多少，这在根本上仍解决不了由贫富决定的选择权。其次，市场意味着信息的开放和畅通，这样对于所有的选择者来说才是公平的；同时，信息流的滞后是市场的一个永久特征，新信息不断进入市场，要花一些时间才能被市场参与者所理解和吸收。那些有经济能力和能较迅速地消化信息的人会比接受信息慢一些的人获得更多的市场利润。从实际情况看，许多家庭，特别是教育程度较低、经济状况差的家庭可能无法获得全面或真实的市场信息，他们可能无法了解当地或附近学校的真实情况。对一所学校考察进而做出理智的

---

① 参见王伟《美国私立中小学的近期变化》，《比较教育研究》2003 年第 1 期。

深思熟虑的判断也并不是件容易的事情，如果只在不同类型学校之间进行横向比较或对一所学校在自治前后做纵向研究而不考虑学生的“输入”特点，不仅是无意义的，而且会将人引向歧途。只使用“输出”数据区分学校的家长很可能会选择相对来说缺乏效率但吸引了更多优秀生的学校，而不再考虑使以前成绩较差的学生取得更大进步的学校。要解决这些问题，需要家长拥有足够多的信息，甚至需要具有精明的头脑，这对于教育程度低、整天疲于奔命的家长而言，实在是勉为其难。因此，这样的状况必然使他们难以进行有效的选择；即使选择了，也可能由于住房、收入等经济原因而放弃。①

（二）学校挑选学生带来的公平问题

鲍等人（1992）与格维尔等人（1995）的研究表明，学校倾向于挑选那些“有能力”“聪明”“有较强动机和责任心”及有社会强势家庭背景的孩子，他们由于具备提高考试成绩的潜能而被学校视为特殊的资本。学校最不欢迎的主顾包括那些“缺乏能力”或有特殊教育需要的学生，特别是有情绪或行为障碍的人，学校也不欢迎工人阶级背景的孩子。② 巴特利特等人指出，“选拔优等生”意味着供方会偏爱那些用最少的投入带来最大收益的当事人，因而导致他们歧视那些需要较多付出的主顾。在教育中，这可能意味着学校会偏爱中等的学生，因为对天才儿童和有特殊需要的儿童进行教育将付出更大的资本。然而，在学术上出众的学生确实是大多数学校努力吸收的“优等生”，他们能使学校在考试成绩方面显得更为成功，从而吸引其他理想的主

---

① 参见约翰·E. 丘伯、泰力·M. 默《政治、市场和学校》，蒋衡等译，教育科学出版社，2003。

② 杰夫·惠迪、萨莉·鲍尔、大卫·哈尔平：《教育中的放权与择校：学校、政府和市场》，马忠虎译，教育科学出版社，2003，第 136—148 页。

顾。[①] 格伦那斯特认为，如有机会，大多数学校都想更具有选拔性，因为招收那些拉低学校成绩的学生将影响学校的总体市场地位；而招收中产阶层或白种人子女的学校有可能在国家测试中取得较好的成绩，因为此类学生有较高水平的预备状态或动机，相应地，他们较少有影响教育过程的社会问题。[②]

那么，在学校中受到重视的必定是来自强势背景的儿童。特别是如果具有较强市场吸引力的可选择学校数量有限，强势家长和强势学校就会在市场的不断分割中把对方挑选出来。[③] 工人阶级的子女，尤其是那些有特殊教育需求的儿童，可能会被逐渐“隔离”到缺乏资助的学校。而这些缺乏资助的学校只能在招生数减少、投资额度下降、士气低落的情况下苟延残喘。市场加剧了基于阶级、人种和民族划分形成的学校之间及学生成绩之间的差距。强势家长和强势学校的联系，使处于弱势地区的学校很难挣脱走下坡路的恶性循环，使那些在原来的体制中处于弱势的群体的处境雪上加霜。可见，在市场导向的学校中，学生的机会被高度分化。

（三）学校选择家长带来的公平问题

在美国，家长和特许学校之间所签署合同的一个特色便是潜在性地清除那些“难以相处的”家长。这些家长可能包括许诺要投入大量时间和金钱的家长。许多加利福尼亚特许学校的主要入学要求是家长必须承诺支持他们的孩子和学校，但这种支持的本质可以采取不同的形式来表达。在某些建议中，他们被要求在学年之中参加指导会议并

---

① 杰夫·惠迪、萨莉·鲍尔、大卫·哈尔平：《教育中的放权与择校：学校、政府和市场》，马忠虎译，教育科学出版社，2003，第 136—148 页。

② 杰夫·惠迪、萨莉·鲍尔、大卫·哈尔平：《教育中的放权与择校：学校、政府和市场》，马忠虎译，教育科学出版社，2003，第 136—148 页。

③ 杰夫·惠迪、萨莉·鲍尔、大卫·哈尔平：《教育中的放权与择校：学校、政府和市场》，马忠虎译，教育科学出版社，2003，第 136—148 页。

随后签署一项协议或合同，承诺每月从事至少 2—3 个小时的学校服务。[①] 贝克尔等人对加利福尼亚特许学校的研究证实，它们比大部分其他公费资助的学校在吸引家长筹款、出席会议和担任领导职务方面有着更出色的记录。在许多特许学校的章程中甚至都有明确要求家长需担负金融家的职责。例如，洛杉矶市的帕利萨得斯学校实施了一项“促进者”（boster）计划，家长根据捐款的数量被评为不同的等级。会员等级序列如下：“支持者”（support）（5 美元—99 美元）、“捐助者”（contributor）、“赞助者”（Sponsor）、“施主”（benefactor）、“资助人”（patron），最后是为超过 100 美元的捐款人授予的“最慷慨的捐赠人”（dolphin circle）称号。[②] 这样，某些家庭，如那些处于低收入阶层的家庭，他们工作时间长，交通工具的选择余地少，或者英语水平低，可能永远不会成为特许学校社群的一部分。在管理学校方面，社群的作用和家长的代表性主要体现在行政和财政事务上。这意味着学校认为某些理事和董事可能比其他理事、董事更为有用。彭内尔认为，“相对于那些缺乏参与愿望和能力的家长而言”，这种新体制加强了“那些有能力的并准备解决‘制度带来的’复杂性的父母”的特权。由此市场导致了家长的商品化，某些家长因其带给学校的职业特长、资金和态度服务而具有更大的价值。

（四）教育券并不是入场券

教育券应满足公立教育的全部支出。但是，实际上，教育券的面额是以公立学校中的平均支出为标准，甚至低于这个标准。尽管学生可以通过选择学校（甚至包括私立学校或教会学校）消费教育券，在获得的教育券不够支付全额学费时，家庭自己支付剩余的部分，但是

---

① 阿瑟·奥肯：《平等与效率》，王忠民、黄清译，四川人民出版社，1988，第 122—128 页。

② 阿瑟·奥肯：《平等与效率》，王忠民、黄清译，四川人民出版社，1988，第 122—128 页。

对于经济能力有限的家庭，他们难以利用教育券来择校。可见，就公平这一目标而言，教育券制度对于中产阶级的家庭来讲非常有利，但这是以牺牲社会底层群体的利益为代价的。教育券制度在根据社会等级对教育进行分配（质量和数量）的过程中更加助长了不公平的因素，最后可能会导致两个阶层或群体之间权利的不平衡问题。

小　结

处理公平与效率之间相互冲突的关系是一件十分复杂而重大的问题。美国经济学家奥肯（Arthur M Okun）称之为“重大的权衡”（the big trade-off），并且提出了如下原则：“如果平等与效率受到平等对待，分不出孰高孰低，在两者发生冲突时，就必须寻求调和。在有些时候就要放弃一些平等，牺牲一些效率。但无论哪一方做出牺牲，必得以另一方的增益为条件，或者是为了获得别的有价值的社会目的。尤其重要的是，在做出允许不平等的社会主张时，一定要保证效率的提高。”① 但是，这里的一个前提条件是不能打破效率与公平之间关系的“张力”。所谓张力，即紧张关系或紧张状态，是指两种力量达到平衡时所产生的合力。这种合力不仅是维持自身平衡的内在力量，而且是作用于环境的积极力量。公平与效率的张力就是公平与效率这一对矛盾达到平衡后形成的内向性维持力量和外向性社会作用。

回顾美国的历史可以清晰地看到，公平与效率一直是贯穿美国教育的一对矛盾。这一矛盾时而潜伏，时而爆发，时而缓和，时而加剧。20 世纪 80 年代以来，美国教育发展不像以前那样关注公平问题，而是更加关心教育质量与效率问题，即能否在激烈的世界经济和科技竞争

---

① 阿瑟·奥肯：《平等与效率》，王忠民、黄清译，四川人民出版社，1988，第 122—128 页。

中继续保持领先地位，社会对提高教育质量寄予了极高的期望。20 世纪 80 年代以来，美国市场本位的教育改革恰恰表明：民主教育和公平教育的理念，在美国如果说还没有被强调效率和优质所取代的话，至少可以说其重要程度已位居其后。从解决美国所面临的教育问题，如增加人们的选择性，提高办学效率，提高学习成绩的角度来讲，市场本位的教育改革确实是达到了既定目的。但是，美国这种注重效率忽视公平的教育政策只能是一种权宜之计，不符合教育民主的理念和效率与公平之间均衡关系的规律。一旦这种以效率为价值取向的教育改革走过了头，就会丧失改善效率的正当性，引发严重的公平问题，进而阻碍效率的提高。

参考文献

［1］奥肯．平等与效率［M］．王忠民，黄清，译．成都：四川人民出版社，1988.

［2］奥斯本，普拉斯特里克．摒弃官僚制：政府再造的五项战略［M］．谭功荣，刘霞，译．北京：中国人民大学出版社，2002.

［3］博耶．关于美国教育改革的演讲［C］．涂艳国，方彤，译．北京：教育科学出版社，2002.

［4］惠迪，鲍尔，哈尔平．教育中的放权与择校：学校、政府和市场［M］．马忠虎，译．北京：教育科学出版社，2003.

［5］刘伟．经济改革与发展的产权制度解释［M］．北京：首都经贸大学出版社，2000.

［6］丘伯，默．政治、市场和学校［M］．蒋衡，等译，北京：教育科学出版社，2003.

［7］王伟．美国营利性教育机构制度环境分析［D］．北京：北京师范大学，2002.

［8］王伟．美国私立中小学的近期变化［J］．比较教育研究，2003

(1)：83-87.

[9] COHEN D K, MURNANE R. The merit of merit pay[R]. Washington D. C. :National Institution of Education, 1985.

[10] GIDDENS A. The class structure of the advanced society[M]. London: Hutchinson, 1973.

美国教育改革过程中的基督教“政治”*

阎光才

美国是一个宗教氛围极其浓厚的国家。据盖洛普（Gallup）调查，2001年美国人口中超过90%的人信仰宗教，而其中新教人口占55%、天主教占24%。也就是说，基督教可谓名副其实的美国民间主流宗教。基督教既然如此深入美国民心，它的影响就不可能仅仅止于日常私人的生活层面，而是往往扩及社会公共领域，包括政治、经济、文化和教育等领域。特别是在教育领域，纵观20世纪80年代以来美国整个的教育改革过程，几乎点滴变化都与之密切相关。

一、美国基督教保守主义社会运动

美国的基督教右翼主要包括天主教与新教中福音派保守主义。福音派属于美国最大的新教教派，进入20世纪后，人们甚至认为它是美国的“民间宗教”（folk religion）。普林斯顿宗教研究中心2000年通过抽样调查显示，相信“个人重生”（福音派基本立场之一）或视自己为相信福音的基督徒的美国成人人口比例占45%。福音派在美国有自己的电视频道及其他各种媒体，有各种联盟和组织，因此对美国社会政

---

* 本文原载《比较教育研究》2007年第6期。阎光才，华东师范大学高等教育研究所，教授。

治生活的作用不可小视。传统上，福音派一般不太主张介入政治事务。然而，20 世纪 70 年代后，针对美国社会价值观日益多元、开放和宽容，家庭破裂、性解放、未婚先孕、堕胎、同性恋、吸毒及社会秩序混乱等一系列社会病象的出现，福音派中的保守主义势力开始抬头，其宗教倾向带有一定的“基要主义”（Fundamentalism）特征：强调《圣经》的绝对权威；笃信耶稣的神性和其他历史性的基督教教义；强调个人重生的体验；专注并投身于福音的传播活动。①

著名的基督教右翼组织基督教联盟（Christian Coalition）执行董事里德（Ralph Reed）在其代表作《革命之后》一书中，以“世界应该是什么样子”这样醒目的标题，系统阐述了基督教右翼的美国社会观：在基督教保守主义者眼中，这应该是一个安全的、犯罪率下降的世界；是“一个孩子尊重父母、年轻人尊敬权威、更多公民尊重法律”，家庭在社会中起核心作用的世界；是一个孩子们可以无忧无虑而不必总是担心会在校园中遭遇枪击和刀伤的世界；是一个低税收而少公共权力介入的小政府世界；是一个公民热心于参与投票的民主世界。里德在此讲的“世界”，无疑是一个传统且有着浓厚宗教道德纯洁色彩的上帝之城。而要塑造这样一个“和谐”的世界，在他看来，基督教教徒就不能对政治冷眼旁观，而需要去热心参与，去通过积极投票和动员广泛的保守主义社会运动来达到目的。正如他所言，“基督徒们拥有每一项权利，事实上也是义务，去投票，参与他们对政党的选择，游说被选举的官员……”，进而通过这样一系列政治行动维护和实现充满仁慈、和平、和谐的上帝之城。②

① See John Jefferson Davis, “Ethical Concerns of American Evangelical Christians Relative to Genetic Interventions and the Human Genome Project, 1974 to the Present,” *Ethics and Medicine* 20, No. 1(2004).

② Ralph Reed, *After the Revolution : How the Christian Coalition is Impacting America* (New York: Word Publishing, 1996), pp. 23-40.

里德在此绝非虚言或仅仅是动员令，而是对基督教参与政治议程的肯定。事实上，从20世纪70年代开始，福音派保守主义就已经广泛介入了美国政治事务，而且应该说取得了不菲的成就。林赛（D. Michael Lindsay）认为，二十多年来，在福音派精英和领导者的成功动员下，通过利用各种宗教组织的力量及资金优势，福音派已经从原来的“社会分层系统”的弱势和边缘地位，进军至高等教育及文化领域，甚至从容地出入“白宫”。① 福音派保守主义最成功的策略之一，便是通过寻找有关宗教、文化、教育及许多现实社会问题认识方面的共同点，与其他教派特别是与传统上互存敌意的天主教派达成共同立场并形成广泛的联盟。譬如，里德领衔的基督教联盟便是一个福音派与天主教的联盟组织。如里德所言，它拥有5800万的天主教徒和2400万福音派教徒，“是选举中最大的独立阵营，它号召教徒们为共同的事业而与‘好战’的世俗主义、堕胎、安乐死和色情艺术去战斗，并且倡导学校选择、宗教自由、在学校中开展犹太教-基督教价值教学、种族公正和自由市场经济”②。这番言论简直就是对美国多元文化主义、世俗人文主义讨伐的檄文，充满浓烈的火药味。然而，尽管这种政治策略偏于右倾和激进，在现实中却产生了其理想的预期效应，不仅实现了有效的选民投票动员，而且通过各种基层组织的发动，在一系列特别是教育改革议题上与保守的民众形成良好互动，为美国右翼的一系列与堕胎、同性恋、死刑、教育的宗教性有关的政策出台创造了良好的土壤。

福音派保守主义成功策略之二，便是与党派结盟，寻找自己的政治代理人，通过选民动员把符合自己愿望的党派和政治领导人推到政

---

① See D. Michael Linsay, “Elite power: social networks within american evangelicalism,” *Sociology of Religion* 67, No. 3(2006).

② Ralph Reed, *After the Revolution: How the Christian Coalition is Impacting America* (New York: Word Publishing, 1996), p. 14.

治舞台，从而达到相互利用的目的。20 世纪 80 年代共和党的里根上台，特别是老布什执政及后来的小布什执政和连任，都不同程度地与福音派保守主义运动存在关联。如早在 1980 年的选举前，里根就应邀出席了达拉斯两万之众的福音派教徒集会，在发言中他提到，“我知道你们不能认可我，但是我认可你们及你们所做的每一件事情”，并且声称，他也同样反对进化论，以迎合福音派的胃口。[①] 投桃报李，福音派对里根也予以选票上的支持。据统计，在 1984 年的选举中，里根获得了 80％的宗教右翼的选票。[②] 而 1994 年的中期选举，国会两院共和党大胜，里德指出，选举中 33％选民认为自己是福音派教徒或天主教教徒，其中 70％的右翼教徒投了共和党，而投民主党的右翼教徒只有 26％。

基督教右翼与共和党间的联姻，固然具有相互利用的成分，但是关键在于两者间在一系列文化趣味、政治主张和经济动议上具有相互的偶合性。在政治上，共和党信奉列奥·斯特劳斯（Leo Strauss）保守主义政治哲学，强调绝对正义；在文化上，倡导回归经典、传统，特别是清教传统；在经济上，主张自由市场至上，即新古典自由主义。所有这些都与基督教右翼的主张暗合，如绝对正义与基督教右翼的理想天国相合，而文化上回归传统正迎合了基督教右翼对文化价值多元的嫌恶，经济上的自由市场对基督教右翼而言，正是他们试图动摇福利国家制度根基，进而为宗教进入公共领域打开缺口最好不过的工具和手段，这一点在教育的公共性议题上表现得尤为突出。如此一来，来自草根阶层的基督教保守的民众与基督教精英、政治精英顺理成章地走到一起，经济、文化和教育议题都升格到政治层面，美国社会的

---

① Joel Spring, *Politics Agendas for Education : From the Christian Coalition to the Green Party*(New York: Lawrence Erlbaum Associates, Inc. ,1997), p. 4.

② Joel Spring, *Conflict of Interests : The Politics of American Education*(New York: McGraw Hill Companies, Inc. ,1998), p. 22.

右转格局也就基本形成。

二、基督教保守主义的教育主张与行动策略

1791 年生效的宪法第一修正案，基本确立了美国政教分离的原则。美国建国先父们确立政教分离精神的基本宗旨是保障宗教信仰自由，避免因为政治，特别是国家机器的介入而带来纷争。此后，随着美国公共教育制度的形成，特别是进入 20 世纪后，宗教不得进入公立学校也理所当然成为由政府负责管理的公共教育机构议题中应有之义。尽管在此过程之中，一些教派特别是天主教始终对其存有异议，但总体上，该原则基本得以顺利延续下来，成为美国公立学校相对稳固的传统。然而，20 世纪 70 年代后，伴随社会公众对公立学校各种问题频出的不满，基督教保守主义逐渐地与天主教联合起来，开始协同挑战这一基本原则。80 年代里根共和党政府执政后，一个有利于宗教群体利益的政策环境开始形成。里根时期，联邦政府曾提出一系列如学费税收免除（tuition tax credits）、学券制（voucher system）议案等，这些议案很显然都体现了一种对宗教学校间接意义上的支持（因为增加了教育的可选择性），尽管由于国会的阻挠而未能成功，但事实上它们基本为后来共和党长期执政时期的教育改革奠定了基础。① 那么，这里的问题是，基督教保守主义是如何撬动被视为美国公立学校基石的政教分离这一原则的呢?

斯宾（Joel Spring）所引用的一个资料对此给了一个极好的诠释：在对关于“城市学校为何考试分数很低”的回答中，教师工会的解释是因为教师的低收入没能留住好教师造成的，还有人的解释是因为学

---

① Hubert Morken and Jo Renee Formicola, *The Politics of School Choice* (New York: Rowman & Littlefield Publishing, Inc., 1999), pp. 18-19.

校较低的学术水准。而最耐人寻味的则是基督教右翼的解释，它们认为根本原因在于“学校放弃了传统道德伦理的教学”[①]。那么这里的传统道德是什么呢？显然它所指的就是传统基督教信仰和基督教价值传统。如在里德看来，公立学校的问题根本在于学校所传授的与学生在家庭中接受父母的教育不一致，它充斥太多的如“价值澄清”或“产出为本教育”这样的中立课程。[②] 放弃宗教价值和保持中立，就纵容了世俗人文主义、多元文化主义和女性主义，进而是对暴力、未婚先孕、同性恋和色情等的纵容，并且带来学校秩序混乱，其最终结果是不仅解构了家庭，而且危及社会。

与基督教联盟立场针锋相对的美国进步主义组织 PFAWF（the People for American Way Foundation，PFAWF），就基督教右翼的教育主张概括为以下方面：（1）“反对学校预防艾滋病和避免怀孕的教育”，因为基督教右翼无法容忍学校开展性教育，认为它实际是对性放纵的宽容。（2）“支持学校管理机构举办有组织的祈祷活动”，而这显然是与公立学校政教分离原则相违背。（3）支持“在科学课程中传授创世论而反对进化论”。（4）支持“管理机构审查无线广播节目和艺术”，绳之以基督教的道德纯洁标准。（5）支持“对生育自由实施新的控制”，即反堕胎，反未婚先孕。（6）支持“减少 Head Start（一个对学前儿童、孕妇及他们的家庭提供资助的联邦政府项目）和其他学前项目”。（7）“诽谤同性恋和其他边缘人群”。[③] 由以上几点，我们不难看出，基督教右翼之所以要介入教育，是因为他们把教育本身视为延

① Joel Spring, *Conflict of Interests: The Politics of American Education*（New York: McGraw Hill Companies, Inc., 1998）, p. 24.

② Joel Spring, *Conflict of Interests: The Politics of American Education*（New York: McGraw Hill Companies, Inc., 1998）, p. 232.

③ Joel Spring, *Conflict of Interests: The Politics of American Education*（New York: McGraw Hill Companies, Inc., 1998）, p. 21.

续、维护其宗教传统社会的重要组成部分。而目前的公立教育现状，在他们看来，方方面面都不合乎宗教伦理准则，甚至亵渎和污染了宗教的神圣，正是这种排除了宗教信仰的教育带来美国社会的百弊丛生。

斯宾认为，为抵制排斥宗教的公立学校，20世纪70年代，一些新教教徒就开始拒绝让子女进入公立学校而模仿天主教建立新教学校，故而，70年代是美国私立学校的快速发展期。但是，进入80年代后，他们改变了策略，试图通过政治斗争在公立学校中恢复传统基督教价值教育。这种斗争策略实际上也代表了他们关于教育的行动主张。① 其斗争策略是自下而上的路线：首先是利用社区草根阶层的家长对公立学校的不满，动员家长以协会等组织的方式，要求更换与宗教伦理相违的教科书或剔除教科书中的有关内容，进而将通过建立更大的地区乃至全国范围的组织构成更大的反对力量，对教科书的选择施加影响。阿普尔（Michael W. Apple）在其《文化政治与教育》和其他近年著作中，便对这种组织机制的发育过程进行了细致的分析。② 类似这种范围比较广泛的基督教右翼组织如CEA（Christians for Education Excellence，CEA），NACE（the National Association of Christian Educators，NACE）、WCLRF（the Western Center for Law and Religious Freedom，WCLRF）等，它们不仅反对公立学校中带有现实主义的教学内容，而且反对各种奇幻故事，认为前者给学生带来的影响是“压抑”和“暴力”，而后者则是与恶魔相关的联想。③

在具有一定的群众性基础之后，因为对公立学校的批判立场存在

---

① Joel Spring, *Conflict of Interests: The Politics of American Education* (New York: McGraw Hill Companies, Inc., 1998), pp. 46-48.

② 参见阿普尔《文化政治与教育》，阎光才等译，教育科学出版社，2005；Michael W. Apple, *Educating the "Right" Way (second edition)* (New York: Routledge, 2006).

③ Joel Spring, *Conflict of Interests: The Politics of American Education* (New York: McGraw Hill Companies, Inc., 1998), p. 48.

相似性，特别是因为有着共同的利益趋向，基督教右翼很快便又与其他各种如美国众多私立学校或教师联合组织等宗教性及非宗教性的右翼组织达成比较松散的联盟。与此同时，通过联合宗教界和文化界精英文化机构，如 80 年代开始对美国教育产生重要影响的保守主义文化组织、著名的传统基金会（The Heritage Foundation）等（PFAWF 统计出在美国大约有 300 个有影响的各种右翼组织），建构一套知识和理论话语，试图对地方乃至全国教育的公共政策形成巨大的影响。摩根（Hubert Morken）等对美国非常有影响的基督教组织 FOTF（Focus On the Family，FOTF）的政治运作过程进行了比较细致的分析。1996 年，该组织年收入超过 1 亿美元，其中有 600 万用于出版杂志、宣传品和有声传媒，它拥有公开出版的政策杂志和研究员。1996 年，FOTF 系统阐述了它的教育政策哲学，比较全面地表达了基督教右翼的政策主张，故在此将其主张转述如下：

> 基本原则：上帝创造了儿童并赋予其探求真理和形成美德的理性能力，教育应帮助学生两方面齐头并进。家长是最基本的教育者。
>
> 教育选择：教育政策必须尊重广大家长的世界观，为家长选择如其所愿的公立、私立和家庭学校提供空间；基督教伦理要求政策必须是建立在多元化的、可选择的和竞争性的基础上，以满足所有孩子特别是那些贫困的，以及有着特殊性要求的孩子的需要。
>
> 家长和教育者：教学的责任是存在等级的，首先是家长，然后是教师，最终才是学校委员会；教师在家长之后，根据家长的要求来承担传授‘正派和真理’的角色。
>
> 公立学校和特许学校：公立学校应该继续为大多数孩子提供教育，但是它不应该接受华盛顿的帮助和介入，因此教育部应该

取消。州控制应该压缩，要继续维持可测量的学业优异标准，联合会机构（指教师工会组织——笔者注）应受到抵制；学生自愿性的宗教信仰表达应该得到允许，而且学校要教育学生尊重美国的宗教传统。特许学校的发展是一种好的态势，特别是那些基于一种特殊的教育哲学而创办的学校。

私立学校和家庭学校：卓越的私立学校是最有价值的，可以为所有学校树起榜样并有助于它们的改进。基督教学校由富有责任心的教师和精神志趣（指宗教——笔者注）相投的学生构成，教师以身示范，师生相互激励。家庭学校使得基于个人需要的教育成为可能。对接受家庭学校教育的儿童评估和考试证明，他们比其他孩子学到的东西更多。非政府学校必须受到保护并免于受到政府条例的威胁。

FOTF在教育政策方面的角色：该组织鼓励把学校的可选择视为向所有学校提供帮助，以及减少教育内部冲突的最好方法，这些冲突因为强迫家长接受他们所憎恨的教育而加剧，严格的学术训练、道德品格养成、对家长的尊重及宗教自由是学校之本。特许学校、私立学校和家庭学校将推动人们对那种只存在唯一适合模式认识的抵制。[1]

FOTF关于教育公共政策的主张应该说在基督教右翼中具有相当的代表性，其政策主张的基本核心其实无非就是教育的可选择性。因为他们很清楚，在一个依旧由自由派意识形态主宰的社会政策框架下，要彻底变革整个公共教育传统和推翻政教分离的原则并不太现实，但是他们善于审时度势地利用各种利益群体对教育的不满，在行动纲领

---

① Hubert Morken and Jo Renee Formicola, *The Politics of School Choice* (New York: Rowman & Littlefield Publishing, Inc., 1999), pp. 180-181.

上采取求大同的策略，即倡导教育的竞争性和可选择性。这一点对于保守主义的文化精英（强调卓越的教育标准）、新古典自由主义理念推崇者（支持市场化，反对政府过多干预）、美国新中产阶级群体（支持减税）都有着相当的诱惑力，而且，即使对于美国社会中的底层少数族裔群体来说，它的学券制和特许学校政策因为主张多少开放选择机会也有着一定的蛊惑力。当然，还有一个重要的鲜亮包装，即“可选择性”正体现了美国“民主”的精神实质。

也就是通过这样一个自下而上的社会网络关系建构，基督教右翼由关注社会风化层面而进军教育领域，甚至触及美国公共教育敏感的底线，并且继而进入到政治层面，与共和党相互利用，最终促成了80年代特别是90年代以来美国公共教育改革的议程。今天，尽管学券制、特许学校、家庭学校、标准化考试等改革并没有完全普及全美，传统公立学校依旧占据主导，但是这期间的教育格局变迁及有关公共教育理念的嬗变是巨大的。以往我们总是更多地关注新自由主义和新保守主义对美国教育改革的影响，而通过对基督教右翼的行动策略分析，我们才会真正理解，在选票政治的美国，只有精英阶层的推动而没有一定的民众基础，任何政策都很难成功。而美国目前的教育改革走向便在很大程度上是草根阶层的宗教及其他保守派民众与政治、文化精英互动的结果。从中，我们或许还可以体会到另外更深层次的内涵：美国的教育也是一个民主政治领域，基督教右翼的兴起的确受惠于民主也体现了民主，但它同时也可能为社会民主及教育带来威胁。

三、美国社会对基督教右翼教育政治议程的忧虑

应该说，美国基督教右翼的教育议程进展并不是一帆风顺的，如20世纪80年代里根政府提交的旨在迎合右翼意愿的学费税收免除议

案，先后几次修改提交国会都被否决。[①] 90年代后，特别是在小布什政府上台后，右派进程提速，教育可选择计划开始在全美许多地方迅速扩展，但它依旧受到巨大的阻力，如加利福尼亚州等许多州，其有关学费税收免除、学券制等方案，先后被公民投票否决。如上所述，直至今日，美国传统公立学校依旧是处于绝对主导地位。其实，这也正反映了美国民主政治的特点，右派的兴起既然本身是利用民主的结果，它同样也会受到民主本身的约束，而不可能完全得势。右派可以结盟，但反对派如自由派（包括基督教自由派）、左派的结盟力量同样强大，更何况还有来自教育领域人们的抵制，特别是如美国最大的教育协会NEA，就与之进行毫不妥协的斗争。而如PFAWF类似的组织，其组织的基本宗旨就是反右翼的政治和政策主张，并且与基督教右翼进行针锋相对的斗争。

对于基督教右翼的教育主张，大多反对者，如自由派的批评主要出自对右翼的教育选择计划所带来的教育公共性受到损害，从而会引发教育不平等加剧的忧虑。NEA（National Educational Association，NEA）的批评则不仅涉及教育公正问题，而且担忧因为一系列恶性的竞争，以及标准化开始等带来的对教师的控制及教育生态恶化等问题。另外，所有反对者还有一个共同的忧虑，就是它违背了宪法第一修正案的政教分离原则。批评最为激烈的是美国社会中的左派阵营。美国批判教育领域的知名学者阿普尔、吉鲁（Henry A. Girou）、麦克劳兰（Peter McLaren）等，都对基督教右翼在教育领域的兴起进行了深刻的分析和批判。

最尖刻的批评来自吉鲁，吉鲁认为，随着小布什的连任，宗教“基要主义”所界定的“政治”议程进一步加速，并且宣称要向“好挑

---

① Hubert Morken and Jo Renee Formicola, *The Politics of School Choice* (New York: Rowman & Littlefield Publishing, Inc., 1999), pp. 17-19.

衅的世俗主义偏见”开战。于是，一系列极端言论和行为更加肆无忌惮。如参议员山托姆（Rick Santorum），一位右翼天主教徒，他把堕胎比作奴隶制，主张回归传统而对夫妻全职的家庭肆意谩骂，并且声称他更垂青宗教学校而不是公立教育机构。有人甚至认为，福音派右翼分子、FOTF主席多森（James Dobson）身上的基本标识是“政治、恐吓、仇视和宗派主义”，因为他把同性恋婚姻比作纳粹，支持那些呼吁要对堕胎提供者处以极刑的候选人，鼓动基督教徒让孩子退出公立学校系统。他甚至警告布什和共和党，如果要获得继续支持，就必须在联邦政府启动他的极端主义和道德绝对主义议程。福音派领军人物罗伯逊（Pat Robertson）声称：女性主义者就是“离开她们的丈夫，杀死她们的孩子，施展巫术，摧毁资本主义并成为同性恋的女人”。由上述言论不难发现，基督教右翼在社会道德和文化上表现了一种极端的狂热和坚决不宽容的立场。而这种极端倾向得到一些保守政治家和布什政府的纵容，如许多政客支持学校中抵制进化论而倡导创世论教学，认为所有真理都来自上帝。在诸多议题上，一些州越来越趋于保守和传统，如得克萨斯州通过了禁止同性恋夫妇收养孩子的法案。①

吉鲁认为，对美国民主最大的威胁是“基要主义”信仰与政治结合而形成的政治专制主义（Authoritarianism）。因为它可能会导致社会由宗教狂热而升格为政治激进，社会的民主和公正，甚至宗教信仰自由都会出现危机。从小布什的一段对话中，我们不难体会到这种隐忧存在的合理性：“我觉得上帝要我去竞选总统。我不知如何解释，但是我感到我的国家将需要我……我知道这对我和我的家庭都不容易，但是上帝要我去这样做。”在另一对话中，涉及外交政策时他甚至说，

① Henry A. Giroux, *America on the Edge* (New York: Palgrave MacMillan, 2006), pp. 71-74.

“我正在同天父商量”而不是他的国务卿鲍威尔。① 这段对话的确发人深思，因为它会让人们联想到宗教狂热与一系列极权灾难间的历史关联。

由信仰而催生的政治专制主义在教育中所带来的可怕结果是，学校作为民主机构的性质发生畸变，知识因为信仰的介入而走向独断、霸权和反智主义，教育者和学生的理性、批判思考的能力和空间被剥夺和侵占，学校作为多元化、宽容、自由的民主公共场所而面临挑战，在宗教政治、道德绝对主义的高压下，校园生态面临危机。如吉鲁指出，俄克拉荷马州参议员柯班（Tom Coburn）不仅公开声称应该对做流产手术的医生处以死刑，而且荒唐地认为，俄克拉荷马州的学校女同性恋盛行，学校官员应该只允许一个女生进入浴室。加利福尼亚州参议员德明（Jim DeMint）表示：他不想在公立学校中看到“任何与男朋友生活在一起的单身孕妇”承担教学工作，提出要禁止男同性恋者承担教学工作。②

总之，吉鲁不无警示性地指出，目前美国基督教“基要主义”在美国社会中如此盛行，它与市场、政治、军国主义（militaristic）“基要主义”结合在一起，已经对美国社会文化的所有领域带来巨大影响，甚至动摇了美国民主政治的根基。③

作为激进左派的吉鲁，对基督教右翼的批判无疑难以消除它自身的“激进”色彩。但是，我们确实也不得不认识到，近 20 年来美国社会、文化和教育的众多变化都与基督教右翼存在关联。这一点常常为

---

① Henry A. Giroux, *America on the Edge* (New York: Palgrave MacMillan, 2006), p. 78.

② Henry A. Giroux, *America on the Edge* (New York: Palgrave MacMillan, 2006), pp. 74-75.

③ Henry A. Giroux, *America on the Edge* (New York: Palgrave MacMillan, 2006), p. 81.

我们的研究所忽视，因此需要尤其关注。至于基督教右翼的一系列文化、政治和教育主张是否会继续保持目前这种强劲的态势，这可能是另外一个问题。笔者的基本理解是，美国社会的政治制度特征决定了它不可能是一个不受约束和抑制的力量，与之相左的各种社会组织如ACLU（American Civil Liberties Union，ACLU）和PFAWF、NEA等都对之予以激烈的反弹。在文化界、学术界，主流精英分子绝大部分坚持自由派和左派立场。即使在民间，基督教右翼的营盘也并非铁板一块，更何况它还受到基督教自由派的牵制，如在2006年11月中期的选举，民主党大胜之后，美国包括《纽约时报》在内的许多大小媒体都关注到福音派内部出现的投票倾向变化。阿普尔教授也乐观地认为，美国社会总体趋势上是进步主义（progressive）的，只是在不同的时期会多少偏左或偏右，但不可能完全走向极端。

需要提及的是撰写此文的基本初衷。在近年国内关于教育市场话语中，对英美新自由主义，许多人因为过于强调经济因素而视之为大势所趋，岂不知这种话语背后有着很深刻的文化动因。而对于中国这样一个与英美文化传统差异如此悬殊的国家，撇开文化差异而言目地仿效和制度跟进，即让所谓与国际接轨的经济学思维方式来主导，可能带来的是更严重的问题，近年来中国公共教育的制度变迁及其副效应已经足以值得人们深思！

参考文献

［1］阿普尔．文化政治与教育［M］．阎光才，等译，北京：教育科学出版社，2005.

［2］APPLE M W. Educating the “right” way：markets，standards，god，and inequality［M］. New York：Routledge，2006.

［3］DAVIS J J. Ethical concerns of American evangelical christians relative to genetic interventions and the human genome project，1974 to the present[J]. Ethics and Medicine,2004,20(1):23-33.

[4] GIROUX H A. America on the edge[M]. New York:Palgrave MacMillan,2006.

[5] LINSAY D M. Elite power: social networks within American evangelicalism[J]. Sociology of Religion,2006,67(3):207-227.

[6] MORKEN H, FORMICOLA J. The politics of school choice [M]. New York:Rowman & Littlefield Publishing,Inc. ,1999.

[7] REED R. After the revolution: how the Christian Coalition is impacting America[M]. New York:Word Publishing,1996.

[8] SPRING J. Conflict of interests: the politics of American education[M]. New York:McGraw Hill Companies,Inc. ,1998.

[9] SPRING J. Politics agendas for education: from the Christian Coalition to the Green Party[M]. New York:Lawrence Erlbaum Associates, Inc. ,1997.

论 20 世纪 80 年代美国"选择运动"中的意识形态冲突*

陈露茜

"选择运动"（choice movement）是 20 世纪 80 年代保守主义教育改革的一个重要组成部分，也被称为"公共选择运动"或"公共授权运动"。它始于 20 世纪 80 年代中期，主张通过公共学校的市场化实现分权改革，主要政策表现有校本管理（school-based management）、教师授权（teacher empowerment）、学券制（voucher）、私有化（privatization）、家长参与（parental involvement）和择校（school choice）等。

从抽象意义上来说，"选择"既是自由主义市场经济所奉行的基本原则，也是民主社会的一个根本保障。同时，"选择"作为一个社会理想的"主流象征"，在美国也有着悠久的历史。当欧洲的清教徒和移民者离开旧大陆，驶往新大陆时，本身就怀有对"可选择的"宗教、政治制度理想的憧憬。在教育政策领域，最初提及"选择"一词的是开国元勋——托马斯·潘恩（Thomas Paine，1737—1809）。他指出，政府应为家长提供各种各样的"选择"（monies），"送孩子上学，学习阅读、写作、算术；各个教区、各个教派的牧师们必须联合保障这样的

---

* 本文原载《浙江大学学报（人文社会科学版）》2015 年第 3 期。陈露茜，北京师范大学教育学部副教授，研究方向为外国教育史。

机制，这便是他们的职责”[①]。19世纪中后期，随着大批“新移民”的出现，“选择”又再次为来自天主教国家的移民所用，呼吁建立天主教学校或在学校中允许天主教的儿童阅读杜埃版（天主教的）《圣经》，而不是詹姆斯国王钦定的（清教的）版本，反抗由“清教主义”意识形态占主导地位的公共学校。[②] 到了20世纪50年代，弗里德曼（Milton Friedman，1912—2006）在古典经济学的基础之上，再次诠释了“自由选择”（free to choose），主张实行“学券制”，并且将其“付给那些送孩子到公认的质量合格的学校读书的父母”[③]，为20世纪80年代之后教育领域中的“选择”奠定了理论基础。后来，教育中的“选择”机制也为20世纪六七十年代的平权运动家和浪漫主义、激进主义教育家，如乔纳森·科泽尔等所用，提出了“替代性学校”（alternative school）等方案，用于对抗由“布朗案”引发的种族隔离、黑权运动和教育中的不公正现象，增强社区对学校的控制与管理；[④] 詹姆斯·科尔曼也曾提出“控制性选择”（controlled choice）的方案，并且将其定义为“贫穷的少数族裔可以通过选择学校逃离那些地处市中心的贫民窟学校，从而使这些学校最终摆脱种族和隔离主义文化的阴影”[⑤]。到了20世纪80年代中后期，“选择”再次经历了一个从抽象到具体的再定义与再阐释的过程。在这个时期，所谓“选择”，笼统地从本质上说，就是在参与美国公共学校的各个利益集团之中进行权力的

---

① See David Kirkpatrick, *Choice in Schooling : a Case for Tuition Vouchers* (Chicago: Loyola University Press, 1990).

② See Diane Ravitch and Maris Vinovskis, *Learning from the Past : What History Teaches Us about School Reform* (Baltimore: The John Hopkins University Press, 1995).

③ 参见科恩《教育券与学校选择》，刘笑飞等译，北京师范大学出版社，2008。

④ See Christopher Jenck, "Giving Parents Money to Pay for Schooling: Education Vouchers," *New Republic : Journal of Politics and the Arts* 52, No. 1(1970).

⑤ Michael W. Apple and Kristen Buras, *The Subaltern Speak : Curriculum, Power, and Educational Struggles* (New York: Routledge, 2006), p. 13.

再分配。保守主义阵营认定，美国公共学校的弊端源于政府对教育事务的“集权”与“垄断”，自 19 世纪美国公共学校运动以来所形成的“单一的最优制度”（one best system）是当前美国公共学校中所有问题的根源。因此，要改革教育、重建美国学校，就要进行“放权”（devolution）、“分权”（decentralization）与再“授权”（empowerment）。在这个权力的再分配过程中，保守主义阵营提出了一系列的改革措施，诸如校本管理（school-based management）、教师授权（teacher empowerment）、学券制（voucher）、私有化（privatization）、家长参与（parental involvement）和择校（school choice）等。但正是在这个权力再分配的过程中，保守主义阵营内部出现了激烈的交锋：什么样的学校才是“最有效”的，学校教育的权力该如何在各个利益集团之间进行再分配？这些问题引发了新保守主义与传统派之间的新一轮大辩论。

本文试图通过描述新保守主义与传统派在这场关于“什么样的学校最有效能”的辩论中对“选择”这个“主流象征”的不同解释，分析在教育政策文本中，“选择”是如何被生产的、是如何被“再定义”的；在对“选择”的生产过程中，新保守主义与传统派又遭遇到哪些冲突，这些冲突因何而起，又是怎样结束的，而这一过程又说明了什么；同时，在新保守主义与传统派在“为‘选择’而战”的同时，他们又遭遇到哪些来自外部的批判？

一、“单一的最优制度”导致了学校中的效能“危机”

从北美殖民地时期开始，学校教育就被视为民主和支撑其基本的政治、社会和经济制度的基础。学校教育不仅仅是一种个人的、家庭的需求，而且它成了一种社会的共同需求。20 世纪 80 年代美国的保守主义认为，公共教育，从根本上来说，就是要让儿童形成一种共同的教育经验，形成一套共同的基本价值观和知识，① 进而服务社会，促进种族、阶级的融合，为民主社会和社会公平奠定基础；而且这种公共教育的理念是在19世纪中期的公立学校运动和20世纪初期的进步主义教育运动中得到强化，并且以法律的形式确立下来的——美国50个州的宪法都规定州政府必须要提供“免费的和高质量的公立学校”②，这便是美国教育史学家塔耶克（David Tyack）所指称的民主的、“单一的最优制度”③。

但在保守主义的视域中，他们认为，在这种“单一的最优制度”下，美国公共学校形成以下几个特征：第一，由联邦和各州政府资助中小学，是为经济控制。第二，政府控制着基础教育的课程设置和考试制度，是为知识控制。第三，各州政府和政府所属的教育机构负责教育督导和教育质量的审查，是为政治控制。这三大控制构成了美国学校的“管制”（govern）机制，由政府将严格的规范要求强加于学校，这有碍于建立高效率的组织，遏制了学生的自由成长；“虽然每一个人都希望接受良好的学校教育，而且那些教育体制力图满足人们的需要，但是它们所起的作用适得其反——他们营建的社会情境并不能培育进行高效率学术活动的组织性基础”④。保守主义认为，“单一的最优制度”的弊端的根源在于以下两个方面：“以直接民主的方式（direct

---

① See Mortimer Jerome Adler, *The Paideia Proposal : An Educational Manifesto* (New York: Touchstone, 1998); E. D. Hirsch, *Cultural Literacy : What Every American Needs to Know* (Boston: Houghton Mifflin Company, 1987); T. R. Sizer, *Horace's Compromise : The Dilemma of the American High School* (Boston: Houghton Mifflin Company, 1984); 参见布鲁姆《美国精神的封闭》，战旭英译，译林出版社，2007。

② 科恩：《教育券与学校选择》，刘笑飞等译，北京师范大学出版社，2008，第2页。

③ See David Tyack, *The One Best System : a History of American Urban Education* (Cambridge, Massachusetts: Harvard University Press, 1974).

④ John E. Chubb and T. M. MOE, *Politics , Markets , and America's Schools* (Washington D. C. : The Brookings Institution, 1990), pp. Ⅹ, 2.

democratic control）管理监控学校”和“层级化的科层制（bureaucracy）束缚”。[①]

（一）以直接民主的方式管理监控学校

在20世纪80年代的保守主义视域中，“直接民主的方式”，即意味着学区及其所带来的民主控制（democratic control）制度，这包括教育委员会、督学、学区办公室及联邦教育部。教育委员会是学区的政策制定机构，是由选举产生的；督学是学区的管理首脑，由选举或通过任命产生；学区办公室则是执行教育委员会和督学的政策的层级化机构。[②] 在联邦教育部中，也有类似的官僚选举和任命制度。

保守主义认为，首先，美国社会现有的“民主政治”是具有强迫性的。自进步主义运动以来，美国社会中的“民主”，即意味着另一种形式的权力集中。所谓“民主”的方式，只不过是一种由人们定期选出政治领导进行统治的制度，[③] 普通民众没有能力也不应该进行“统治”，因为在大多数议题上，普通民众都是缺乏明确的概念的，虽然抽象的“民主”试图将权力集中在多数人手中，但在实践中这必然导致“公共权威”（public authority）的出现。“因为公众权威具有很大的价值，并且有广泛的影响力，不同利益的个人和团体都迫切需要它，借以实现各自的目标，并且防止自己的对手有同样的机会。结果就是对公众权威的无休止的争夺。在选举期间，各个利益团体争相在公共部门占据职位，在选举期间则争相对决策者施加影响。在这些过程中，

① 在20世纪80年代，美国保守主义在提及美国公共学校系统中的“科层制”组织结构时，更多的是从否定的意义上来使用“科层制”，特此说明，在行文中便不再赘述。

② John E. Chubb and T. M. MOE, *Politics, Markets, and America's Schools* (Washington D. C.: The Brookings Institution, 1990), p. 5；古德莱德：《一个称作学校的地方》，苏智欣、胡玲、陈建华译，华东师范大学出版社，2006，第291—297页。

③ See Joseph A. Schumpeter, *Capitalism, Socialism, and Democracy* (New York: Harper & Row, 1942).

公众权力只是一张谁都想往上面填数额的空白支票。”① “民主”也就蜕化成了“较高阶级”争夺公共权威的游戏。

其次，“民主政治”还具有不确定性和排他性。在某一次选举或任命过程中，获得公共权威的利益集团没有获得他们在学校里实施权威的财产保证，因此他们的权利是暂时的，随着重新选举、新任命和政治联盟阵营的重组，不断变化的民主政治必将把公共权威赋予另一个利益集团。因此，不论他们费多少周折，制定何种措施，都终将被另外的集团接管、改变甚至完全弃用。所以，如果改革者希望自己采取的新措施可以继续发挥作用，就必须设法避免其他利益团体获得合法的民主化控制的权力。②

“民主”本质的这两个方面进而也驱动了美国教育与学校中的“民主统治”。美国宪法第十条修正案规定，“凡是宪法未曾给予联邦而又未曾限制给予各州的权利，都是保留给各州或人民的”。因此，保守主义认为，在教育领域，州政府便成了这种“公共权威”的代表，同时，州政府又向各个学区机构授权进行管理。那么可以说，公共学校依靠的就是这种“公共权威”，公共学校中所谓的“直接民主”管理，实际上也成了“把较高阶级的价值观强加给学校”的遮羞布。“通过让民众选举和任命管理机构（如校董事会席位和校长）配置决策权力。在这些规则下，‘赢家’（包括个体和团体）的利益就具有了官方性质，于是他们有合法的权力制定公共政策，建立管理机构，将所有人统合到一个政治实体中去；而‘输家’就必须接受和资助这些政策和结构，不论他们有多么不情愿。”同时，“‘赢家’利用公众影响力将他们的政策强加于‘输家’。例如，教师工会可能在某些事务上压倒家长和教育

---

① John E. Chubb and T. M. MOE, *Politics , Markets , and America's Schools* (Washington D. C. : The Brookings Institution, 1990), p. 28.

② John E. Chubb and T. M. MOE, *Politics , Markets , and America's Schools* (Washington D. C. : The Brookings Institution, 1990), p. 42.

管理者，而在其他事物上，商务团体则可能推行并不受教师工会欢迎的改革。这种强制性的管理之所以被广泛地接受，是因为公共权威不属于任何个人或团体，只要遵守特定的规范，赢得相当的民众支持，任何人都可以控制公共权威，制定公共政策并将其手段和目的合法化”①。

保守主义者进而总结道，学校由控制公共权力的群体和个人管理，尽管当地的公民和由他们选举产生的校董事会在表面上“控制”了公立学校，但事实并非如此，地方政府使用的权力只是由政府赋予的，依据政府的兴趣或修改或废止，而且掌控学校的公共权力在法律上归属各级“民主”制度。州政府和联邦政府，以及它们的各级组成部分，有合法的权力资助学校，设立标准，并且把它们的教育政策和组织结构强加给学校。② 家长和学生并非缺乏政治影响力，但即使在一个“完美”的民主制度中，公立学校也不会完全归他们控制，也不会提供他们心目中理想的教育。学校是社会整体的行动机构，每一个人都有权参与，但是他们都不可能是其中的“赢家”，最终他们都必须接受政府给予他们的一切。③

接下来，保守主义批评道，现有的美国公共学校所声称的公共效益与私人效益之间的平衡在很大程度上可能是一种假象。实际上，公立学校没有以“共同的经验”或“共同的价值观”的形式产生明确的

---

① Diane Ravitch, *The Great School Wars: New York City, 1805-1973: a History of the Public Schools as Battlefield of Social Change* (New York: Basic Books, 2000b), p. 313; John E. Chubb and T. M. MOE, *Politics, Markets, and America's Schools* (Washington D. C.: The Brookings Institution, 1990), p. 28.

② John E. Chubb and T. M. MOE, *Politics, Markets, and America's Schools* (Washington D. C.: The Brookings Institution, 1990), p. 30.

③ John E. Chubb and T. M. MOE, *Politics, Markets, and America's Schools* (Washington D. C.: The Brookings Institution, 1990), p. 32.

"公共效益"。[①] "公立学校是民主制度的产物，它们隶属于一个管理的等级体系中。在这个等级体系里，不同的选民群体和公共行政人员把政策强加给学校。公立学校缺少自主权，校长在领导过程中有困难，学校的目标是异质的、不清晰的，也是不严格的，这些并不是偶然现象。能力不强的校长和能长期任教的、工会的教师对权力的争夺，这些也不是偶然现象。这些方面的特征构成了一个组织的综合现象，这些现象也深深地根植于我们所知道的民主管理。"[②]

因此，在保守主义视域中，以直接民主的方式管理控制学校，必然需要公共权威的价值观、推广性的应用和强迫性的权力，这便直接导致了公共学校蜕化为一种具有层级化特征的科层制组织，进而导致了公共学校的低效能。

（二）层级化的科层制束缚

一方面，正如前文所述，从理论角度上来看，民主政治的"强迫性"与"不确定性"必然导致美国公共学校中出现科层制；另一方面，从实践层面上来看，公共学校中也的确存在着这种效能低下的、僵化的科层制束缚。

首先，同其他所有的大大小小科层制组织一样，公共学校也是依靠层级化、劳动分工、专业化、正式规范等方式协调控制其成员，以达到共同的目标，这也是其行动的必要途径。[③] 从美国公共学校的管理、监督部门上来看，在学校一级，有校董事会和校长；在学区一级，

---

① 科恩：《教育券与学校选择》，刘笑飞等译，北京师范大学出版社，2008，第 69 页。

② 科恩：《教育券与学校选择》，刘笑飞等译，北京师范大学出版社，2008，第 319 页。

③ See Max Web, *The Theory of Social and Economic Organization* (Glencoe, Ill. : Free Press, 1947); F. M. Wirt and M. W. Kirst, *Schools in Conflict : The Politics of Organization* (Berkeley: McCutchan, 1982); John E. Chubb and T. M. MOE, *Politics , Markets , and America's Schools* (Washington D. C. : The Brookings Institution, 1990), p. 26.

有学区的督学与教育委员会；在州一级，有“州立学校首席官员”或称之为州督学和州教育委员会；在联邦一级，还有教育部和教育部部长。这在实际上就已经构成了一个严密的层级化组织结构。这个严密的层级化组织还被“民主政治”以某种政策形式包围和调整，并且在“民主政治”的掩盖下不断繁衍滋生。

其次，从教育法律、法规的角度上看，联邦宪法、各州的宪法，以及其他名目繁多的法令、法规也进一步确立并保障了这种所谓的“民主化”和“科层化”的制度结构，并且由此蔓延形成了一个巨大的、分散的、多层次的遍及全国的“组织”网，各种各样的官方组织都拥有对地方学校的决策施加影响的权力。① 特别是从 1979 年以来，在联邦教育部的统一领导下，“联邦的意志与各州的教育政策更加紧密地结合起来”，这便意味着在公共教育领域中，政府的作用在不断加强并越来越成了站在“公共权威”背后的“幕后人”。虽然从形式上看，教育是保留给各州和人民的权力，但实际上存在着各级政府对学校教育的“自上而下”的“统治”（top-down governmental control），这必然导致高度层级化的科层制组织结构，而且这种教育组织制度是绝不可能高效运作的。

因此，保守主义认为，在这样一个高度层级化的科层制学校组织中，学校已经不再是“一个为学生和家长服务的事业，它们不能设立自己的工作目标和计划，其工作目标由政治家、管理人员和各种民主组织设定——这些民主化的控制势力掌握了政治权力。公共学校制度的建立只是为了完成统治阶层希望他们完成的任务，所以他们必须与这些统治阶层的价值观保持一致”②。

① John E. Chubb and T. M. MOE, *Politics, Markets, and America's Schools* (Washington D. C.: The Brookings Institution, 1990), p. 39.

② John E. Chubb and T. M. MOE, *Politics, Markets, and America's Schools* (Washington D. C.: The Brookings Institution, 1990), p. 38.

另外，保守主义还认为，自 20 世纪 70 年代以来，随着“进步主义的复兴”①，进步主义政治家和利益集团控制了越来越多的公共权威并利用它来支持和形成一种科层制的教育系统。通过这种手段，他们将学校教育与他们的政敌隔绝开来——这些潜在的敌人包括其他政党机器、底层阶层、少数族裔和移民等。同时，他们也缩减了学校和教员的自主权，确保美国的孩子们都受到“良好的”教育，被恰当的社会化和接受应有的调教。在充斥着敌对利益集团的政治环境中，科层制是确保进步主义能将自己的价值观贯彻下去且永不被颠覆的关键性策略。②

而且，进步主义教育的这种层级化的“民主”管理方式在损害弱势群体利益的同时，有选择地使某些利益集团受惠：“改革的赢家是商业单位、中产阶级和教育专业工作者，特别是后者，因为他们将管理这个新的官僚制度。……相当比例的弱势群体……他们过去对当地学校的控制权现在大部分被转移到新制度的政治和管理权威的手中——按不久即成为官方学说的标准来说，他们最明白人们需要什么样的教育，以及如何最有效地提供此类教育。”③

总而言之，学校是制度环境的产物，制度环境既塑造了学校组织，也决定了学校的工作绩效。既然美国的公共学校受到“直接民主的方式”的控制管理，就必然烙上了这种制度的印记，形成高度层级化的、缺乏高效运作的、受制于官僚政府的科层制工作制度与环境。因此，“彻底反思美国公共教育的基础已成熟”，为了实现公共学校的成功，

---

① See Diane Ravitch, *BPEP 2000: Reauthorization of The Federal Elementary and Secondary Education Act* (Washington D. C. : Brookings Institution Press, 2000a).

② John E. Chubb and T. M. MOE, *Politics, Markets, and America's Schools* (Washington D. C. : The Brookings Institution, 1990), p. 46.

③ John E. Chubb and T. M. MOE, *Politics, Markets, and America's Schools* (Washington D. C. : The Brookings Institution, 1990), p. 4.

为了实现公共学校的高效运作，首先就要让学校摆脱集中式的、官僚化的、层级化的民主政府政治的控制。对于这一点，传统派与新保守主义达成了共识。

但是，接下来，该如何改革、重建现有的这种无效的公共学校组织呢？既然受制于“公共权威”与“民主政府政治”的学校组织是低效能的，那么什么样的学校组织才是高效能的呢？什么样的学校才是“优效学校”（effective school）呢？对这些问题的追问，导致了保守主义阵营内部意见的分裂，这也使美国公共学校中的“效能”危机进而升格为一场关于教育权力的分配与再分配的争夺，传统派与新保守主义的分歧也就此展开。

二、什么样的学校最有效能

既然“自上而下”的“直接民主政治”和“层级化的科层制组织结构”导致了美国公共学校中的低效能，那么保守主义阵营认为，接下来的改革不能再任由各州政府授权进行集权改革，而是要通过在学校的重要“股东”（stakeholder）之间进行“自下而上”（the bottom up）的权力再分配，改革公共学校自身的结构和管理方式；通过削弱层级化的科层制作用，赋予学校更多的自主权，进而实现“优效学校”。可是，在传统的公共学校之外，怎样才能实现学校的有效赋权——“什么样的学校最有效能”呢？传统派与新保守主义对“选择”这个“主流象征”的论争与再生产便由此展开。

（一）“专业权威控制”与“市场控制”

要对自上而下的公共学校中的“集权”管理进行改革，面临的首要问题是“分权”和再“授权”，那么要将公共学校中由政府掌控的“公共权威”分给谁呢？对“什么样的学校最有效能”的阐释，成了新保守主义与传统派对教育权力进行再生产与再分配的理论依据。

1. 新保守主义：受“专业权威控制”的学校最有效能

首先对公共学校的科层制组织结构发难的是新保守主义。新保守主义认为，学校最根本的职能就是教学，教师是教学工作的主要承担者，教学工作具有极强的专业性，这是一个“最根本的、经受过岁月洗礼的事实”。因此，“最有成效的改革措施来自那些与学生关系最密切的人，即教师”①。目前，公共学校中出现的种种问题是由于在公共学校中缺乏像法学界和医学界那样独立的、“全国性的、有权威的和坚强的根据地团结那许多背景虽不同却与‘学校教育研究’持有同样的理想和希望的教育改革人士”②，因此重建美国公共学校，即使公共学校摆脱各级政府组织的层级化控制，授权教育教学的“专业权威”，加强“专业权威”的自主权，实现公共学校中的“专业权威的控制”。1986年，卡内基教育与经济论坛首先在《准备就绪的国家：21世纪的教师》（*A Nation Prepared : Teachers for the 21st Century*，1986）中强调了要重建公共学校制度，就要实现教师专业化的不断发展，要实现“教师授权”，要改革教师培训；提出了要求取消本科水平的师资准备，将师资储备提高到研究生阶段，每个学校要任命“带头教师”协助监督和管理新进教师及课程的开发；并且要求以教育专家而不是教育部设置的教学标准为基础，建立全国性的教师资格认证制度。③

---

① William H. Clune and John F. Witte, *Choice and Control in American Education : The Theory of Choice And Control in Education* (New York: The Falmer Press, 1990), pp. 93 94.

② 古德莱德：《一个称作学校的地方》，苏智欣、胡玲、陈建华译，华东师范大学出版社，2006，第291—297页。

③ See J. A. Thompson, *The Second Wave of Educational Reform : Implications for School Leadership , Administration and Organization* (Denver, Colo. : Education Commission of the States, 1986); J. Green, *The Next Wave : a Synopsis of Recent Education Reform Reports* (Denver, Colo. : Education Commission of the States, 1987); Stephen L. Murray, *Synthesizing Teacher Testing Policy Options* (Portland, OR. : Northwest Regional Educational Lab, 1986).

所谓"教师授权"，一方面，从新保守主义的阶级基础来看，正如在第一章中分析的那样，20 世纪 80 年代的新保守主义者大多是 20 世纪六七十年代的犹太裔自由主义知识分子，其中还有一大部分都与教师联合会或教师工会保持着千丝万缕的联系，[①] 这从阶级构成上就决定了新保守主义对"专业权威"的认同。另一方面，从专业经验与理论上看，新保守主义认为，第一，好的教学离不开密切的师生关系。第二，成功的学校管理离不开教师专业的自主与自治。第三，专业培训意味着要摆脱外在束缚，完全受专业范式和行为准则的控制。第四，只有专业同行有权监督和评价专业工作者。第五，非专业人员和非专业控制力不能干预专业工作，否则就将导致工作中的低效能。第六，教师通过接受专业培训，服务于学生与学习者，进而影响了学校和教育机构的目标和组织管理。[②]

基于此，新保守主义进一步具体阐释了"教师授权"的内涵，即最有效的学校组织管理机制是由"专业权威"构成的教师"自治"组织：

第一，专业事务理应由"专业权威"来管理。一方面，公共学校中的教学教育工作具有极强的专业性；另一方面，教师中的"专业权威"们是班级课堂的日常管理者，"他们对教学实践的实际效能、学生表现与评价及课堂秩序的维持，最熟悉也最具有发言权"[③]，因此应由"专业权威"承担这项工作，发挥他们的专业知识与技能，发挥他们在

---

① 20 世纪六七十年代，大部分受过高等教育的犹太人和他们的后代都是自由主义者和民主社会主义者，他们都在公立学校中担任过教师。据 20 世纪 60 年代美国教师联合会的统计，犹太裔教师占教师联合会中教师总数的 60%。See Stephen Cole, *The Unionization of Teacher* (New York: Praeger, 1969), p. 95.

② See Eliot Freidson, *Professional Power* (Chicago: University of Chicago Press, 1987).

③ William H. Clune and John F. Witte, *Choice and Control in American Education: The Theory of Choice And Control in Education* (New York: The Falmer Press, 1990), p. 94.

教育决策领域中的专长，组织、管理、决定公共学校中的日常工作。因此，在公共学校中由教师和其他教育者进行“专业控制”是最有效的。

第二，自主的“专业权威控制”能有效对抗现有公共学校中低效的、层级化的科层制管理。在现有的公共学校中，教师的雇佣、任命，教育资源的分配，纪律的制定，奖惩的实施都是由“非专业人员”组织实施的。由于这些“非专业人员”并没有接受过教师专业的“专门训练”，因此他们是无法胜任这些工作的；接受过专业培训的教师，由于“他们能够充分理解、尊重和渗透在学校中实行‘专业权威控制’的必要性”，因此只有教师的专业管理才能实现公共学校中的“优效”。①

第三，为了有效落实“专业权威”，就要充分发挥“全国性”的教师专业组织、协会与教师工会的积极作用。实现公共学校的“专业控制”，并不是要实现教师个体的“专业控制力”，而是要实现教师群体的“自主与自治”。教师群体，不仅是由公共学校中的教师个体共同构成的，还包含了教师工会、专业协会和大学中的教育研究院等专业组织。它不仅包括了各个地方、各州的教师工会与教师协会，还应形成“全国性”的教师组织。② 这些专业组织承担了新教师的培训工作，为教师专业制定了职业与专业资格认证制度，并且通过教师专业规章制度的制定影响学校、教师的工作境况及专业地位。同时，他们还培养了教师的职业忠诚度，为高水平的教学和高效率的教学工作的展开提

---

① William H. Clune and John F. Witte, *Choice and Control in American Education: The Theory of Choice And Control in Education* (New York: The Falmer Press, 1990), p. 95; See Michael Lipsky, *Street Level Bureaucracy* (New York: Russell Sage Foundation, 1980); A. G. Powell, E. Parrar and D. Cohen, *The Shopping Mall High School* (New York: Houghton Mifflin, 1985).

② J. Green, *The Next Wave: a Synopsis of Recent Education Reform Reports* (Denver, Colo.: Education Commission of the States, 1987), p. 7.

供了新思想和新思路。

2. 传统派：由“市场控制”的学校最有效能

传统派并不认同新保守主义提出的“放权于教师”、实现“专业权威控制”的重建主张。传统派指出，“放权于教师”，既不能使个体教师获得所谓的专业控制与自主权，也不能使学校获得自主权；它不仅不能改善现有学校中低效的科层制束缚，还会进一步加强公共学校中的科层制组织结构。[①] 在“授权专业权威”的过程中，获得权力的既不是教师，也不是学校，而是教师工会组织和专业协会。那么，对于教师组织而言，其根本目的就是利用掌握的公共权力维护一己的私利、控制行业人数、增加从业人员的收入，而保护教师独立性、增加教师收入的最有效方式就是专业管理的科层化和人事管理的规范化，[②] 这势必造成教师与学校原有的管理者——校长之间的矛盾，进而导致了公共学校组织内部的消耗，加剧了学校运营的低效能。

因此，传统派提出，“最有成效的改革措施来自那些与学生关系最密切的人，它不是教师，而是家长与学生自身”。第一，家庭应有权为他们的孩子选择他们想要的教育类型。第二，即使在同一类型的学校中，家庭应能选择最适合他们孩子特殊教育需求的学校。第三，学校之间的选择会加强学校之间的竞争力并提高学校效率。[③] 由此可见，传统派主张将教育看作可交换的商品，将家长与学生看作教育商品的消费者，将学校看作教育商品的供给者，并且通过市场这只“看不见的手”，一方面满足消费者的教育需求，另一方面保证教育商品的高效生

---

① John E. Chubb and T. M. MOE, *Politics, Markets, and America's Schools* (Washington D. C.: The Brookings Institution, 1990), pp. 48-50.

② John E. Chubb and T. M. MOE, *Politics, Markets, and America's Schools* (Washington D. C.: The Brookings Institution, 1990), pp. 49-50.

③ William H. Clune and John F. Witte, *Choice and Control in American Education: The Theory of Choice And Control in Education* (New York: The Falmer Press, 1990), pp. 1-2.

产，从而实现学校的“市场控制”。他们深信，“源于市场普遍法则进行的社会重组而引起的加剧竞争，不但会使质量得到改善，而且能向有‘选择自由’的消费者提供种类丰富多样的服务。……这进而‘提高了经济的财富产出潜力，并且带来最贫困的人及优势阶层的共同受益’”①。

在传统派的视域中，学校的首要目标是满足“顾客”，即“消费者”的需求，而市场机制能够更好地保证消费者的需求得到满足。第一，在市场环境中，教育商品的生产者有很强的内驱力去做出决策取悦学生和家长。② 第二，市场机制的一个基本前提是“自由的选择”。人们可以自由地根据自己的利益与需求做出决定。如果家长和学生对某所学校提供的教育不满意，他们可以选择退学，寻找更能满足自己需求的学校。③ 第三，在市场机制运营下，那些不能满足一定数量的教育消费者需求的学校将被淘汰出教育市场。对那些幸存下来的学校来说，它们满足了教育消费者的需求，会渐渐繁荣壮大起来，但是他们也时时面临着新进入市场的学校带来的压力，这些新生力量以更好的方式提供类似的教育服务，或者满足了特定一部分教育消费者的需求。在学生、家长的需求这一动力的推动下，能适应教育消费者需求的学校数量将越来越多。④

因此，传统派认为，将市场的自由竞争引入公共学校，能够真正

---

① G. Whitty,“Consumer Rights Versus Citizen Rights in Contemporary Education Policy”(PhD diss., University of London, unpublished paper, 1994); Michael W. Apple, *Cultural Politics and Education*(New York: Teacher College Press, 1996), p. 92.

② See Milton Friedman and Rose Friedman, *Free to Choose: a Personal Statement*(New York: Harcourt Brace Jovanovich, Publishers, 1990).

③ William H. Clune and John F. Witte, *Choice and Control in American Education: The Theory of Choice And Control in Education*(New York: The Falmer Press, 1990), p. 113.

④ John E. Chubb and T. M. MOE, *Politics, Markets, and America's Schools*(Washington D. C.: The Brookings Institution, 1990), p. 33.

改组层级化的科层制对教育的统一管理与控制，有效地将决策权非中心化，并且将其移交到服务者和消费者手中。一方面，教育的市场化重建把财政、人力资源内的调配和政策制定等权力下放到个体的教育机构之中，强调提供者和消费者在教育领域中双方的义务和责任，尤其是教育消费者的选择，让个人的选择在教育市场中具有最大的机会，促进教育资源配置的最优化，促使学校教育为教育消费者提供最好的服务；另一方面，这只“看不见的手”通过大量非强制的、以营利为目的的商品和服务交易而起作用，对某个特定供应不满意的消费者有权随时把自己的钱用在别处，能够提高整个系统的效率，促使个人利益自动地服从于社会利益的需要。①

总之，传统派主张，受“市场控制”的学校拥有较单一的、较少受约束的管理者、学校委员会、家长环境，拥有较多的自主权，并且能进行强有力的自治与自主领导。受“市场控制”的学校有较清晰的目标、较严格的要求。在受“市场控制”的学校中，校长和教师之间的关系及教师与教师之间的关系比较“和谐”，是互相影响的，并且主要集中在教学上。它既能保证教师更多地参与到学校决策过程中，又能保证教师对工作有较大的满意度，不会引起教师组织与学校管理者之间的对立。② 因此，传统派认为，由“市场控制”的学校最有效能。

（二）“授权于由官方认可的教师权威”与“授权市场”

新保守主义与传统派对“什么样的学校最有效能”的不同阐释，直接影响了他们对“选择”这个主流象征的再生产。新保守主义认为，受“专业权威控制”的学校最有效能，那么在新保守主义的定义域内，“选择”就是要“授权教师权威”；传统派反对片面的“专业权威控

---

① 科恩：《教育券与学校选择》，刘笑飞等译，北京师范大学出版社，2008，第56页。

② 科恩：《教育券与学校选择》，刘笑飞等译，北京师范大学出版社，2008，第319页。

制”，认为这“仅仅是科层制这个坚硬的盔甲上的一丝裂痕”①，而要实现“优效学校”就要实现“市场控制”，选择即“授权市场”。

1. 新保守主义：“选择”，即“授权于由官方认可的教师权威”

新保守主义提出“忽视教师的选择权益就是对学校教育理念的反对”，既然由“专业权威”控制的学校最有效能，因此在教育权力的再分配过程中，新保守主义提出，应将教育的选择权赋予“教师权威”，赋予“全国性的教育专业权威组织”。“选择”，即意味着“授权于由官方认可的教师权威”，为此，就要在各级政府权威之外，建立全国性的职业准入制度与教师资格认证制度②，这便意味着要辅以一套崭新的管理机制：委员会，职业进阶制度，教师教育功能与管理的法律法规，等等。

第一，要在全国范围内开展由教师专业协会举办的“教育测试服务”（Educational Testing Service，ETS）。新保守主义认为，教师只有经过“严格”的、“统一”的教育培训与“专业测验”之后，才能获得教学实践的资格，才能有资格、有效地行使专业权力。由教师专业协会举办，而不是由州政府来举办“教育测试服务”。③ 这一方面有利于鼓励与保障教师的专业化，全国性的教师专业组织可以通过控制教师入职考试的内容与评价标准、评价方式，行使专业的自主权与控制权；另一方面，有利于恢复公众对“教师群体”的信任，④ 将“不合格”的教师清除出教师队伍。

---

① John E. Chubb and T. M. MOE, *Politics, Markets, and America's Schools* (Washington D. C.: The Brookings Institution, 1990), p. 196.

② Stephen L. Murray, *Synthesizing Teacher Testing Policy Options* (Portland, OR.: Northwest Regional Educational Lab, 1986), p. 5.

③ Stephen L. Murray, *Synthesizing Teacher Testing Policy Options* (Portland, OR.: Northwest Regional Educational Lab, 1986), pp. 5-6.

④ Stephen L. Murray, *Synthesizing Teacher Testing Policy Options* (Portland, OR.: Northwest Regional Educational Lab, 1986), p. 7.

第二，建立全国性的教师资格认证与职业阶梯制度。1986 年的卡耐基教育与经济论坛就曾呼吁，要建立一个全国性的机构，对已经掌握高水准的专业性知识、熟练运用教学技巧的教师个人进行资格认证。[①] 霍姆斯小组（the Holmes Group）和美国教师联合会（American Federation of Teachers）主席阿尔伯特·尚克尔也都提出了要建立“职业阶梯”的方案，处于这一阶梯顶端的是由全国性教师专业委员会认可的“带头”教师；在各所学校里，这些带头教师担任主要的管理决策职责。这些改革建议共同孕育了全国专业教学标准委员会（National Board for Professional Teaching Standards，NBPTS）的成立。从 1987 年委员会成立以来，它不仅拟定了教学标准，而且在三十多个领域内确立资格认证制度。获得委员会的资格认证还直接关系到教师的竞争力。在 2004 年，各州及五百五十多个学区都为教师提供经济上的或其他物质方面的奖励，以激励教师考取全国委员会的资格认证。这实际上也体现了“专业权威”与“政府权威”之间的勾结。

由此可见，“授权教师权威”孕育了一套新的权威等级制度，正如传统派所批判的那样，新保守主义的这些举措实际上依然是“新瓶装旧酒”，是在“授权教师权威”外表下导致了教师的“去专业化”。在教师专业测验和全国性教师资格认证制定的过程中，得益的并不是个体教师，[②] 而是“全国性”的专业组织——教师协会和教师工会，他们构建了一个新的“专业”科层制结构，同时还进一步强化了“教育政治家”或“被雇佣的专家”(experts for hire)[③] 的力量。一方面，他们

---

① J. Green, *The Next Wave: a Synopsis of Recent Education Reform Reports* (Denver, Colo.: Education Commission of the States, 1987), p. 7.

② G. Whitty, S. Power, and D. Halpin, *Devolution and Choice in Education: The School, the State and the Market* (Philadelphia: Open University Press, 1998), p. 78.

③ Michael W. Apple, *Cultural Politics and Education* (New York: Teacher College Press, 1996), p. 116；阿普尔，《意识形态与课程》，黄忠敬译，华东师范大学出版社，2003，第 168 页。

是教师教育的专业人员，是教育专家；另一方面，他们又被各级政府所雇用或任命，出任各级教育部门的长官、督学、学监、委员会秘书长等职务，如戴安娜·拉维奇、切斯特·芬恩、阿尔伯特·尚克尔等，[①] 他们的权威不仅来自专业的授权，而且来自各级政府的任命与聘用，代表政府利益行使公共权力。因此，新保守主义所倡导的“教师授权”的真正含义是“授权于由官方认可的教师权威”，站在“全国性专业权威组织”背后的不是个体教师，而是经过官方认可的“合法”权力。无论是“全国性”的教师资格认证制度，还是教育专业考试制度、教师专业阶梯，实际上都是在“直接民主的管理与控制”允许范围内的“虚饰”，只是在原有的“政府权威”控制中寻找到的一种控制学校与教师的“新名称”。校长、教师和教育工作的专业人员不仅没有获得真正意义上的“权利”，而且对这些处于科层制底层的人们的控制反而得到了进一步的加强。

2. 传统派：“选择”，即“授权市场”

传统派依靠制度理论抨击新保守主义“授权于由官方认可的教师权威”的主张，他们指出，“忽视教育的选择要求就是假想所有公众的教育需求一致，就是对停滞不前的教育垄断地位的妥协”[②]，“制约美国公立学校的机构就对学校的科层化和它们组织的成败有不可推卸的责任，反对直接的民主管理促进了一场政治斗争，（教师赋权运动）通过政府争取增强学校重要性的权利，而这一斗争反过来又助长了科层制作风，这也是他们通过反对今后可能得到的政府权力的组织和成为官

---

① 戴安娜·拉维奇与切斯特·芬恩都曾担任过联邦教育部副部长，阿尔伯特·尚克尔在老布什政府中担任过竞争能力政策委员会（Competitiveness Policy Council）筹备委员。

② See Henry Levin, *Public Dollars for Private Schools: The Case for Tuition Tax Credits* (Philadelphia: Temple University Press, 1983).

员进行颠覆的一个重要手段”①。因此，传统派认为，新保守主义倡导的“授权于由官方认可的教师权威”的主张是以维护民主控制制度为前提的，是一种“保守”的、表面化的改革，仅仅是用另一种方式实践“直接民主的控制”的权威。学校依然处于任由“公共权力”宰割的地位，学校本身也依然受到科层制的束缚。

那么，要真正地打破公共学校中的“直接民主的控制”及其维护的科层制结构，实现“优效学校”，就要彻底地“把学校从旧有的秩序限制下解放出来，代之以新的制度环境”，“建立一个全新的公共教育体系”。如果学校是其所处的制度环境的产物，如果说直接民主的管理维护的是科层制的话，那么市场机制则能有效地推进学校的自主决策，那么“彻底的选择，关键在于对公共学校进行市场化改革”②。因此，传统派所谓的“选择”即“授权市场”。

传统派所倡导的旨在“授权市场”的教育改革，是以消费者的需求为指向的。“它只是为家长和学生提供选择学校的一种方式，而对于教育服务的供应方，它们却不采取切实的措施解除其束缚，也不利用政府手段鼓励和促进新式学校的建立，以便形成一个富有活力和新引力的择校反馈机制，为学生和家长提供更好的教育服务。改革者希望通过择校刺激‘竞争’来改善这些学校的质量。”③ 因此，传统派认为，公共学校的市场化改革是一项真正的、全新的公共学校制度，它是建立在学校的独立性、自主权和学生家长的自由择校的基础之上，而不是依靠直接的民主控制和科层制形成的；它不是以政府的公共权力运

---

① John E. Chubb and T. M. MOE, *Politics, Markets, and America's Schools* (Washington D. C.: The Brookings Institution, 1990), p. 167.

② John E. Chubb and T. M. MOE, *Politics, Markets, and America's Schools* (Washington D. C.: The Brookings Institution, 1990), p. 217.

③ Henry Levin, *Public Dollars for Private Schools: The Case for Tuition Tax Credits* (Philadelphia: Temple University Press, 1983), p. 207.

作为中心的，而是围绕学校间的“自由”竞争和学生家长的“自由选择”运作的。因此，市场机制能有效地抑制科层制的组织形式，促成自治、专业化及其一切“优效学校”所应具备的特点。

基于此，传统派提出了“授权市场”改革公共学校的四种模式：第一种模式，“选择公立学校”，它是在一个学区或一个州的范围内为学生提供入学的机会；第二种模式，既可以选择公立学校，也可以选择私立学校，并且通过“学费退税”或补助等形式鼓励家长选择私立学校，从而促进公立学校与私立学校之间的竞争，实现“优效学校”；第三种模式是“政府资助下的私有化改革”，即由政府资助父母，让父母为孩子选择任何一所学校，并且用质量监控、教师资格认证等形式保留政府的宏观控制权；第四种模式是“完全的私有化”，即要取消所有的公立学校和政府对教育的补贴。①

从传统派对“选择”的再定义与具体化的过程中，我们可以清晰地看到古典经济学的基本逻辑，他们试图运用“强市场”的基本逻辑改革公共学校，试图将历史的钟摆拨回到以“弱政府”为典型特征的资本主义自由市场的18世纪，“公共的善与其说是政府有意识追求的理想，不如说是自由的个体追求他们的无限私利的结果”②。但是不可否认的是，市场机制是残酷的。理想的市场环境中的“自由竞争”与“自由选择”依赖的是充分掌握一切可能的信息。这在阶级对立、等级分化的现实社会中是不可能实现的，完全授权市场机制进行改革必然导致“富者愈富，贫者愈贫”的两极分化现象，必然会进一步加剧社会对立与冲突，有碍社会公正的实现。那么，这也是传统派的教育市场化改革备受抨击的原因。

---

① 科恩：《教育券与学校选择》，刘笑飞等译，北京师范大学出版社，2008：第1—2页。

② Eric Foner, *The Story of American Freedom* (New York: W. W. Norton & Company, 1998), p. 8.

综上所述，在面对公共学校中出现的效能“危机”时，作为“政治解释权威”的新保守主义与传统派提出了截然不同的两种重新分配权利、化解“危机”的主张：新保守主义从自身的阶级基础与专业属性出发，从“专业权威控制”的角度对“选择”这个主流象征进行了再阐释，并最终将“选择”定义为“授权于由官方认可的教师权威”，主张实现“合法”的教育专业权威的选择权；而传统派则依靠制度理论和古典经济学的基本逻辑，强调“强市场”功用，要求用市场机制重新构建一个公共学校的基本制度，因此传统派是从“市场控制”的角度来阐释“选择”的，“选择”在传统派的视域中也被具体化为“授权市场”。至此为止，新保守主义与传统派在理论层面完成了对“选择”的再阐释与具体化；接下来，我们将具体讨论这种理论层面上的再阐释在教育政策文本中的表达。

三、“特许学校”在教育政策文本中的确立

新保守主义所主张的“授权于由官方认可的教师权威”与传统派所主张的“授权市场”之间的紧张关系是显而易见的，但是他们之间的冲突又是可以调和的。就如同在上文中所分析的那样，在“优异”的再生产过程中，虽然新保守主义最终控制了知识的内容，但知识传递的方式越来越体现了市场化与商品化的传统派气质。在20世纪80年代中后期，新保守主义与传统派关于“选择”的斗争也是如此，新保守主义与传统派之间的“张力”也在最终的政策文本表达中实现了“妥协”。

“妥协”是在互相对立、互不信任的各方之间形成的一些共识。在新保守主义与传统派之间，由于“政治权力的涨落更迭，政治的不确定性使妥协显得尤为必要，……任何一方要确保自己的利益，就必须

使协议正式化——将所有细节都写入书面文件，并且通过立法保障实施”①。

新保守主义与传统派在“‘选择’战争”中的“妥协”便体现在 20 世纪 80 年代末 90 年代初，新保守主义与传统派对特许学校的共同推崇之中：特里尔·贝尔在阐释将市场机制引入学校改革时说道，“……特许学校理念的出现可能成为最有希望的改革……”②；而理查德·赖利也宣称，“特许学校是提高学术水平、赋予教育家包括家长以权利和责任的一种最有前景的新工具”③。

（一）文本设计中的特许学校

20 世纪 80 年代末 90 年代初，新保守主义与传统派纷纷提出了各种各样的旨在实现“选择”权的改革模式，先后出现了绩效工资（merit pay）、校本管理、学券制改革与私人承包商（private contractors）等改革方案，但由于双方意见相左，因此这些改革在当时并未获得普遍的认同。④ 而唯独只有特许学校在这一阶段获得了新保守主义与传统派的共同支持。⑤

特许学校最初起源于 20 世纪六七十年代自由主义的替代性学校运动，是由美国公共团体创办的一种新型学校。一方面，“这些学校由教师团体或其他一些有资格的个人参与创建和运作，这些办学者在很大

① John E. Chubb and T. M. MOE, *Politics, Markets, and America's Schools* (Washington D. C.: The Brookings Institution, 1990), p. 44.

② See T. Bell, “The Charter-School Plus,” *Education Week* 14, No. 25(1995).

③ See T. Henry, “Riley calls for charter schools,” *USA Today*, No. 14(1996).

④ 绩效工资、学券制改革，特别是私人承包商改革是在 20 世纪 90 年代中期之后随着教育私有化运动的发展，才获得了较大的发展。

⑤ T. G. Geske, D. R. Davis, and P. L. Hingle, “Charter schools: a viable public school choice option?,” *Economics of Education Review* 16, No. 1(1997): 15.

程度上独立于州和地方政府”[①]；另一方面，特许学校是公共资助的学校，它由州、地方学校董事会或其他指定的组织颁发特许状（或合约协议）成立。1989年，明尼苏达州首先开始起草有关特许学校的法案。1991年，明尼苏达州成了第一个颁布法案成立特许学校的州。第二年，加利福尼亚州也效法成立。1993年，以最自由的特许学校立法著称的亚利桑那州也推出了它们的特许学校法。截至1995年3月，已有11个州通过了立法，批准了某些形式的特许学校，有12个州的立法工作正在进行或已经被引入立法工作。

从政策文本上看，特许学校的实质是“在经过协商的规章或契约之下运行的一个自治的教育实体”[②]，其组织者通常是教师、家长，也包括“大学和其他公众与私人实体……地方教育委员会和其他政府当局”。经营特许学校的规章或契约是由组织者和赞助者之间协商的结果，它包括了学校的指导策略、管理与财政标准，学校中使用的评价与测量制度、课程设置，等等。[③] 一旦契约被赞助者、组织者详细地核准，特许学校就变成了一个在法律上、财政上相对独立的实体，其运行独立于当地学区。这使得特许学校具备了与传统的公共学校截然不同的特性，“这种特性……和所提出的其他特性完全不同，是特许实体（如地方学区、州教育委员会，或州的其他部门）、财政的支持、调整的范围和法令的弹性”[④]。因此，从理论上说，一所特许学校可以在

---

① See A. M. Tucker and W. F. Lauber, *School Choice Programs: What's Happening in the States* (Washington D. C.: The Heritage Foundation, 1995).

② L. A. Mulholland and L. A. Bierlein, *Understanding Charter Schools* (Bloomington, IN.: Phi Delta Kappa Educational Foundation, 1995), p. 5.

③ L. A. Mulholland and L. A. Bierlein, *Understanding Charter Schools* (Bloomington, IN.: Phi Delta Kappa Educational Foundation, 1995), p. 5.

④ See W. C. Riddle and J. B. Stedman, *Federal Support of School Choice: Background and Options* (Washington D. C.: Library of Congress, Congressional Research Service Report, 1995).

“完成契约中的承诺”的前提下，自主管理学校事务，包括“……雇佣并分配职员、分派资源。一所特许学校可以自定校址，全部或部分地利用已有的学校设备，包括人员。大体上，绝大多数适用于公立学校的地方学区政策，包括劳资双方就工资问题进行的谈判，以及各州制定的规章和条例，对特许学校是没有约束力的”①。

“共识就是这样产生的，政策也因此在不同的群体之间达成了‘对话’。”②这就是特许学校受到普遍欢迎的原因：它满足了多方面的利益。一方面，它具有公共性，它能够直接得到州政府的赞助，而不必通过地方学区，它是“免费的、非宗教的、非选择性入学的，而且不受种族、宗教或学生身体条件的限制”，这完全符合“美国公立学校的民主理念”③。另一方面，从政策文本上看，在特许学校中新保守主义与传统派达成了巧妙的“妥协”：首先，它扩大了“教育专业权威”的选择权，满足了新保守主义的议程，教师可以加入更自主、更有创新性的学校，教师协会与教师工会及校长可以在人事任用上享有更多的自主权并“直接参与学校运行的各个环节，从课程计划到管理”。其次，由于特许学校必须自主吸引生源，因为其登记注册完全是出于自愿的，因此这有助于引入市场竞争机制，形成由市场驱动的学校教育制度，满足传统派的要求。

（二）特许学校中教师权威与市场权威的利害关系

从文本设计上来看，特许学校中蕴藏着的核心概念是“选择”，它体现的是新保守主义倡导的“授权教师权威”与传统派倡导的“授权

① T. G. Geske, D. R. Davis, and P. L. Hingle, “Charter schools: a viable public school choice option?,” *Economics of Education Review* 16, No. 1(1997): 16.

② Michael W. Apple and Kristen Buras, *The Subaltern Speak: Curriculum, Power, and Educational Struggles* (New York: Routledge, 2006), p. 14.

③ L. A. Mulholland and L. A. Bierlein, *Understanding Charter Schools* (Bloomington, IN.: Phi Delta Kappa Educational Foundation, 1995), p. 10.

市场”之间的妥协平衡关系，是一种可行的试图有效整合新保守主义与传统派提出的两种“选择”理论的学校重组模式，即特许学校是试图在利用公共资金的前提下，既充分实现学校中的教师专业权威的自治，又促进学校成为一个由市场驱动的教育制度。这一方面使“高度自治”成为特许学校的一个基本特征，① 另一方面由于特许学校“资金赞助和规则制定是政府或公共团体的职责”②，各州的立法机构也都以不同的方式授权建立特许学校，因此这又使特许学校具有多样性和可变性。

例如，以科罗拉多州的两所特许学校为例，它们都位于丹佛市（Denver）附近的杰斐逊市郊（Jefferson）的同一个学区。一所是“杰斐逊学院”（Jefferson Academy），这所特许学校是由家长创办的，目的是建立一所教授丰富的知识内容、重视基础的小学。这所学校共有200名学生，主要进行的是培养文化读写能力的基础教育课程，在课堂教学中强调利用教科书指导的传统教学技巧。学院的校长虽然是私人团体聘请的，他在理论上赞成家长提出的教育计划，但他需要更高的自主权以领导学校向前发展。校长有能力利用自治来抵制家长想让学校成为“教会”学校的压力。更重要的是，校长公开宣称学院继续履行其公共责任和义务，这体现了新保守主义的“选择”观。另一所特许学校是“团体参与的特许学校”（The Community Involved Charter School，CICS），它则更倾向于传统派的“选择”逻辑。它与杰斐逊学院位于同一个学区，但在“团体参与的特许学校”中体现的“选择权”则是截然不同的。虽然它是由教师和家长组成的“女子创立者”团体（the foundresses）组建的，但是“团体参与的特许学校”的负责人宣

① T. G. Geske, D. R. Davis, and P. L. Hingle, “Charter Schools: a Viable Public School Choice Option?,” *Economics of Education Review* 16, No. 1(1997): 15.

② H. Levin, “The Economics of Educational Choice,” *Economics of Education Review*, 1991(10): 141.

称，它必须遵照团体的意愿，服从团体去贯彻执行由团体意愿制订的计划，即学校服从创建者团体做出的决定，尊重学生的自主选择并做出反应。它还向每一位学生承诺会创造性实施学生、父母制订的“个性培养计划”。它所提供的多数教学课程都不是传统的学科课程。①

从这两个例子可以看出，即便是在同样的立法机构授权下建立的特许学校，它的自治权力的属性也是存在着不确定性的。因此，如何小心谨慎地在特许学校中维持教师权威与市场权威的利益平衡关系，以及政府在其中的角色，便成了新保守主义与传统派之间能否真正实现“妥协”的关键。

从文本设计的初衷上看，实现特许学校的“高度自治”，为的是让他们能比传统的公立学校更有效率，减少教育官僚机构和政策法规对他们的束缚，使其能充分利用各种教育资源。在 20 世纪 80 年代末 90 年代初，还有人提出要效法英国，建立特许学校授权中心（Grant-Maintained Schools' Center），这是一个专业性组织，它独立于各级政府部门，主要是为特许学校的建立与发展提供信息、指导和忠告。它有权为特许学校提供设备，进行必要的改革，规定学校里职员和教师津贴发放的时间，扩大教师与校长的经营管理权限等。②

但是，正是由于对高度的自治权的追求，使得特许学校在具体经营过程中，更有可能倾向于在运用政策力量维持生存之外，从事其他与教育目标相关的“市场”活动。为了成功地吸引学生，保证生源，特许学校更倾向于走向市场：它们做广告、参加公益活动；注重强调自己的优势、摒弃其弱势；学校也有可能在压力下降低标准，为了不参加评估、提高毕业率，开办应试教育或投入大量的资源维持良好的

---

① See M. A. Raywid, "The Struggles and Joys for Trailblazing: a Tale of Two Charter Schools," *Phi Delta Kappa*, 1995(76).

② T. G. Geske, D. R. Davis, and P. L. Hingle, "Charter Schools: a Viable Public School Choice Option?," *Economics of Education Review* 16, No. 1(1997): 21.

公众形象。[①] 因此，“追求高度的自治权，期望像私立学校那样运营，可能会使特许学校超越由政府严格控制的教育券和‘学费退税’，成为一项市场选择”[②]。

同时，在市场调控之下，如果特许学校里学生的成绩没有提高，或者它们没有能够充分吸引学生，特许学校就会失去特许资格。州立法委员会也会在特许学校没有完成法律规定的最低要求时取消其特权资格。同时，特许学校中的教师权威组织也更愿意保留部分的公共财政机构，像其他所有的公共部门一样，他们也倾向于用行政的方法维持他们的经济情况，这使得特许学校授权中心一度成为强有力的权力部门。另外，在特许学校的董事会中，也有个人或组织代表了政治和经济上的重要力量，这种类型的领导者是不可能允许市场权威决定他们学校命运的。

由此可见，在特许学校的文本设计中，一方面体现了新保守主义与传统派的“妥协”，它体现的是对州政府命令下教育“集权”的改革，主张在政府权力的宏观调控下，实现学校的“高度自治”与“优效”，要兼顾“教师权威”和“市场权威”的意愿；但另一方面，由于特许学校在实践操作层面又具有很强的多样性与可变性，它的真实属性往往取决于当地的政治环境，因此这使得特许学校极易成为隐藏在新保守主义与传统派“妥协”文本中的“特洛伊木马”，成为“伪装成公立学校的私立学校”[③]。1991年，老布什总统在《美国2000年教育战略》的讲演中提到：“每一个美国人都有选择权，有在何处工作和生活

---

① See L. A. Bierlein and L. A. Mulholland, “The Promise of Charter Schools,” *Educational Leadership* 52, No. 1(1994).

② H. Levin, “The Economics of Educational Choice,” *Economics of Education Review*, 1991(10):145.

③ T. G. Geske, D. R. Davis, and P. L. Hingle, “Charter Schools: a Viable Public School Choice Option?,” *Economics of Education Review* 16, No. 1(1997): 23.

的权利。家长可以自由地为子女选择学校的时代到了”，这也标志着官方政策文本对无控制性的“市场权威”的肯定与支持。

到此为止，“选择”符号的生产、再阐释与文本的表达工作已经基本完成，并且在政策文本上为“选择”符号进入传递阶段做好了准备。在为争夺“选择”的解释权的斗争中，虽然新保守主义与传统派达成了表面上的“妥协”与“让步”，虽然新保守主义所拥护的“合法”“官方”的“职业化”和“专业化”与传统派所倡导的“市场化”在“特许学校”这种学校重组模式上获得了相互制衡的权利，但是从 20 世纪 80 年代末 90 年代初开始，随着共和党在政治领域内获得全面的胜利，① 美国的政治环境急剧“右转”，这使得传统派在“书面妥协”而形成的保守主义阵营中占据了相对上风，从而使得“特许学校”更有可能成为“市场化”和“私有化”的一种表现形式。

四、反抗者的声音：“谁能选择”

在“选择战争”中，我们可以清楚地看到新保守主义与传统派的妥协与同盟关系在“特许学校”的文本设计中的达成。但“右派霸权板块”的形成过程，同时也是为实现“社会公正”和“平等主义”而斗争的“左翼”教育改革家对其展开批判的过程。虽然“左翼”的教育家们也认为，目前美国的学校机构有问题，“盲目地支持今天存在的学校也是愚蠢的”，但是“承认这些问题并不意味着保守主义的‘解决方法’是正确的”②。因此，在“为‘选择’而战”的过程中，“左翼”的进步主义与激进主义教育家也对保守主义阵营提出的“专业化”和“市场化”这两种解决方案提出了严厉的批评。

---

① 即便是在克林顿政府时期，共和党还是获得了众议院的控制权。

② Michael W. Apple, *Educating the “Right” Way: Markets, Standards, God, and Inequality* (New York: Routledge, 2006), pp. 7-8.

首先，让我们从倾听美国中西部的工业城市——密尔沃基（Milwaukee，Wisconsin）的一个非裔美国人家庭的故事开始：

（一）劳拉·福德姆的故事

这个故事发生在1996年，“选择战争”在当时早已经开始进入实践层面了。当时在密尔沃基的非裔黑人聚居的社区中出现了一场家长选择运动，许多黑人家长都通过这场学校选择运动将子女送进了非隔离的私立学校。这是一场看似授权家长、实现真正意义上“民主选择”的教育运动。但是，当真正进入这些非裔美国人家庭时，我们就感受到“‘踏破铁鞋无处觅’的市场化选择”与“在他到达之前我们已经锁上并闩牢的门”之间的“秘密”：

劳拉·福德姆（Laura Fordham，假名）是居住在密尔沃基的非裔美国人中的一员，她通过家长选择计划将女儿送进了当地的一所私立学校：

> 对于福德姆女士来说，她之所以选择用教育券把孩子送进这所学校，是因为这所学校离孩子父亲的家很近。在密尔沃基，这是一个很重要的因素。因为学校巴士的出现，在市中心很多与该学校毗邻的公立学校都被撤销了。这不仅给孩子们每天的交通带来巨大不便，而且使家长对公立学校的参与变得非常困难。对很多没有车的家庭来说，就尤为困难。因此，这给人一种感觉，似乎公立学校和它们所服务的社区隔得太远。
>
> 正像福德姆女士所说，“如果她要回公立学校上学的话，她得坐好长时间的巴士，得从城市的这头坐到城市的那头。我不想让她这样每天奔波。最重要的是，孩子有慢性哮喘的毛病，这么坐车根本就不可能”。女士之所以做出转学的决定，是因为头一年她还是努力尝试把孩子送到公立学校过的，但是这样的决定很难继续坚持。“我没法每天接送她。头一年我的确这么做了……每天

> 17.5英里①。结果她的病更严重了，现在我的丈夫也病了，她不得不转校，因为我没时间每天接送了，而且负担不起。”
>
> 福德姆女士怀念起过去，“那时学校比现在好多了，至少公立学校是如此……你可以走几条街便到学校，一路上还可以碰见自己的邻居”。……今天，在密尔沃基，家长们及其捍卫者往往要求附近的接受私有教育券的学校再次承担过去公立学校所扮演的角色。“这很重要，因为我们发现私立学校比公立学校离家长们和孩子们更近……而且你负担得起。”②

福德姆女士的故事告诉我们：与“选择”直接相关的不是儿童的兴趣与爱好，不是学校的属性与质量，而是家长在时间和金钱上的支付能力。

（二）消费者的选择不是民主的担保人

杰夫·惠迪（Geoff Whitty）曾一针见血地指出了传统派的“市场化”解决方案中的“致命逻辑”：“目前越来越多的社会事务领域都以消费者的权力而不是公民权的概念为基础，这种趋向会导致国家公共教育系统的转向，使之成为市场中竞相争夺顾客的单个学校。尽管这看起来好像是对冷漠的、过于官僚化的福利国家供给的回应，但它同样会导致相关的教育重大决策从公共领域转向私人领域，这可能潜在地为社会正义带来巨大后果。在一个已经存在等级分化的社会，原子化的个人决策看起来会为每个人提供平等的机会，事实上却挤压了那些最为无助的人们为摆脱自身的困境而进行集体性斗争的空间。如吉鲁和麦克莱伦所指出的，‘竞争、流动、获得信息的途径、与官僚机构

---

① 1英里＝1.609 344千米，根据原资料采用的英里表示长度单位。

② See T. C. Pedroni,“Strange Bedfellows in the Milwaukee Parental Choice Debate: Participation Among the Dispossessed in Conservative Educational Reform”(PhD diss., University of Wisconsin-Madison, 2003).

打交道、为孩子提供足够的健康和食物保障，这些都并不是每个家庭所能平等拥有的资源’。因此，教育重大决策由公共领域向私人领域的转换，破坏了那些处于弱势地位的人们及群体为自身利益而斗争的基础，由此而潜在地强化了他们的弱势地位。”[①]

在“左翼”进步主义与激进主义教育家眼中，“市场化”逻辑中的核心命题是“消费者的选择是民主的担保人”。他们指出，在传统派的“市场化”主张中，“消费者”是至关重要的，是整个学校制度，乃至整个社会生产的起点；而“民主”也被重新界定为“在无拘无束的市场中保证选择”[②]。世界从本质上说就是一个巨大的超级市场，教育被简单地视作像面包、汽车和电视一样的商品。公民的观念就是消费者的观念，民主就是消费的实践。[③] 这使得民主不再是一个政治概念，而变成了一个完全的经济概念。因此，市场将成为社会价值的最终仲裁者，效率和成本效益分析将成为社会和教育变革的“发动机”[④]，学校必须受制于市场竞争的约束，[⑤] 而且只有这样才能消除教育和社会决策中的“官僚政治”和由此产生的“不合理”与“低效能”，“教育才能保证让每个人受益”。“这些政策的潜台词最好称为‘算术崇拜’，其中独立的个体——作为消费者，是没有种族、没有阶级和没有性别的。”[⑥] 但是，在一个充斥着阶级、种族和性别冲突的社会中，这是不可能实

---

① Michael W. Apple, *Cultural Politics and Education* (New York: Teachers College Press, 1996), pp. 92-93.

② Michael W. Apple, *Educating the "Right" Way: Markets, Standards, God, and Inequality* (New York: Routledge, 2006), p. 39.

③ 阿普尔：《意识形态与课程》，黄忠敬译，华东师范大学出版社，2003，第 31 页。

④ Michael W. Apple, *Educating the "Right" Way: Markets, Standards, God, and Inequality* (New York: Routledge, 2006), p. 36.

⑤ Michael W. Apple, *Educating the "Right" Way: Markets, Standards, God, and Inequality* (New York: Routledge, 2006), p. 33.

⑥ Michael W. Apple, *Educating the "Right" Way: Markets, Standards, God, and Inequality* (New York: Routledge, 2006), p. 32.

现的。一方面，“这种政策带来的一个潜在后果就是对传统阶级和种族等级地位的再生产，……使那些已占有经济文化资产的人比那些没有这方面资源的人从中获取更多的益处”[①]；另一方面，它将带来更加广泛的负面影响，那就是使“支持学校、社会福利、医疗保险、住房和其他公众事业的税收基础日渐萎缩”[②]，这对社会底层而言无疑将会是雪上加霜。因此，传统派的这种“市场化”和“去政治化”的策略的最终结果将导致社会资源和权力中出现越来越多的不平等。

因此，“左翼”的进步主义与激进主义教育家针锋相对地指出，“消费者的选择不是民主的担保人”，“市场化”在建设人们的生活的同时，也在毁灭着人们的生活。南茜·弗雷泽（Nancy Fraser，1947—）论述了这个“毁灭性”的过程：“在男性统治的资本主义社会，什么是‘政治的’通常被界定为什么是‘经济的’和什么是‘民主的’或‘个人的’对立面。那么，在这里，我们能够认可去政治化的社会话语的两种主要机构。第一，是家庭机构，尤其是标准的家庭结构，也就是现代的局限于男性主导的核心家庭。第二，官方的经济资本主义制度机构，尤其是有偿的工作场所、市场、信任机制和‘私有的’企业和公司。一方面，家庭机构通过个性化或家庭化来去政治化，相对于公共的、政治的事情来说，它们把这些看作私人的（家庭的或个人的）家庭的事情；另一方面，官方的经济资本主义制度机构，通过经济化来去政治化，这里的问题被看作非个人的市场法则，或者被看作‘私人’拥有的特权，或者被看作管理者和计划者的技术问题，所有这些都与政治问题形成对比。在这两则案例中，结果是为了理解人们的需要缩短了顺序关系的链条；理解的链条被缩减，并且跨越边界，从而

---

① See K. Buras and Michael W. Apple, "School Choice, Neoliberal Promises, and Unpromising Evidence," *Educational Policy* 19, No. 3(2005).

② Michael W. Apple, *Educating the "Right" Way: Markets, Standards, God, and Inequality* (New York: Routledge, 2006), p. 198.

把‘家里的’和‘经济的’与政治的区别开来。”[①] 由此可见，对于那些没有政治、经济、文化资本的社会底层而言，传统派提出的“市场化”和“去政治化”的主张是无法满足他们的生活需要的，同时还将进一步恶化他们的家庭生活和经济政治生活。

基于此，进步主义和激进主义教育家总结道：传统派的“这种经济模式的扩张，使它在与新保守主义所关注的一个能够控制人的价值观、行为乃至身体的强大国家结合为一体的时候，将不可能为积极公民权提供一种追求社会正义的环境。相反，如此改革将会进一步恶化现存不平等状况的条件”[②]。

（三）专业人士既是被剥削者，又是剥削者

针对新保守主义提出的“授权教师权威”、实现学校的专业化治理的主张，进步主义和激进主义教育家也进行了辩证地思考，指出专业人士（包括教师工会、教师协会、大学与学院中从事教育研究的专家教授）“既是被剥削者，又是剥削者”[③]。

一方面，进步主义和激进主义教育家肯定了教师专业化和职业化的重要意义，强调了传统的教师工会在保障教师职业权利、职业安全和收入方面的积极作用。他们指出，从文本上看，“授权教师”的提出，意味着对抽象意义上的“教师”概念所代表的“专业判断力”的肯定。另外，对教师组织，特别是教师工会组织的肯定，也能增强教师工会在基础建设（plant-level）层面为个体教师的福利与薪酬讨价还价的能力。这些都是尊重教师的“技能化”“职业尊严”和“自主权”的表现。

---

① See N. Fraser, *Unruly practices* (Minneapolis: University of Minnesota Press, 1989).

② Michael W. Apple, *Cultural Politics and Education* (New York: Teachers College Press, 1996), p. 93.

③ Michael W. Apple and Kristen Buras, *The Subaltern Speak: Curriculum, Power, and Educational Struggles* (New York: Routledge, 2006), p. 15.

但是，另一方面，对教师的关注发生在“政府管制”不断增强的“保守主义现代化”的大背景下，由于新保守主义已经全面控制了“合法的知识”，强化了政府在价值判断层面的全面干预，这就使“授权教师”在实际上成了“管制型自主”（regulated autonomy）的代名词，“教师”的工作越来越变得“高标准化”“理性化”与“受到管制”。① 那么，在这种“管制型自主”的条件下，教师的行为实际上受到了严格的控制与审查。② “事实上，在美国的一些州不仅详细规定了教师所教的内容，而且规定了唯一合适的教学方法。如果教师不服从这些具体的‘合适的’方法，将面临制裁的危险。这样一种控制的制度不是建基于信任，而是极度怀疑教师的动机和能力。”③ 因此，这不仅没有实现“教师”的“技能化”与职业尊严，而且导致了严重的“去技能化”和自主权与尊严的丧失，从而使抽象意义上的“教师”（不仅包括教师个体，还包括教师工会、教师协会与教育专业研究人员）成了教育领域内的“被剥削者”。

同时，“授权教师”又孕育了一种新工会主义模式的产生，即“第三代”“职业性的”或“策略性的”工会主义。在这种模式中，教师工会既讨论教育专业问题，同时也讨论经济控制与政治服务领域内的问题，它们服务于“最高利益集团”，“潜在地成为教育决策中管理人员的伙伴”。在新保守主义加强“知识控制”和传统派“放权市场”的双重压力下，“工会将不得不（事实上已经开始）……寻求通过教育服务承包给特许学校并通过与学区和特许学校合作的方式，参与为公立学

---

① See R. DALE, *The State and Education Policy* (Buckingham: Open University Press, 1989).

② Michael W. Apple, *Teachers and Texts: a Political Economy of Class and Gender Relations in Education* (New York: Routledge, 1986), pp. 31-33.

③ Michael W. Apple, *Educating the "Right" Way: Markets, Standards, God, and Inequality* (New York: Routledge, 2006a), pp. 43-44.

校教师引进并修订教学计划的活动”①。因此，新保守主义强调“授权教师”，以及基于此的“教育重建”，并没有给教师个体的专业化、职业化与自主权带来福音，反而使原来“被剥削的群体共享权力的地方”——工会被异化为政府和市场两大“利益集团”的代言人，成了“剥削集团”的代理人，从而使个体教师暴露在“知识管制”与“经济放权”的双重打击之下。②

另外，进步主义与激进主义教育认为，那些在大学的教育学院和教育研究院工作的“教育专家”们，也大多是“被雇佣”的专家。“理论研究只是在有益于那些能够认识到并认真对待控制与剥夺间广泛联系的人群的时候，它才是至关重要的”，“只有把它与现实的形态本质所负载的结构化意义再次结合起来，他们才会为我们提供一些有价值的政治与分析工具”。③ 但是，在现实情况中，这些所谓的“教育专家”，他们在自己的办公室中，在保守主义基金会的赞助下从事着所谓的“批判现实”的研究，④ 因此这些结论具有现实批判性是可想而知的，他们只是在“制造毫无必要的抽象而晦涩的学术商品”。

因此，进步主义与激进主义教育家批评道：新保守主义所倡导的“授权教师”及政策文本所体现的“教师专业化”“职业化”的主张，

---

① G. Whitty, S. Power and D. Halpin, *Devolution and Choice in Education: The School, the State and the Market* (Philadelphia: Open University Press, 1998), p. 73.

② See J. Carl, “Parental Choice as National Policy in England and the United States,” *Comparative Education Review* 3, No. 38(1994).

③ Michael W. Apple, *Cultural Politics and Education* (New York: Teachers College Press, 1996), pp. 116-117.

④ See J. Spring, *Political Agendas for Education: From the Religious Right to the Green Party* (Mahwah, N. J.: Lawrence Erlbaum Associates, Publishers, 2005); S. Selden, “The Neo-Conservative Assault on the Undergraduate Curriculum,” unpublished paper, 2009; J. Stefancic and R. Delgado, *No Mercy: How Conservative Think Tanks and Foundations Changed America's Social Agenda* (Philadelphia: Temple University Press, 1996).

在本质上体现的是“官方的”“合法的”权力，“有如朱利安·班达（Julien Benda）谈到知识分子时所说的那样，职业感几乎被吞噬掉了。追随政策的知识分子内化了国家准则。可以理解，在国家把他们唤到首府之后，国家实际上也就成了他们的赞助人。由此，他们的批评意识也就往往被随即荒弃了。至于那些涉及价值澄清原则的知识分子——文学界的、哲学界的、历史学界的专家们，则躲在慷慨的、作为乌托邦庇护所的、容忍多样化的大学中被磨去了棱角。那种无法想象的令人昏昏欲睡的套话构成他们的主导风格。对后现代主义、话语分析、新历史主义、解构主义、新实用主义等套话的崇拜把他们送上了遥远的天国；对于历史与个人责任重要性的惊人轻视，销蚀着他们对公共事务和公众话语的关注。如此结果是让人看着令人气馁的一种错误言行，同时整个社会也在无固定方向地、不和谐地自我流放。民族主义、贫困、环境破坏、疾病和可怕的普遍的愚昧：这些事只能留给媒体和某几个候选人在竞选时去关心了”①。

（四）谁有选择

在驳斥了新保守主义提出的“授权教师”与传统派提出的“授权市场”的“选择”机制之后，进步主义和激进主义教育家指出，考虑到社会阶级、种族、性别等背景因素，选择机制不可能是“中立的”，在保守主义阵营领导下的“选择”是不可能使“压迫者”与“被压迫者”同时获益的。

在新保守主义倡导的“专业选择机制”中，“选择”能力依赖于职业经验、受教育与培训的经历，以及社会主流精英集团的文化认可；在传统派倡导的“市场选择机制”中，“选择”能力依赖于“消费能力”，即依赖于对社会政治、经济与文化资本的占有。因此，无论采用何种方式，拥有“选择”的前提条件是对“获取信息和理解信息”的

---

① See E. Said, *Culture and Imperialism* (New York: Vintage Books, 1993).

全面占有，而“在较低水平的分层秩序中，家长可能缺少准备和意愿去培养他们的孩子具有更高水平所需要的技能……”①，“在教育中的选择计划，不管是市场机制，还是公共机制，都是倾向于支持更有优势的家庭。选择权的运用，也意味着将孩子送到被选择的学校中的能力。在这方面，任何不提供实际免费或低成本交通选择的市场或公共选择机会，都不利于低收入家庭。家庭收入越高，家庭越有能力支付交通费用，让孩子去那些步行无法到达的学校。在没有容易到达的、方便的、低成本的公共交通的情况下，低收入家庭无法拥有上述那样的选择”②。也就是说，保守主义阵营所谓的新型“民主方式”在实际上终结了民主。

既然在保守主义阵营主张的“选择”机制是以服务“压迫者”为宗旨的，既然保守主义阵营的“选择”机制是具有阶级、种族和性别偏见的，那么，在“选择战争”中，“被压迫者”又该如何为本阶级争取实现真正意义上的“选择”呢？进步主义与激进主义教育家又该做些什么？“这并非不可能。”③ 为此，“左翼”的进步主义和激进主义教育家提出了以下主张：

首先，“左翼”需要向“右翼的成功经验”学习，要“挖掘自己脚下的土地”，要充分利用“右翼”的话语、资源和地位。“反霸权斗争应该利用统治者所给予的主体地位和话语，服务于自身反霸权的事业。”④ 这就意味着“被压迫者”为了赢得真正意义上的“选择”，就要

---

① See M. L. Kohn, *Class and Conformity: a Study in Values* (Homewood, IL.: Dorsey Press, 1969).

② William H. Clune and John F. Witte, *Choice and Control in American Education: The Theory of Choice And Control in Education* (New York: The Falmer Press, 1990), p. 270.

③ Michael W. Apple and Kristen Buras, *The Subaltern Speak: Curriculum, Power, and Educational Struggles* (New York: Routledge, 2006), p. 217.

④ Michael W. Apple and Kristen Buras, *The Subaltern Speak: Curriculum, Power, and Educational Struggles* (New York: Routledge, 2006), p. 277.

从问题的根源出发，即新保守主义与传统派对教育政策文本的解释权的“垄断”出发。而且只有“当被压迫者发出自己的声音的时候，真正的问题才开始得到重视。当被压迫群体能够将他们的文化优势与科学知识的基本要素结合起来并形成一种新的被赋予了权利的知识的时候，他们的话语才得到了充分的表达，并且在教育问题的解决过程中找到了发挥的空间”①。

其次，“左翼”需要对“被压迫者-压迫者”身份的复杂性与双重性有明确的认识。“左翼”教育家指出，在之前的进步主义与激进主义教育运动中，存在着一种“浪漫主义幻想”与“偏见”，即对“被压迫者的有意地偏爱”，但忽视了每一个社会主体的社会地位的多重性与复杂性。虽然“目前的文化认可理论，特别是教育领域中的这一理论，在很大程度上都建立在存在着一种‘被压迫者意识’的假设基础上——该意识拒绝接受统治阶级的文化，抵制为其所同化，甚至拒绝向既有的社会不平等权力关系低头。虽然被压迫的经验确实对形成这样一种意识有所推动，但这并不是一成不变的，也不总是进步性的”。例如，在传统派提出的以“消费者”为核心的公共学校市场化改革方案中，大多非裔美国人家长都对“纳税为公立教育买单”表示支持，并且向往带有社会主流和保守主义特征的“纳税人”身份认证。② 因此，在为实现真正意义上的“选择权”而斗争的过程中，“如果我们不能正视每个群体在历史中或其身份中所具有的被压迫性-统治性的双重性和复杂性，我们就无法在理论上对该现象所蕴含的权力和‘去权力化’症结

---

① Michael W. Apple and Kristen Buras, *The Subaltern Speak: Curriculum, Power, and Educational Struggles* (New York: Routledge, 2006), p. 240.

② See T. C. Pedroni, “Strange Bedfellows in the Milwaukee Parental Choice Debate: Participation Among the Dispossessed in Conservative Educational Reform” (PhD diss., University of Wisconsin-Madison, 2003).

予以剖析和解释”①。

再次，“左翼”不仅需要抽象性的、战略性的思考，而且更需要具体情境中的实践行动。一方面，进步主义与激进主义教育家们不仅需要从抽象理论的研究层面，对保守主义教育政策文本进行无情的鞭笞，而且需要让“被压迫者”在现实生活中感受并理解与保守主义承诺的“专业权威控制”“市场控制”不相符的事实与证据，要在实践生活中揭露保守主义提出的“授权教师”“授权市场”等“口惠而实不至”的谎言。另一方面，进步主义与激进主义教育家还要“找出那些与被压迫者群体形成共鸣的关注点，并且以此出发提出真正有建设性的进步主义主张”。

最后，进步主义与激进主义教育家还指出，在教育领域内，“我们所做的变革是不能简单地用统计数据加以衡量的”。虽然统计数据能够反映入学儿童的人数在增加、中途辍学率在显著下降，但是数据本身并不能说话，这些“增加”代表了什么，那些“下降”又说明了什么，这些都是普通大众所无法真正接触到的专业领域，也正是新保守主义与传统派牢牢把持的阵营，正是保守主义阵营“人为”控制的领域。②数据无法说明“教师、学生家长和学生在对教育作用的理解，以及在对知识本质的理解方面所发生的变化”，“虽然在报告中、在媒体上，人们都希望用数字来说明问题，但是这些真的是不能够简单量化的”③，因此“左翼”必须对“右翼”的力量有清醒的认识，在战术上必须做

---

① Michael W. Apple and Kristen Buras, *The Subaltern Speak : Curriculum , Power , and Educational Struggles*(New York:Routledge,2006),pp. 272-273.

② See D. C. Berliner and B. J. Biddle, *The Manufactured Crisis : Myths , Fraud , and the Attack on America's Public Schools*(New York: Addison-Wesley Publishing Company, 1995).

③ Michael W. Apple and Kristen Buras, *The Subaltern Speak : Curriculum , Power , and Educational Struggles*(New York:Routledge,2006),pp. 239-240.

好充分的准备。

总而言之，进步主义和激进主义教育家认为，在争夺“选择权”的“选择战争”中，进步主义的反压迫力量要坚定地参与到“身份政治”之中去，要谨慎地围绕着历史的构建来重建“新的常识”；既要揭露保守主义阵营将“不可说的变成可说”的阴谋，又要在抽象理论和具体实践两个层面上重建进步主义话语；同时，“左翼”不仅不能对“被压迫者”心存幻想，还要自觉揭示他们存在的问题，既要防止伪装成“被压迫者”的“压迫者”，又要预防保守力量的合流。只有如此，那些真正需要“民主”与“选择”的“被压迫”群体才能真正获得“选择权”。

综上所述，本文主要围绕着 20 世纪 80 年代中后期 90 年代初期出现的关于公共学校机制重建的问题展开，它涉及学校机制中的权力再分配问题，及其在政策文本中的表达。这一过程实际上也是新保守主义与传统派对 20 世纪 80 年代教育政策文本中的另一个主流象征——“选择”的生产与再阐释的过程：新保守主义与传统派首先从质疑与揭露由“单一的最有制度”——公共学校制度引起的教育低效能“危机”出发，批评了在现有公共学校中出现的“直接民主管制”与“层级化的科层制结构”，并且进一步提出了“自下而上”的改革与重建方案——“选择”权利的实现。接下来，新保守主义与传统派分别开展了将抽象的“选择”符号具体化的工作：新保守主义认为，受“专业权威控制”的学校最有效能，“选择”即“授权教师权威”；而传统派则认为，受“市场控制”的学校最有效能，“选择”即要“授权市场权威”。在这个将“不可说的变成可说”的过程中，新保守主义与传统派遭遇了意识形态上的冲突，但在政策文本中他们达成了“书面的妥协”——即在这一时期“特许学校”开始成了备受推崇的学校重建方案之一。在对“特许学校”进行文本设计时，新保守主义与传统派试图兼顾“专业化”与“市场化”这两种意愿，在保证公共资金和实现学校中专业自主权的同时，将市场化的竞争机制与“消费者”的观念引入公共学校，达成了“专业主义”“职业主义”与“强市场”的联合。就这样，新保守主义与传统派在文本妥协中完成了“选择”符号生产的全过程，并且为其进入符号传递领域做好了充分的准备。

另外，在新保守主义与传统派辩论和对话的过程中，在“右翼”保守主义阵营外部，“左翼”进步主义和激进主义教育家对保守主义阵营的学校重建“解决方案”进行了严厉地批评。他们揭露了隐藏在保守主义“选择”符号中的“身份政治”，指出无论是以竞争、效能、利益最大化为最终目标的市场化改革，还是在社会精英文化认同与核准下的专业化改革，都是为“压迫者”的利益服务的，是具有阶级、种族和性别偏见的。因此，在新保守主义与传统派引发的“选择战争”中，进步主义和激进主义教育家提出了“谁能选择”的质疑，提出了要“学习右翼的成功经验”，由“被压迫者”“澄清”进步主义话语体系的解决方案。

由此可见，在“学校选择运动”中提出政策文本与文字符号——“选择”，已经沦为新保守主义与传统派这两大意识形态集团自我粉饰的政治工具。新保守主义与传统派在将抽象意义上的“选择”具体到政策文本时，“选择”原来所承载的意义与理念早已被剥夺殆尽，取而代之的是新保守主义与传统派要求其承载的意义与价值观。因此，“学校选择运动”本身也成了一场经过精心策划的、必然出现的“政治演出”，因此我们必须对其进行批判性的反思。

运用批判性反思研究美国公共教育史，并不意味着一味地否定美国公共教育的价值。葛兰西所谓的“理智上的悲观主义”和“意愿上的乐观主义”态度就是要告诉我们，公共教育既可以成为宣传反动力量的舞台，也能成为释放进步力量的地方；这是因为公共教育毕竟是“民主政治教育开始的地方”，毕竟是“一个新的社会秩序的教育”开始的地方。威廉姆斯也曾强调，“因为旧原则与实践的缺陷，而拒绝新原则与实践是荒谬的，因为正是这些缺陷使得变革成为必要”[①]。这正说明了在进行批判性反思的同时，保持辩证思维的必要性。

当前，在我国的基础教育改革与基础教育研究中，出现了诸多盲目跟风欧美教育实践，以及盲目崇拜欧美教育行为的现象，虽然从表面上看西方世界的教育实践似乎存在着种种优势，但西方各国的教育改革是深深地根植于各个国家的政治文化传统与社会统治结构之中的，在其教育政策与教育实践中依然存在着种种问题。

参考文献

[1] 阿普尔. 意识形态与课程［M］. 黄忠敬，译. 上海：华东师范大学出版社，2003.

[2] 布卢姆. 美国精神的封闭［M］. 战旭英，译. 南京：译林出版社，2007.

[3] 古德莱德. 一个称作学校的地方［M］. 苏智欣，胡玲，陈建华，译，上海：华东师范大学出版社，2006.

[4] 科恩. 教育券与学校选择［M］. 刘笑飞，译. 北京：北京师范大学出版社，2008.

[5] 扬. 知识与控制：教育社会学新探［M］. 谢维和，朱旭东，译. 上海：华东师范大学出版社，2002.

[6] ADLER M J. The paideia proposal：an educational manifesto [M]. New York：Touchstone，1998.

[7] American Federation of Teacher. School based management [R]. Radius，1988.

[8] APPLE M W. Cultural politics and education[M]. New York：

---

① G. Whitty，S. Power and D. Halpin，*Devolution and Choice in Education：The School，the State and the Market*（Philadelphia：Open University Press，1998），p. 141.

Teacher College Press,1996.

[9] APPLE M W. Educating the "right" way:markets,standards, god,and inequality[M]. New York:Routledge,2006.

[10] APPLE M W. Teachers and texts:a political economy of class and gender relations in education[M]. New York:Routledge,1986.

[11] APPLE M W,BURAS K L. The subaltern speak:curriculum, power,and educational struggles[M]. New York:Routledge,2006.

[12] BERLINER D C, BIDDLE B J. The manufactured crisis: myths,fraud, and the attack on America's public schools[M]. New York:Addison-Wesley Publishing Company,1995.

[13] BIERLEIN L A, MULHOLLAND L A. The promise of charter schools[J]. Educational Leadership,1994,52(1):34-40.

[14] BURAS K,APPLE M W. School choice,neoliberal promises, and unpromising evidence [J]. Educational Policy,2005,19(3):550-564.

[15] CARL J. Parental choice as national policy in England and the United States[J]. Comparative Education Review,1994(3):294-322.

[16] CHUBB J E, MOE T M. Politics, markets, and America's schools[M]. Washington D. C. :The Brookings Institution,1990.

[17] CLUNE W H,WITTE J F. Choice and control in American education:the theory of choice and control in education[M]. New York: The Falmer Press,1990.

[18] COLE S. The unionization of teacher[M]. New York:Praeger, 1969.

[19] DALE R. The state and education policy[M]. Buckingham: Open University Press,1989.

[20] FONER E. The story of American freedom[M]. NewYork: W. W. Norton & Company,1998.

[21] FRASER N. Unruly practices[M]. Minneapolis：University of Minnesota Press，1989.

[22] FREIDSON E. Professional power[M]. Chicago：University of Chicago Press，1987.

[23] FRIEDMAN M，FRIEDMAN R. Free to choose：a personal statement[M]. NewYork：Harcourt Brace Jovanovich，Publishers，1990.

[24] GESKE T G，DAVIS D R，HINGLE P L. Charter schools：a viable public school choice option? [J]. Economics of Education Review，1997，16(1)：15，16，21，23.

[25] GREEN J. The next wave：a synopsis of recent education reform reports. teaching in America：the possible renaissance[M]. Denver，Colo. ：Education Commission of the States，1987.

[26] HENRY T. Riley calls for charter schools[R]. USA Today，1996，14.

[27] HIRSCH E D. Cultural literacy：what every American needs to know[M]. Boston：Houghton Mifflin Company，1987.

[28] JENCK C. Education vouchers：giving parents money to pay for schooling[J]. New Republic，1970(1)：19-21.

[29] KIRKPATRICK D. Choice in schooling：a case for tuition vouchers[M]. Chicago：Loyola University Press，1990.

[30] KOHN M L. Class and conformity：a study in values[M]. Homewood，IL. ：Dorsey Press，1969.

[31] LEVIN H. Public dollars for private schools：the case for tuition tax credits[M]. Philadelphia：Temple University Press，1983.

[32] LEVIN H. The economics of educational choice[J]. Economics of Education Review，1991(10)：141-145.

[33] LIPSKY M. Street level bureaucracy[M]. New York：Russell

Sage Foundation,1980.

[34] MULHOLLAND L A, BIERLEIN L A. Understanding charter schools[M]. Bloomington, IN. : Phi Delta Kappa Educational Foundation,1995.

[35] MURRAY S L. Synthesizing teacher testing policy options [M]. Portland,OR. :Northwest Regional Educational Lab,1986.

[36] PEDRONI T C. Strange bedfellows in the Milwaukee parental choice debate: participation among the dispossessed in conservative educational reform[D]. Madison:University of Wisconsin-Madison,2003.

[37] POWELL A G,PARRAR E,COHEN D. The shopping mall high school[M]. New York:Houghton Mifflin,1985.

[38] RAVITCH D, VINOVSKIS M A. Learning from the past: what history teaches us about school reform[M]. Baltimore:The John Hopkins University Press,1995.

[39] RAYWID M A. The struggles and joys for trailblazing:a tale of two charter schools[J]. Phi Delta Kappa,1995,76:555-560.

[40] RAVITCH D. BPEP 2000: reauthorization of the federal elementary and secondary education act[M]. Washington D. C. :Brookings Institution Press,2000.

[41] RAVITCH D. The great school wars: new york city, 1805-1973:a history of the public schools as battlefield of social change[M]. New York:Basic Books,2000.

[42] RIDDLE W C, STEDMAN J B. Federal support of school choice: background and options [M]. Washington D. C. : Library of Congress,Congressional Research Service Report,1995.

[43] SAID E. Culture and imperialism[M]. New York: Vintage Books,1993.

[44] SCHUMPETER J. Capitalism, socialism, and democracy[M]. New York: Harper & Row, 1942.

[45] SIZER T R. Horace's compromise: the dilemma of the American high school[M]. Boston: Houghton Mifflin Company, 1984.

[46] SPRING J. Political agendas for education: from the religious right to the Green Party [M]. Mahwah, N. J. : Lawrence Erlbaum Associates, Publishers, 2005.

[47] STEFANCIC J, DELGADO R. No mercy: how conservative think tanks and foundations changed America's social agenda [M]. Philadelphia: Temple University Press, 1996.

[48] THOMPSON J A. The second wave of educational reform: implications for school leadership, administration and organization[M]. Denver, Colo. : Education Commission of the States, 1986.

[49] TUCKER A M, LAUBER W F. School choice programs: what's happening in the states[M]. Washington D. C. : The Heritage Foundation, 1995.

[50] TYACK D. The one best system: a history of American urban education [M]. Cambridge, Massachusetts: Harvard University Press, 1974.

[51] WEB M. The theory of social and economic organization [M]. Glencoe, Ill. : Free Press, 1947.

[52] WIRT F M, KIRST M W. Schools in conflict: the politics of organization [M]. Berkeley: McCutchan, 1982.

[53] WHITTY G. Consumer rights versus citizen rights in contemporary education policy [Z]. London: University of London, unpublished paper, 1994: 1-2, 13, 18-21.

[54] WHITTY G, POWER S, HALPIN D. Devolution and choice in education: the school, the state and the market [M]. Philadelphia: Open University Press, 1998.

论 20 世纪 80 年代美国“优质运动”中的意识形态冲突*

陈露茜

20 世纪 80 年代是保守主义实现全面复兴与现代化的时代。保守主义复兴的一个重要议程就是要在全社会范围内进行斗争，不仅要争夺经济的领导权，而且要站在教育文化道德战线的最前沿。他们秉持的基本信念是，“如果一个团体想真正拥有统治地位，真的想重建一个新的社会结构，经济上的统治地位必须与‘政治、道德和文化上的统治地位’相关联”，“赢得了政权也必须同时赢得世俗社会”。① 公共学校是保守主义在全社会范围内斗争中最为成功的一个领域。它将自由市场与国家宏观调控的经济理论成功地引入人们对经验、道德、义务和常识的是非判断中，并与基要主义（fundamentalism）相结合，形成了一个保守主义阵营。② 而本文的研究问题便由此而起：保守主义在公共学校的“斗争”是如何展现的？保守主义阵营在内部遭遇了何种冲突斗争，又在外部面对何种挑战？这些冲突是因何而起，又是如何结束的？20 世纪 80 年代初的优质运动（excellent movement）则为我们充

---

* 本文原载《教育学报》2012 年第 2 期。

① Michael W. Apple, *Official Knowledge: Democratic Education in a Conservative Age*(New York: Routledge, 2000), pp. 21-23.

② Michael W. Apple, “Can Critical Pedagogies Interrupt Rightist Policies?,” *Educational Theory* 50, No. 2(2000): 230.

分展现了这一过程。

优质运动发端于1983年，《国家处于危机之中》是其源点。优质运动是围绕着对“优质”这一概念符号的批判、生产与再批判展开的，进步主义、保守主义中的各个流派——保守主义传统派（traditionalist，以下简称传统派）与新保守主义（neoconservatives）[1] 及激进主义[2]是该运动的主要参与者。

---

① 关于保守主义阵营中各方势力的划分，不同的学者根据不同的标准，往往得出不同的结论。本文主要根据保守主义阵营中不同政治利益集团的不同起源，认为在20世纪80年代，保守主义阵营中包括两大主要势力：传统派与新保守主义。传统派，也被称为“新”保守主义（New Conservatism）、极“右翼”（Radical Right）、新“右翼”保守主义（New Right Conservatism）等。它起源于18世纪的美国，受到了埃德蒙·柏克（Edmund Burke，1729—1797）对法国大革命强烈批判的影响，《联邦党人文集》（*The Federalist Papers*）是其在美国形成的标志。从20世纪40年代起，传统派开始在美国的思想理论界复兴，涌现了哈耶克（Friedrich von Hayek，1899—1992）、理查德·韦弗（Richard Weaver，1910—1963）、拉塞尔·柯克（Russell Kirk，1918—1994）、列奥·斯特劳斯（Leo Strauss，1899—1973）等一系列著名的理论家。20世纪80年代，传统派及其赞助人传统基金会（The Heritage Foundation）把持着第一届里根政府和老布什政府的内政外交。新保守主义，也被称为“假”保守主义（pseudo-conservative）、保守主义的中间派（centrist conservative）。他们起源于20世纪60年代的自由主义和民主社会主义，是“被现实劫掠的一代人”。1973年，迈克尔·哈灵顿（Michael Harrington）首次用“neoconservative”指称他们，称他们是“一个逐渐兴起的保守主义群体——走向‘右翼’的前自由主义者和‘左翼’”。纳森·格拉泽（Nathan Glazer，1924— ）甚至还认为，新保守主义者“就是原先那些非保守主义者”。20世纪80年代，新保守主义的代表人物主要有赫什（E. D. Hirsch, Jr., 1928— ）、切斯特·芬恩（Chester Finn, Jr., 1944— ）、特里尔·贝尔（Terrel Bell，1921—1996）和戴安娜·拉维奇（Diane Ravitch，1938— ）等。

② 激进主义是保守主义的另一个对立面，它受到20世纪70年代“非学校化运动”的影响，认为学校与社会一样，都已经成了机构化、制度化、官僚化、商品化、特权性、垄断性、异化人性的“分类机器”，它既导致物质上的贫富差别不断扩大，也导致依附与无能心理及以此为特征的贫困文化日益增强；学校是社会堕落的罪魁祸首，它既无法满足学生必修技能的需要，也无法满足“自由教育”或“人性教育”的需要。因此，激进主义的基本立场是反对国家与市场双元制衡的教育改革，反对公共学校与制度化的公共教育，认为学校是维护现有社会的阶级等级秩序、制造社会不平等、阻碍社会公平实现的根源。

一、进步主义导致了学校中的知识“危机”

保守主义在公共学校领域的斗争是从宣告与分析公共学校中知识“危机”开始的，《国家处于危机之中》便是其战斗的檄文。传统派与新保守主义一致认为，当前美国公共学校面临着最严峻的问题就是学术类课程被大规模地压缩与削减，丧失了其在公共学校中的核心地位；大批的学生浑浑噩噩地度过了学生时代，而没有习得真知（genuine knowledge）；学校教育失去了方向，失去了重心，丧失了在延续美德和培养理性方面的功能。① 而导致这一切恶果的根源就是进步主义信条对美国公共教育中的“钳制”②。保守主义反对进步主义在 20 世纪 50 年代就已经消亡的观念。他们认为，20 世纪的美国教育史就是一部进步主义对保守主义征战史，就是一部“反智主义对理智主义的压迫史”。“美国的公共教育，从本质上说，就是（进步主义）在机制上和思想上的垄断。”③ 这“垄断”就是长期以来“浪漫-进步主义”所奉行的“学生中心”“自然主义”“过程导向”“思维方式导向”信条对公共学校的控制所造成的。它包括两个层次：“意识形态观念上的霸权”与“实践政策上的垄断”。

（一）进步主义的“意识形态霸权”

在保守主义的视域中，进步主义对公共教育的“意识形态霸权”开始于 20 世纪二三十年代，它在 20 世纪 50 年代遭遇低潮，在 20 世纪

---

① D. Ravitch, *Left Back : a Century of Battles over School Reform* (New York: Simon & Schuster, Inc., 2000), p. 16.

② K. Buras, *Rightist Multiculturalism : Core Lessons on Neoconservative School Reform* (New York: Routledge, 2008), p. 40; D. Ravitch, *Left Back : a Century of Battles over School Reform* (New York: Simon & Schuster, Inc., 2000), pp. 15-16.

③ E. D. Hirsch, *The School We Need and Why We Don't Have Them* (New York: Doubleday, 1996), p. 63.

60年代实现了复兴。[①] 保守主义认为，横行于美国公共教育中的进步主义“意识形态”主要包括以下几个因素：

1. 浪漫主义因素

18世纪末在欧洲出现的、以卢梭（Jean-Jacques Rousseau，1712—1778）、席勒（Friedrich Wilhelm Joseph Schelling，1775—1854）、裴斯泰洛齐（Johann Heinrich Pestalozzi，1746—1827）、福禄贝尔（Friedrich Fröbel，1782—1852）为代表的浪漫主义对美国的进步主义教育运动产生了巨大的影响。首先，浪漫主义主张性善论，“出自造物主之手的东西，都是好的，而一到了人的手里，就全变坏了”。其次，浪漫主义主张要进行自然主义教育，儿童既不是“小大人”，也不仅仅是一块“白板”，儿童既具有“自由、理性和良心”的天性，也具有认识世界的巨大能量，理性使人认识事物，自由的意志使人选择事物，良心使人热爱正确的事物，最终使人获得知识与道德。因此，教育只有尊重儿童的天性，采用“归于自然”的教育方法，才能够培养“自然人”。

保守主义认为，美国的进步主义虽然继承了浪漫主义的这些基本原则，但走向了极端，从而导致了公共教育中学生的学业不精。他们认为，在浪漫主义的影响下，形成了进步主义所秉持的两大原则，第一是发展主义（developmentalism）的原则，第二是反智主义（anti-intellectualism）的原则。

第一，发展主义原则，即主张知识来源于经验，要让儿童在实际活动中自觉、自动地学习，要激发儿童的好奇心和兴趣、采取直观教学的方法等，让儿童更加主动地投入学习活动中。虽然保守主义并不反对将发展主义作为基本的教学原则之一，但是他们认为进步主义将

---

① D. Ravitch, *Left Back: a Century of Battles over School Reform* (New York: Simon & Schuster, Inc., 2000), p. 16.

发展主义普遍化和泛化了。他们认为，在教学中是否要采用发展主义这项原则，应该视具体的学科、具体的学生而定。首先，保守主义认为，虽然学生的兴趣和主动参与有助于学生能更好地掌握所学的知识，但是教师的讲授和示范永远会是“最迅速”和“最安全”的教学方法。① 特别是在语法、数学、科学等学科中，教师的讲授和学生的反复练习永远将是最有效的教学方法。发展主义不是放之四海而皆准的真理，美国的公共学校之所以对发展主义的原则有着如此执着的信仰，是由于对进步主义将浪漫主义的“自然的结果就是好的结果”②、“自然的”总是要优于“人为的”等理念进行了极端化的阐释和理解而导致的。③ 其次，片面地执行发展主义原则，将成为教育不平等的根源。保守主义认为，片面地反对“非自然”的书本知识、反对“不适宜”的努力学习、贯彻发展主义的原则，将最终导致处境不利儿童的学业失败。学习是需要不断累积的，如果仅仅遵循发展主义的原则，那么来自社会中上层家庭的儿童由于有着良好的家庭教育背景、有更多的机会可以在校外接触到许多与课堂教学相关的背景知识，他们将比处于劣势地位的儿童有更多的机会拥有“智力资本”（intellectual capital），能更加迅速地掌握学校中教授的知识，从而导致了公共学校中学生学业成就上的不平等。因此，要改变美国公共学校中处境不利儿童学业大面积失败的现状，就要打破进步主义对发展主义原则的“偏执的信仰”。

第二，反智主义原则，即反理性、反书本知识。保守主义认为，

---

① See M. C. Wittrock, *Handbook of Research on Teaching* (New York: Macmillan, 1986); H. J. Walberg, "Improving the Productivity of America's Schools," *Educational Leadership* 41, No. 8(1984).

② E. D. Hirsch, *The School We Need and Why We Don't Have Them* (New York: Doubleday, 1996), p. 76.

③ E. D. Hirsch, *The School We Need and Why We Don't Have Them* (New York: Doubleday, 1996), p. 86.

进步主义对浪漫主义中"人的自然本性""自然的秩序与结果"的极端推崇，导致了美国公共教育中对来自"经验"的知识的迷信，导致了反理性、反学科系统和反精英的社会观念。来自"经验"的知识总是要优于来自"书本"的知识，① 课桌椅随意摆放的课堂教学总是要优于井然有序的课堂教学，② 这使得美国公共学校中应有的、系统的、学科化的知识学习迷失在"做中学""生活适应"和极端的"非学校化"运动之中，从而导致了公共学校中学生学业的大面积失败。③

2. 例外主义

所谓美国的例外主义，是指美利坚民族是上帝的"选民"，它不仅优于其他民族，而且美利坚民族是唯一的、例外的。④ 在公共学校的教育教学中秉持例外主义的信念，是进步主义的另一大原则。进步主义认为，由于美利坚民族是与众不同的，因此我们的教育也应该是与众不同的。只有那些非民主的、等级化的、静态的国家，才会采用"固定的、封闭的、专制的教学系统，以满足静态的国家、静态的教会、静态的等级制度和静态的经济体系的需求"⑤。而我们美利坚是民主的、多样化的、动态的民族国家，因此我们需要的是不固定的、动态的教育方法，以满足唯一的、崭新的、不断变化的社会需求和时代需求。以学科为中心的教学方法永远不能成为美国课程教学的基本原则，这

---

① E. D. Hirsch, *The School We Need and Why We Don't Have Them* (New York: Doubleday, 1996), p. 107.

② E. D. Hirsch, *The School We Need and Why We Don't Have Them* (New York: Doubleday, 1996), p. 78.

③ W. J. Bennett, *American Education: Making It Work: A Report to the President and the American People* (Washington D. C.: U. S. Government Printing Office, Superintendent of Documents, 1988), p. 23.

④ See M. Kammen, "The Problem of American Exceptionalism: a Reconsideration," *American Quarterly* 45, No. 1(1993).

⑤ See S. Tennenbaum, *William Heard Kilpatrick: Trailblazer in Education* (New York: Harper, 1951).

是因为“如果一个民族面对的是一个不断变化、不断变革的世界，而且这种变革的方向和方式都是突如其来的，那么我们将会怎样呢？我们又为什么要在我们的教育教学中强调理性思维呢”[①]？

保守主义认为，进步主义在教育中秉持的例外主义原则导致了公共学校中的反传统、反文化、反学科中心，甚至反学校教育的思想倾向。公共教育中的例外主义，要求清除学校教育中一切“固定的”和“静态的”的内容，它否定了人类历史上文化传统的价值，否定了主流社会中既有的道德规范和行为准则，否定了虔信与美德的重要意义，否定了学校教育中既有的、科学的学科知识体系的价值，这使得学校的教学内容走向虚无，从而导致了学生学业的失败和道德沦丧，导致了校园中的反叛，进而导致了社会的危机与动荡。

总之，保守主义认为，进步主义对浪漫主义和例外主义原则的极端阐释和运用，在公共学校中形成了一股进步主义的反学科知识、反传统文化、反既成道德标准的“意识形态霸权”。它不仅统治着公共学校，还统治着教师教育机构和大学，从而形成了森严的进步主义“壁垒”，阻碍了教育变革的开展。这是导致当前美国公共学校中出现“知识”危机最重要、最根本和最深层次的因素。因此，保守主义呼吁，要改变美国公共学校的现状，推行教育改革，首先就要清除进步主义在意识形态上的“霸权”控制。

（二）进步主义在实践中的“垄断”

保守主义认为，导致公共学校中出现“知识”危机的第二个层次的原因就是进步主义在教育教学实践中的“垄断”。它不仅是进步主义的“意识形态霸权”的具体表现形式，而且是导致学生学业失败和公共学校“危机”的直接原因。进步主义在教育教学实践中的“垄断”主要体现在以下几个方面：

---

① See W. H. Kilpatrick, *Foundations of Method* (New York: Longmans, 1925).

1. 课堂知识的不连贯

保守主义认为，当今美国公共学校中的最主要的“特征”就是课堂知识的不连贯性（incoherent）[①]，其主要体现：

第一，形式主义教学，这是进步主义意识形态中的反智主义原则的直接体现。保守主义认为，在过去的七十多年里，公共学校中的课程成了一种“元认知”（metacognition）式训练，它不传授“知识”，相反它只是试图让学生掌握所谓的“万能的技巧”（all-purpose tools），即培养“爱学习”（love of learning）、“批判性思维”（critical thinking）等技巧，希冀学生在将来能够运用这些技巧学习和掌握需要学习的一切内容。但是，进步主义的这种“万能的”训练，主张“用于培养这种技能的特定内容是不固定的”[②]，要求要在广博的社会环境和自然环境中培养学生的这种学习技能。它们反对学习“英语”“数学”“物理”“化学”等学科知识，主张要学习“3R”（“three R's”）——“阅读”“写作”“算术”。因此，保守主义批评道：学习技能的培养是离不开具体的学习内容的。[③] 阅读、思维和认知的能力是在具体的、有逻辑的、成体系的学科知识的学习过程中形成的。离开了具体的学习内容，学习技巧就是“无本之木”。而进步主义的这种“万能的”“元认知”式的技能训练恰恰是一种脱离了具体内容的教学，是一种脱离了社会现实的教学，它是以牺牲学生学习“实在的”（solid）、“具体的”

---

① W. J. Bennett, *American Education: Making It Work: A Report to the President and the American People* (Washington D. C.: U. S. Government Printing Office, Superintendent of Documents, 1988), p. 1; E. D. Hirsch, *The School We Need and Why We Don't Have Them* (New York: Doubleday, 1996), p. 21.

② E. D. Hirsch, *The School We Need and Why We Don't Have Them* (New York: Doubleday, 1996), p. 21.

③ W. J. Bennett, *American Education: Making It Work: A Report to the President and the American People* (Washington D. C.: U. S. Government Printing Office, Superintendent of Documents, 1988), p. 16.

(specific) 和“确定的”(defined) 内容为代价的。因此，这种形式主义必然导致学生学业的大规模失败。

第二，教学过程的自然主义，这是由进步主义中的发展主义原则决定的，主张教育是“一个自然的过程”，教学内容必须“与自然的、实际的生活目标和环境相联系”[①]，反对背诵、记忆和反复地苦练。这也遭到了保守主义的强烈批判。保守主义认为，这种自然主义的原则是与学生在实际学习过程中的需要相违背的。就算是在进步主义所提倡的“阅读”“写作”和“算术”的学习中，也需要学生对具体的知识点进行反复地记诵与不断地练习，更不用说数学、化学、英语等学科知识了。[②]

因此，保守主义认为，进步主义在公共学校的课程知识的实践中所采用的形式主义和自然主义原则，提倡培养学生的动手能力，主张“过程导向”，忽视了系统的、连贯的、具体的学科知识的学习，从而导致了课堂知识学习的不连贯，进而导致了学生学习思维的分散与不集中。

2. 教师培训的非学术化倾向

保守主义认为，进步主义在实践中的“垄断”还体现在教师培训中的非学术化倾向上。有数据表明，当前美国的教师教育项目都要求未来教师将主要的学习精力用于学习“教育学”的课程，而不是学习具体的“学科知识”和“学科教学技巧”[③]。例如，1985 年，南部地区教育委员会 (the Southern Regional Education Board) 曾报告指出，在

---

① E. D. Hirsch, *The School We Need and Why We Don't Have Them* (New York: Doubleday, 1996), p. 218.

② E. D. Hirsch, *The School We Need and Why We Don't Have Them* (New York: Doubleday, 1996), p. 221.

③ D. Ravitch, *Left Back: a Century of Battles over School Reform* (New York: Simon & Schuster, Inc., 2000), p. 414.

美国南部14个州的所有教师教育研究生项目中，没有任何一个项目要求教师学习艺术课程。未来的教师，特别是小学教师，将大部分的精力都用于学习方法论课程，特别是那些低水平的方法论课程，而不学习具体的学术类课程。数据显示，在教师教育项目中，未来教师将49％以上的学习时间用于学习教育学类和方法论课程。大部分的未来教师从不选修外语课、物理课或经济类课程。大部分教师选修的数学课也都是专为教师设计的、低水平的普及性质的课程。① 类似的，在亚利桑那州立大学1984年的报告中也指出，在该大学的教师教育机构中，大部分的未来教师都选修了教育学类课程，或者是低水平的导论类课程。一半以上的高中未来教师都选修了体育课或家庭经济学；几乎所有的小学未来教师和将来从事特殊教育的教师都选修了教育学课程。②而导致出现这种非学术化倾向的根本原因，保守主义认为，是进步主义把握着教师资格认证的权利。"（进步主义的）垄断是依靠教师认证来延续其生命力的。学校教育及其在联邦教育部的同盟者的不朽功绩就是要求教师学习特定课程……以获得教师认证……"③

因此，在保守主义的视域中，公共学校中课堂知识的不连贯与教师培训中的非学术化倾向，就如"一辆双轮马车"，共同保证了进步主义在公共教育领域的"垄断"。"当理智上的依附与现实管理制度中的雇佣结合起来的时候，……我们就不难发现学校教育已经成为一种（进步主义的）垄断机制。"④

---

① See E. C. Galambos, *Teacher Preparation: The Anatomy of a College Degree* (Atlanta, Ga.: Southern Regional Educational Board, 1985).

② See F. Mitchell, M. Schwinden, *Profiles of The Education of Teachers and Proposals for Reform* (Tempe, Ariz.: Arizona State University, 1984).

③ E. D. Hirsch, *The School We Need and Why We Don't Have Them* (New York: Doubleday, 1996), pp. 63-64.

④ E. D. Hirsch, *The School We Need and Why We Don't Have Them* (New York: Doubleday, 1996), p. 65.

综上所述，在传统派与新保守主义对美国公共学校中“知识”危机进行解读时，他们认为，进步主义在意识形态和制度实践中的优势地位是导致公共学校失败的根本原因。公共学校中的“知识”危机，即意味着在公共学校中出现了反知识、反传统、反理性、反文化的浪潮，那么要实现“优异”，就要解决公共学校中的“知识”危机，就要重塑公共学校中的“知识”。

那么，什么知识才是公共学校应讲授的知识呢？如果进步主义宣扬的“知识”是错误的，那么什么“知识”才是正确的呢？什么知识才是有价值的呢？保守主义对这些问题的追问，标志着公共学校中的“知识”危机升格成了一场“权力危机”。这场“危机”从本质上说，是“一场文化危机，它事关社会的价值、道德和行为方式”，……要挽救这场危机就要“重塑权威”①。那么，谁是“权威”，谁能从进步主义手中夺取公共学校的控制权，谁又能重塑公关学校中的“知识”，从而构建整个社会文化呢？保守主义内部传统派与新保守主义的分歧由此正式展开。

二、什么知识最有价值

在宣告了公共学校中的“知识”危机之后，传统派与新保守主义对在公共学校中“什么知识最有价值”的追问，开启了传统派与新保守主义的分歧与辩论，也开启了传统派与新保守主义这两大“解释权威”对“优异”这个主流象征的生产。

（一）“知识”与“德行”

既然进步主义者主张的以“3R”为主的教学内容无法实现美国公

---

① P. Steinfels, *The Neoconservatives : The Men Who are Changing America's Politics* (New York: Simon and Schuster, 1979), pp. 56-59.

共学校中的“优异”，那么针对进步主义提倡的发展主义、反智主义、形式主义等，保守主义阵营提出了以实现“优异”为根本目标的“内容”与“品格”“知识”与“德行”等知识形式。

1. 新保守主义：知识，即“核心知识”，“事实的”“学科的”知识，最有价值

新保守主义认为，“知识”应是公共学校教学中的第一位要素。在新保守主义的视域中，学校教学的内容，即意味着“学科的”“逻辑严密的”“成体系的”知识，它是由“事实性的”“核心的”知识要素构成的。最早在公共教育的政策文本中提出该建议的是特里尔·贝尔，①他在《国家处于危机之中》中提出了要塑造“5门新基础课程”，即4年的英语课、3年的数学课、3年的科学课、3年的社会科课程和1年半的计算机科学课，主张由“事实性”的、“核心”的知识要素为基础的、“学科”的、“系统”的教学内容取代当时美国公共学校中“不连贯”的教学内容。

早在20世纪70年代末，新保守主义者、著名的语言学家E. D. 赫什就已经开始探索公共学校应传授的基本要素与内容，并于1987年结集出版了《文化素养：美国人须知》（*Cultural Literacy: What Every American Needs to Know*，1987）。赫什认为，“核心知识”（Core Knowledge）应成为美国公共学校中教授的基本内容。所谓“核心知识”，即西方文明和美利坚民族文化中的一些基本的“事实”（fact）、“概念”（concept）、“日期”（date）和“称谓”（name）。他从艺术、宗教、科学、文化等各个领域中细化出5000个“核心知识”，他认为这是每个受过教育的美国人应该掌握的基本“知识”②。赫什认为，所谓的

---

① F. L. Pincus, “From Equity to Excellence: The Rebirth of Educational Conservatism,” *Social Policy* 14, No. 3(1984): 54.

② E. D. Hirsch, *Cultural Literacy: What Every American Needs to Know* (Boston: Houghton Mifflin Company, 1987), pp. 152-215.

提高质量，实现“优异”，就是要使公共学校将教学的重点从普通技能的培养转移到“事实性的知识”的积累上。与哈里斯（William Harris，1835—1909）、巴格莱（William C. Bagley，1874—1946）一样，赫什认为，“知识”即权力，“知识”是民主的根本；一个人掌握的“知识”越多，他的学习能力就越强；一切“知识”都是建立在已有“知识”的基础上的。[①] 同时，“事实性”“核心的”“基础的”知识要素又依附于“内容”，依附于“学科的”“系统的”“成体系的”学科教学内容之中。因此，实现“优异”的关键就是促进“以基本事实为基础”的知识在公共学校中繁荣，促进“学科中心”的教学内容在公共学校中的繁荣。

德行的养成也有赖于“核心知识”的学习与掌握。爱国主义、公民道德、公正的态度、传统价值文化依赖于对“基础知识”的学习与积累，要建构“文化世界”，首先就要“普及知识”，没有知识的积累，也就谈不上道德伦理与价值观念的培养。只有严密的、有逻辑的学科课程知识的学习，才能使学生掌握西方文明和美国社会中的传统价值观念和“共同文化”，帮助学生形成清晰的民族归属感、爱国主义精神，充分理解公民的责任，形成富有同情心的、公正的态度。[②] 因此，新保守主义主张：第一，“核心”的、“事实”的、“学科”的知识最有价值。为此，学校应根据学科结构开设课程，设立5门“新基础课程”，让学生掌握“基本的”“学科的”“系统的”知识。第二，取消社会科课程（Social Study），用学科逻辑严密的历史课、地理课、公民课等学科课程取代“社会科”。

---

① D. Ravitch, *Left Back: a Century of Battles over School Reform* (New York: Simon & Schuster, Inc., 2000), p. 419.

② See W. E. Ross, *The Social Studies Curriculum: Purpose, Problems, and Possibilities* (Albany: State University of New York Press, 1997).

2. 传统派：知识，即“德行”的养成，最有价值

“德行”，即“心智的力量、个性和道德品质”①。传统派认为，“所有的探究（尤其是教育探究）都表现为道德责任”②，离开了“德行”的培育，“内容”的学习就是空洞的。虽然传统派并不反对学习“学科的”“逻辑严密的”“成体系的”“事实性的”“核心的”知识，但是他们反对新保守主义的“知识即核心知识”的主张。传统派认为，在学习这些“基础知识”“事实知识”之前，“关键是要学生们懂得什么是正义，什么是勇气；要学生们懂得什么是高尚，什么卑鄙；要学生们懂得什么值得守护，什么值得爱。用蒙田的话来说，就是要懂得野心与贪婪之间的差别，懂得忠诚与奴役的差别，懂得自由与放纵的差别”③。虽然“道德品格的提升总能带来理性的提升”，但是“单纯的知识积累不能保证德行的养成”，“知识的积累与德行的完善不总是同步的”。因此，在传统派的视域中，“知识”不仅仅包括“事实性的”“核心的”“学科的”知识，不仅仅包括人的理性的养成，更重要的是它还包括了人的德行的发展与提升，只有那些以人的“德行”的养成为根本目标的知识学习才最有价值。④

虽然传统派认为，在养成“德行”的过程中，家庭发挥着极为重要的作用，但是“公共学校及其教师的力量也不可小觑”。在养成“德

---

① W. J. Bennett, *American Education: Making It Work: A Report to the President and the American People* (Washington D. C.: U. S. Government Printing Office, Superintendent of Documents, 1988), p. 19.

② See R. A. Scott and J. D. Douglas, *Theoretical Perspectives on Deviance* (New York: Basic Books, 1972).

③ W. J. Bennett, *American Education: Making It Work: A Report to the President and the American People* (Washington D. C.: U. S. Government Printing Office, Superintendent of Documents, 1988), p. 16.

④ W. J. Bennett, *American Education: Making It Work: A Report to the President and the American People* (Washington D. C.: U. S. Government Printing Office, Superintendent of Documents, 1988), pp. 17-18.

行”的过程中，公共学校的主要职责就是将民主社会的原则、信念和价值观传授给学生，要让学生学习自由、民主的精神实质，从而养成学生开放的精神、容忍的气度和批判性的思维。[①]

为此，首先，公共学校要开设传统人文主义课程。传统派主张要学习古典名著（Great Books），学习基督教教义，学习永恒不变的人生经验，发展人的理性能力，最终提升人的“德行”。“阅读柏拉图和莎士比亚的作品，可使人们比其他任何时候活得更真实，也更充实。……书本中存在亘古不变的美，我们必须帮助保护和培育这种美，用它浇灌那些充满敌意的学生的心灵。”[②]因此，“《圣经》（*the Bible*）；莎士比亚的戏剧；奠定和指导美国政治生活的重要文献，诸如《独立宣言》（*The Declaration of Independence*）、《宪法》（*The Constitution*）、《联邦党人文集》（*The Federalist Papers*）和《解放奴隶宣言》（*The Emancipation Proclamation*）等；以及美国小说，如《哈克贝利·芬历险记》（*The Adventure of Huckleberry Finn*）”[③]，都应成为公共学校中学生学习的主要内容。

其次，公共学校要进一步改进“社会科”，而不能取缔“社会科”。传统派反对新保守主义提出的取缔“社会科”的主张，[④] 他们认为不仅不能取缔“社会科”，还要加强和改进“社会科”的教学内容和教学引导。传统派认为，“社会科”是引导学生进入生活世界、学习价值观念

---

① W. J. Bennett, *American Education: Making It Work: A Report to the President and the American People* (Washington D. C.: U. S. Government Printing Office, Superintendent of Documents, 1988), p. 215.

② See A. Bloom, *The Closing of the American Mind* (New York: Simon & Schuster, 1987).

③ See W. J. Bennett, *De-Valuing of America: The Fight for Our Culture and Our Children* (New York: Touchstone, 1994).

④ B. Gross and R. Gross, *The Great School Debate: Which Way for American Education?* (New York: Simon & Schuster, Inc., 1985), p. 206.

和行为准则、学习社会中的文化传统的重要环节。“社会科”的学习打破了学科的界限，“使得学生们可以在动手（hands on）认识事物的过程中，了解到我们美国人赖以发展的基本原则，了解到世俗社会的轮廓，了解到作为美国公民的基本权利与义务”，从而学会尊重与理解我国的社会传统，养成基本的行为规范与价值准备，最终实现“德行”的养成。

再次，公共学校要恢复祈祷制度。传统派认为，要改变 20 世纪六七十年代公共学校中由进步主义所引起的反知识、反传统、反理性、反文化的现象，要养成“德行”，最重要的就是重新恢复公共学校中的祈祷制度。[①] 传统派强调艾略特（Charles W. Eliot，1834—1926）所主张的“在品格养成的过程中，要借用一切可以使用的辅助措施”，学校祈祷就是一项重要养成“德行”的辅助措施。威廉·贝内特甚至认为，学校祈祷是一项恢复公共学校中传统的、以道德理性为基本准则的课堂秩序的最基本的措施，[②] 呼吁联邦政府尽快推动宪法修正案来恢复公共学校中祈祷制度。

（二）“文化素养”与“道德素养”

新保守主义与传统派对“什么知识最有价值”的不同阐释，直接影响了他们对“优异”这个主流象征的生产。新保守主义认为，“核心知识”最有价值，公共学校中的教学内容应以传授“核心的”“事实性的”和“学科的”知识为主。那么，在新保守主义视域中，所谓的“优异”就是要让学生们掌握、理解这些“核心的”“事实性的”“学科的”知识，“优异”即意味着“文化素养”（cultural literacy）的养成。

---

① F. L. Pincus, “From Equity to Excellence: The Rebirth of Educational Conservatism,” *Social Policy* 14, No. 3(1984): 51.

② W. J. Bennett, *American Education: Making It Work: A Report to the President and the American People* (Washington D. C.: U. S. Government Printing Office, Superintendent of Documents, 1988), p. 19.

传统派反对新保守主义对“核心知识”的片面强调，他们认为品格的养成与德行的提升是比“核心知识”更加根本的存在，因此在传统派的视域中，所谓的“优异”就是要让学生养成德行与品格，“优异”即意味着“道德素养”（moral literacy）的养成。

1. 新保守主义：“优异”，即“文化素养”的养成

新保守主义所谓的“文化素养”，即“共同文化”（common culture）或“共享文化”（shared culture）。① 他们认为，既然在学校课程中存在着“核心的”“事实性的”和“学科的”知识，既然“在课程中存在着‘公共序列’（common sequence）——至少是在诸如数学、科学及历史和地理的基本事实方面”，这些知识“与性教育是不同的，是不会也不应该引起争论的”，因此这些知识就是所有的学生都应该、也都必须掌握的。这便构成了公共学校课程教学中的“共同文化”②。他们认为，“文化素养是我国最民主的一种文化形式：它囊括了一切内容；打破了世代、社会团体和阶级的鸿沟；它也许不是所有人的第一位文化，但由于它跨越了家庭、社区和地域的限制，因此它必然是所有人的第二位的、存在于每个人现实生活中的文化知识”③。

新保守主义认为，“智力资本”（intellectual capital）或“文化资本”（cultural capital）是美国社会中进行竞争和实现繁荣的关键性因素。社会不公正和社会差异产生的根本性原因就是“智力资本”和“文化资本”分配的不公正。在一切社会形态中，社会中上层不仅占有更多的经济物质资本，还占有更多的政治、文化和智力资本，这使他

---

① E. D. Hirsch, *Cultural Literacy: What Every American Needs to Know* (Boston: Houghton Mifflin Company, 1987), p. 19.

② E. D. Hirsch, *The School We Need and Why We Don't Have Them* (New York: Doubleday, 1996), p. 37.

③ E. D. Hirsch, *Cultural Literacy: What Every American Needs to Know* (Boston: Houghton Mifflin Company, 1987), pp. 19-20.

们在社会生产和社会分配过程中，比社会的草根阶层更具有优势，能获得更多的社会财富。而进步主义在公共学校中所提倡的发展主义、形式主义、自然主义，在无形中加剧了“智力资本”和“文化资本”分配的不公正现象。正如前文所提及的那样，进步主义在公共学校片面强调儿童的“兴趣”与“好奇心”在教学过程中的重要地位，强调教学过程中的“自然的秩序与原则”，反对“人为的”干涉、“书本的”知识，这些行为在无形中都使那些来自富裕家庭的、处于优势地位的、掌握更多“智力资本”与“文化资本”的儿童将比来自贫困家庭的、处于劣势地位的、掌握较少或不掌握任何“智力资本”和“文化资本”的儿童能更快、更好的学习，从而造成了优势儿童与劣势儿童之间的差距，从而造成了白人儿童与少数族裔儿童之间的差距，从而造成公共学校中学业的大面积失败。

因此，新保守主义认为，要改变公共学校中大面积学业不精的现象，缩小优势儿童与劣势儿童之间的差距，实现“优异”，就要寻找知识中的“公共序列”，就要寻求“价值中立的”知识，就要寻找“构成一切社会的文化资本中的共同部分”①。而1981年，科尔曼对公立学校和私立学校的调查给新保守主义者带来了福音。科尔曼在1981年的调查中发现，在私立学校，特别是在天主教学校中，各类学生的学业成就要普遍好于公立学校。这是因为在私立学校中，无论学生的家庭背景如何，教师都严格地按照学术标准要求每一个学生，在课堂中讲授的也是“共同”的学术类课程。这就大大减少了来自家庭的“智力资本”对学生学业的影响，也就使处于劣势地位的儿童与处于优势地位的儿童站在了同样的学业起跑线上。这也使新保守主义认识到了“学术类课程”的价值，认识到了“核心的”“学科的”“事实性的”知识

---

①　E. D. Hirsch, *The School We Need and Why We Don't Have Them*（New York：Doubleday, 1996）, p. 20.

的价值。①

综上所述，新保守主义认为，既然缩小社会差距、实现社会公平与民主社会、实现“优异”的根本就是要分享文化资本，而“核心的”“学科的”“事实性的”知识就是“文化资本中的共有部分”，是知识中的“公共序列”，是一种“价值中立的”知识，是全社会一切阶级、阶层、种族所共有的“共同文化”，那么要改变公共学校中的“学业不精”，实现“优异”，就是要在公共学校中教授这些“核心的”“学科的”“事实性的”知识，就是要教授“共同文化”。“如果公共学校中不教授这些共享的文化，不教授知识中的‘公共序列’，我们就无法缩小有文化的人与文盲之间的差距，就无法缩小处于优势地位和劣势地位儿童之间的差距，就无法缩小富人和穷人之间的差距。”②

因此，在新保守主义的视域中，教授“核心知识”与“共同文化”，养成学生的“文化素养”，就成了实现学业“优异”的根本，就成了当前教育改革最重要的议程。“优异”，在新保守主义的定义域内，即意味着“文化素养”的养成。

2. 传统派：“优异”，即“道德素养”的养成

对于新保守主义的“文化素养”，威廉·贝内特曾批评道：新保守主义犯的第一个错误就是认为“我们不能就‘价值’达成一致意见”③，因此他们试图寻找一些“事实性的”知识，寻找知识中的“公共序列”，寻找“价值中立的”知识。但事实上，尽管我们不能就所有问题

---

① See A. B. Sorensen and S. Spilerman, *Social Theory and Social Policy : Essays in Honor of James s. Coleman* (Westport, Conn. : Praeger, 1993).

② W. J. Urban and J. L. Wagoner, *American Education : a History* (New York: McGraw-Hill, 2004), p. 360.

③ W. J. Bennett, *American Education : Making It Work : A Report to the President and the American People* (Washington D. C. : U. S. Government Printing Office, Superintendent of Documents, 1988), p. 79.

达成一致，但是“我们可以在孩子应形成什么样的品格、公共学校应培养孩子什么样德行方面达成一致的观点与看法”，而这种“一致的观点”就是“道德素养”。[①] 因此，传统派所谓的“道德素养”，就是主流社会所推崇的品格与德行。[②] 它为学生的学习与生活提供了最基本的价值规范与判断，是比“事实性的”知识更为根本和关键的存在，是实现“优异”的核心要素。

传统派认为，在进步主义意识形态占主导地位的公共学校中，对发展主义、自然主义、形式主义的片面推崇，导致了一切以“儿童”为中心，忽视和否定了教师在学生成长过程中进行价值引导的榜样作用，使得公共学校在传授社会道德规范和价值判断方面的功能迷失在一切以儿童的“兴趣”为中心、一切以儿童的“好奇心”为中心的进步主义浪潮中，从而导致了学生道德品格的沦丧，导致了公共学校中的反知识、反传统、反理性、反文化。因此，要实现“优异”，关键就是要重新恢复公共学校在德行养成方面的功能，重新在公共学校中传授主流社会的价值观，即养成学生的“道德素养”。

在“道德素养”的养成过程中，传统派也提出了“共同文化”的重要作用。但传统派所认同的“共同文化”与新保守主义所定义“共同文化”是有差别的。新保守主义定义域内的“共同文化”是以“核心的”“事实性的”“学科的”知识要素为基础的“社会文化资本中的共有、共享的部分”；而传统派认同的“共同文化”，即“盎格鲁-撒克

① W. J. Bennett, *American Education: Making It Work: A Report to the President and the American People* (Washington D. C.: U. S. Government Printing Office, Superintendent of Documents, 1988), p. 79.

② W. J. Bennett, *American Education: Making It Work: A Report to the President and the American People* (Washington D. C.: U. S. Government Printing Office, Superintendent of Documents, 1988), p. 79.

逊-白人-新教”文化，强调的是基督教的信仰与西方文明传统。[①]

首先，传统派强调“道德素养”中的基督教信仰。传统派回到托克维尔（Alexis de Tocqueville，1805—1859）时代，他们援引了托克维尔宣称的“民主的共和国更需要信仰”，强调了“自由珍视信仰……信仰是德行的守护者，而德行又是法律的最佳保障和永恒自由的象征”[②]。传统派认为，基督教的信仰是民主社会不可分割的一部分。第一，基督教信仰升华了自由与民主，它是民主社会赖以生存的公民美德的源头，它肯定了勤勉劳作的价值，肯定了个人责任感的重要性。第二，基督教信仰发扬了“宽容”的美德。因此，传统派呼吁“我们的政府需要教会，只有那些谦卑地信奉原罪的人们才能给民主带来延续民主所必需的宽容与忍让”[③]，如果公共生活脱离了信仰，就必将导致怨恨、极端主义和狭隘的思想。正如前文所提及的那样，这也是传统派极力鼓吹修改宪法、恢复公共学校中祈祷制度的重要原因。

其次，传统派强调“道德素养”中西方的文明传统。这是因为，第一，西方文明传统是“我们的共同文化”。“要理解我们的社会，要理解我们的制度，要理解我们的生活方式，要理解我们当代社会中的问题，我们就要了解我们的政治史、社会史和思想史。我们就要理解

---

① W. J. Bennett, *American Education: Making It Work: A Report to the President and the American People* (Washington D. C.: U. S. Government Printing Office, Superintendent of Documents, 1988), p. 167.

② W. J. Bennett, *American Education: Making It Work: A Report to the President and the American People* (Washington D. C.: U. S. Government Printing Office, Superintendent of Documents, 1988), p. 170.

③ W. J. Bennett, *American Education: Making It Work: A Report to the President and the American People* (Washington D. C.: U. S. Government Printing Office, Superintendent of Documents, 1988), p. 171.

西方文明的故事，就要理解我们的制度和社会的缘起。”[1] 第二，西方文明传统是优秀的，正如布鲁姆（Allan Bloom，1930—1992）所宣称的那样，“美利坚诉说的一个故事，那就是颠扑不破的自由与平等的发展”[2]。第三，西方文明传统正在遭受进步主义的践踏。

因此，传统派认为，“优异”即意味着“结果的改进”，但是“结果的改进”是有“明晰的”秩序的，首先必须是道德、德行的提升，“道德素养”的养成，这将影响学生们的行为，进而影响学生们的知识学习，最终实现“结果的改进”，即“优异”。[3]

综上所述，作为20世纪80年代教育改革的主流象征的“优异”，在20世纪80年代经历着一场“再定义”与“再阐释”的过程。作为“政治解释权威”的新保守主义与传统派，都以各自的意识形态为基础，对“优异”进行着“生产与再生产”：新保守主义来自20世纪六七十年代的犹太裔自由主义者和民主社会主义者，新保守主义的成长史使他们反对传统派所宣扬的“基督教信仰”与“西方文明传统”，推崇“无种族差别”“公平”“客观”“统一”“严格”，推崇“核心的”“事实性的”“学科的”知识学习，推崇以“社会文化资本中的共有、共享的部分”为核心的“文化素养”。传统派对“观念必有其结果”的信仰则使他们推崇“西方社会的理智结构”。他们并不反对“核心的”“事实性的”“学科的”知识的学习，但是他们认为这并不是造成公共学校中

---

① W. J. Bennett, *American Education : Making It Work : A Report to the President and the American People*(Washington D. C. : U. S. Government Printing Office, Superintendent of Documents, 1988), p. 194.

② W. J. Bennett, *American Education : Making It Work : A Report to the President and the American People*(Washington D. C. : U. S. Government Printing Office, Superintendent of Documents, 1988), p. 196.

③ W. J. Bennett, *American Education : Making It Work : A Report to the President and the American People*(Washington D. C. : U. S. Government Printing Office, Superintendent of Documents, 1988), p. 222.

学业不精的根本原因。造成公共学校失败最重要的原因是公关学校中道德沦丧，因此为了实现“优异”，传统派推崇以“基督教信仰”和“西方文明传统”为基础的“道德素养”的培养，认为这才是公共学校应传承的最根本的“知识”。与此同时，新保守主义与传统派对“优异”的再生产也不仅仅局限于意识形态上的论争，他们在意识形态领域内的“权威争夺战”也影响到了具体地进行改革的政策文本，接下来我们将对其做具体的论述。

三、“全国课程”在教育政策文本中的确立

正如前文所提及的那样，在里根政府中，新保守主义与传统派都有各自的代理人，在他们之间存在着激烈的利益争夺。众所周知，一开始，里根政府是以传统派意识形态为主导的；但之后，新保守主义的势力不断膨胀并逐渐取代传统派，占据了主导地位①：联邦教育部长特里尔·贝尔就曾因害怕联邦政府权力的不断膨胀会侵犯联邦教育部的权限，主张限制联邦政府在教育决策领域的影响力，鼓励实现学费退税。后来，在传统派限制联邦权力、缩减政府开销的过程中，联邦教育部的经费也被大幅度地裁剪，教育部的权限范围不断缩小，这迫使贝尔倒戈，走向了新保守主义。在《国家处于危机之中》发表之后，贝尔曾表示：“我同意报告中的每一句话。”② 在国会中，新保守主义意识形态一直占据着优势地位，他们明确呼吁要加强联邦政府的作用，限制对联邦经费的裁剪。而里根总统本人则显得模棱两可。一方面，他强调教育是州和地方的事务，联邦政府不得干涉，拒绝追加联邦对

---

① F. L. Pincus, “From Equity to Excellence: The Rebirth of Educational Conservatism,” *Social Policy* 14, No. 3(1984): 54.

② F. L. Pincus, “From Equity to Excellence: The Rebirth of Educational Conservatism,” *Social Policy* 14, No. 3(1984): 55.

教育的投入，鼓励恢复公共学校中的祈祷制度和实现学费退税；但另一方面，里根总统的这些表态仅仅是一纸空文，他在推进国会通过这些政策条文的过程中则显得十分无力。[①] 这使传统派对里根总统大失所望。

然而，传统派与新保守主义又共存于保守主义的意识形态大伞之下，因此，他们之间又存在着融合、妥协、共生的可能性。而传统派与新保守主义的这种冲突、妥协与融合是自下而上地从州和地方的改革开始的，最终体现在了全国教育改革的政策文本之中。

（一）洪尼格在加利福尼亚的课程改革

新保守主义呼吁的以“核心知识”为基础，以“全国课程”为主要形式，以培养“文化素养”、实现“优异”为根本目标的课程改革，最早是从加利福尼亚州（以下简称“加州”）开始的。1983 年，比尔·洪尼格（Bill Honig）当选为加州的州督学（Superintendent of Public Instruction in California），并在 20 世纪 80 年代初期领导了一场复兴“传统课程”的改革运动。

从政党斗争的局势来看，20 世纪 80 年代，在加州，共和党[②]与民主党的实力势均力敌。虽然在总统竞选中，加州支持的是共和党，当时加州的州长乔治·杜克梅吉安（George Deukmejian）也是共和党人，但是在 1980—1990 年，州务卿是来自民主党的余江月桂（March Kong Fong Eu）；在州议会中，民主党一直保持着 25 个左右的席位，共和党的席位仅维持在 15 个左右；在国会中，两位来自加州的参议员分别隶

---

① F. L. Pincus, “From Equity to Excellence: The Rebirth of Educational Conservatism,” *Social Policy* 14, No. 3(1984): 55.

② 1980 年之后，共和党的教育纲领以“择校”（school choice）和“学校祈祷”（school prayer）为主。See J. Spring, *Political Agendas for Education: From the Religious Right to the Green Party* (Mahwah, N. J.: Lawrence Erlbaum Associates, Publishers, 2005), p. 11.

属民主党和共和党。因此，在这种局面下，1983 年 1 月，无党派所属的新保守主义者比尔·洪尼格当选为州督学。

1. 课程曼哈顿计划

20 世纪 80 年代初，加州的中学毕业要求仅为修满两年的体育课；另外，地方学区还会要求学生修完为数不多的几门课程，但在这些课程中，有超过 40%的课程为非学术类课程。1984 年，斯坦福大学的一项统计研究表明：目前，加州的高中生大致可分为 4 种类型，10%为荣誉型，35%为准备型（为升入大学做准备），10%—15%为补救型；另外还有将近 45%的为综合型。其中，综合型学生所选修的课程是最薄弱的、最不相关的非学术类课程①。例如，综合型学生选修的课程有打字、手工制作、餐馆经营、制衣、文化认知等。

在竞选州督学时，洪尼格就曾许诺要提高中学的毕业要求，要为所有的学生开发严格的学术类课程，从而实现“传统教育”的复兴。洪尼格所说的“传统教育”，并不是指“自由七艺”或“古典名著”，而是指开发严格的“学科课程”，诸如英语、历史、外语、数学、科学、美术、体育等；训练有素的教师必须按照学科传授知识，维持课堂秩序，赏罚分明；要求学生认真严肃地对待课后作业。②

1983 年，洪尼格当选州督学之后，便游说州议会和商业团体，追加对公共教育的拨款与资助，兑现他在竞选时的承诺。他一共募集了 9500 亿美元用于课程改革。同年，加州教育委员会取缔了原有的“放任自由”的政策，③ 开始按照洪尼格的设想重新规定了中学的毕业要

---

① B. Honig, *Last Chance for Our Children* (Reading, Mass.: Addison-Wesley, 1985), pp. 43-44.

② B. Honig, *Last Chance for Our Children* (Reading, Mass.: Addison-Wesley, 1985), pp. 43-44.

③ D. Ravitch, *National Standards in American Education: a Citizen's Guide* (Washington D. C.: The Brookings Institution, 1995), p. 130.

求，组建了教师与教育专家委员会，为每一门学科课程制定“标准纲要”，这便是加州的“课程曼哈顿计划”（Manhattan Project for Curriculum）[①]。

由“课程曼哈顿计划”出台的新课程纲要，后来成了加州的课程“内容标准”（content standards），其包含的核心思想：第一，强调思考、运用和问题的解决。第二，对所有学生都执行高标准。第三，强调对知识主体的学习，要按照每一门学科的逻辑学习学科知识，只有这样才能为学生将来的学习奠定基础。第四，强调学生必须把握每一门学科中的“核心知识”。[②] 以历史课的课程纲要为例，洪尼格邀请了来自哥伦比亚大学师范学院的新保守主义者戴安娜·拉维奇和加州大学洛杉矶分校的夏洛特·克雷布特里（Charlotte Crabtree）组成专门小组，重写州社会科课程纲要。1987年，加州的教育官员核准了拉维奇和克雷布特里撰写的历史课程纲要。[③] 在这套历史课程纲要中，拉维奇和克雷布特里描绘了一幅来自世界各地的移民分享“共同文化”和“共同价值”的图景，规定了历史课教学的目的就是通过教授“共同”的政治观和社会观维系国家的同一性。“无论好坏，两百年来，盎格鲁-撒克逊-白人-新教的传统一直是美国文化与社会中的主导因素——至今仍发挥着至关重要的作用。”[④] 洪尼格也认同，“在我们为多元主义弹冠相庆的时候，请铭记那些将我们集合起来的共同要素……就算是民主，也有一些核心的观念——言论自由、法律、诉讼权，以及我们处理人

---

① See C. E. Finn and H. Walberg, *Radical Education Reform* (Berkeley: McCutchan, 1994).

② D. Ravitch, *National Standards in American Education: a Citizen's Guide* (Washington D. C.: The Brookings Institution, 1995), p. 131.

③ See C. Cornbleth and D. Waugh, *The Great Speckled Bird: Multicultural Politics and Education Policymaking* (New York: St. Martin's Press, 1995).

④ See A. M. Schlesinger, *The Disuniting of America: Reflections on a Multicultural Society* (New York: Norton, 1992).

际关系的方式。”①

因此，在“课程曼哈顿计划”中，我们可以清晰地看到新保守主义的“优异”观：“学科的”“逻辑严密的”“成体系的”知识最有价值，它是由“事实性的”“核心的”知识要素构成的；实现“优异”，是以养成“共同文化”“共同价值”为内核的。“课程曼哈顿计划”的根本就是要为加州境内所有的学生开发一套以“学科知识”和“共同文化”为根本的“核心课程”。

2. 后续改革

开发崭新的学科课程是洪尼格教育改革的核心要素，并由此引起了一系列后续的改革。首先，应当引起我们的关注的是，新学科课程的改革引起了教科书的市场化改革。全美共有22个州为从幼儿园到八年级的学生设计了教科书，加州便是其中之一。同时，加州还拥有全美最大的教科书市场，其教科书的发行量占全国的12%。② 为了保证“高质量”的教科书，洪尼格开始运用“市场化”的原则管理教科书。1985年，加州取缔了多所中学现行使用的科学教科书；1986年，它又取缔了多种版本的数学教科书，这使加州的教科书出版商们开始迎合“高标准”的新课程内容，设计出版“新课程”的教科书及相关的软件。其次，课程“内容标准”的确立还引发了评价制度、教师的专业发展、多媒体和父母指导用书等方面的改革。客观的多项选择题式的考试评价制度为绩效评价所取代；教师的专业发展被定位为教师教学技能的反复苦练和学科知识的积累；多媒体教学也开始完全服务于新学科课程内容的需要。

另外，洪尼格领导的课程改革还确立了一些基本原则：第一，要

① J. Spring, *Political Agendas for Education: From the Religious Right to the Green Party* (Mahwah, N. J.: Lawrence Erlbaum Associates, Publishers, 2005), p. 55.

② 这在很大程度上也归功于洪尼格在加州的课程改革。

明确学习内容，学生应学习学科知识，即数学、科学、英语、历史、地理、美术、外语等。[①] 第二，要明确“内容标准”，而不是明确“行为”“态度”或“个人品格”；“内容标准”是以知识和技能为内核的，而不是以“行为规范”或“态度”为根本的。[②] 第三，考试评价必须与内容标准保持一致性与连贯性。第四，要以课程内容标准为原则，改革考试制度、教科书、教师培训、教师教育和其他教育制度。

“研究”表明，洪尼格的课程改革取得了“显著”的成效：失学率大幅度下降；中学毕业生达到加州大学入学要求的人数提高了三分之一；进阶考试（Advanced Placement examination）的数量也增长到原来的3倍。[③] 因此，到20世纪80年代末，洪尼格领导的课程改革开始得到了普遍的承认与推广，这项课程改革的成果也直接导致了旨在推广新学科课程改革的夏洛特斯维尔教育峰会的召开和六项“全国目标”的制定。

（二）“全国课程”的建立

洪尼格在加州进行课程改革之后，各州纷纷开始效法，制定各自的课程标准。1989年，又发生了两件关键性的事件，即《学校数学课程与评价标准》（*Curriculum and Evaluation Standards for School Mathematics*，1989）的颁布与夏洛特斯维尔教育峰会（Charlottesville Education Summit，Virginia，1989）的召开，这为实现“学科的核心课程”在全国的普及铺平了道路。

为了回应《国家处于危机之中》提出的批评，全国数学教师委员

---

① L. Symcox, *Whose History? The Struggle for National Standards in American Classrooms* (New York: Teachers College Press, 2002), pp. 69-70.

② D. Ravitch, *National Standards in American Education: a Citizen's Guide* (Washington D. C.: The Brookings Institution, 1995), p. 133.

③ D. Ravitch, *National Standards in American Education: a Citizen's Guide* (Washington D. C.: The Brookings Institution, 1995), p. 132.

会（National Council of Teachers of Mathematics，NCTM）于 1989 年发表了《学校数学课程与评价标准》，试图说明当前数学和科学教育的需求，并试图制定数学与科学教育的全国标准。《学校数学课程与评价标准》认为，数学教学应该更加强调概念的理解；数学教育并不是专门为那些准备升入大学的学生们准备的，所有的学生都必须接受数学教育。它规定，要从五年级开始教授代数，从九年级开始教授微积分，在一些规模较大的学区，它甚至要求初中毕业生必须掌握代数知识（以前，只有那些准备升入大学的学生才需要学习代数）。①

很快地，《学校数学课程与评价标准》也为各地所普遍接受，成了各地、各州统一课程的原型，后来甚至成了许多联邦资助的课程计划的指导原则，如"核心数学加法计划"（Core-Plus Mathematics Project，CPMP）。正当全国数学教师委员会在起草、修订、出版数学课程标准的时候，白宫与全国州长协会（National Governors' Association）也开始协调、磋商，准备制定全国性的课程标准，并于 1989 年秋在弗吉尼亚的夏洛特斯维尔召开了教育峰会，发表了著名的《六项全国教育目标》，这便是 1991 年由老布什总统签署通过的《美国 2000 年教育战略》（*America 2000：an Educational Strategy*）的原型。

《六项全国教育目标》规定：到 2000 年时，第一，所有的美国儿童入学时乐意学习。第二，中学毕业率至少提高到 90%。第三，美国学生在小学或中学毕业时，有能力在英语、数学、自然科学、历史和地理学科方面应对挑战。第四，美国学生在自然科学和数学方面的成绩居世界首位。第五，每个成年美国人能读书识字，掌握在全球经济中进行竞争所需要的知识与技能。第六，所有美国学校没有毒品和暴力，为学习者提供良好的学习环境。

---

① See M. S. Smith, J. O'Day and D. K. Cohen, "National Curriculum, American Style: What Might It Look Like?," *American Educator*, No. 14(1990).

无论是全国数学教师委员会制定的《学校数学课程与评价标准》，还是夏洛特斯维尔教育峰会发表的《六项全国教育目标》，我们都可以从中清晰地看到新保守主义的烙印："学科知识""核心知识""事实性"的知识得到了前所未有的强化，"数学""历史""地理""英语"等学科不断地、反复地被推到教育政策的"镁光灯"下，而传统派倡导的、应予以加强的"社会科"则面临着被改组，甚至是被取缔的危险；[①]"共同文化""共同价值"得到了推崇，"智力资本"、公共学校、国家竞争力，这"三点一面"被密切地联系在一起，在20世纪80年代末90年代初的教育政策文本中得到了反复强调，而传统派所倡导的"心智的力量、个性和道德品质"仅仅浓缩为"拒绝校园毒品和暴力"。

1991年，老布什总统任命共和党人、著名新保守主义者拉马尔·亚历山大（Lamar Alexander）出任联邦教育部部长一职；戴安娜·拉维奇出任联邦教育部副部长，分管教育研究与改进办公室（Office of Educational Research and Improvement，OERI）。同年6月，亚历山大敦促国会成立一个"全国教育标准与考试委员会"（National Council on Education Standards and Testing，NCEST），其主要职责就是统一设立"全国课程标准"和"全国考试评价制度"，并进一步明确和细化夏洛特斯维尔教育峰会确立的"全国目标"。后来，在"全国教育目标专门小组"（National Education Goals Panel）、民主党所属的科罗拉多州州长罗伊·罗默（Roy Romer），以及共和党所属的南卡莱罗纳州州长卡罗·坎贝尔（Carroll A. Campbell）的共同领导下，组建了"全国教育标准与考试委员会"，其成员主要包括国会议员、学者、教师等，并于1992年发表了成立报告，开始着手制定各门学科的课程标准与配套的考试评价制度。

---

① L. Symcox, *Whose History? The Struggle for National Standards in American Classrooms* (New York: Teachers College Press, 2002), pp. 73-74.

1991—1992年，美国联邦教育部曾与其他联邦机构，如全国人文基金会（National Endowment for the Humanities）、全国科学基金（National Science Foundation）合作，资助、奖励那些致力于开发7门全国课程标准的学者和教师。这7门课程包括科学、历史、地理、美术、公民课、外语和英语。[①]（数学课的全国标准已由全国数学教师委员会建设完成）其目的是通过确立这些“主要的”学科课程的标准，构建一个“逻辑严密的”“严格的”“学术要求”，并将其用于指导教师教育、教科书的制定及考试内容的设计。他们试图通过控制联邦政府的经费划拨，让新保守主义主张的“学科的”“事实性的”核心知识明确成为得到官方认可的“合法知识”。

那么，第一个得到联邦政府资助的、开始着手设计的“全国课程标准”便是历史课的课程标准。1994年，加州大学洛杉矶分校的“学校历史课全国中心”（National Center for History in the Schools）在联邦政府的资助下，为历史课设计了一套“严密的”课程标准，试图复兴学校中的历史课，使其从“社会科”中独立出来，成为一门独立的教学科目，或者成为“社会科”中的“核心科目”[②]。

但是，由加州大学洛杉矶分校设计的历史课程标准一出台，就遭到了新保守主义的严厉批判。当时负责设计历史课程标准的是加州大学洛杉矶分校的传统派历史学家格里·纳什（Gary Nash），主张制定历史课课程标准的目的就是让学生们“从‘历史事件’‘日期’和‘英雄人物’的牢狱中解放出来，让他们成为积极的学习者”，“要通过参观博物馆、纪念馆等活动培养他们的情操，让学生们成为积极的、有

---

① D. Ravitch, *Left Back: a Century of Battles over School Reform* (New York: Simon & Schuster, Inc., 2000), p. 432.

② D. Ravitch, *Left Back: a Century of Battles over School Reform* (New York: Simon & Schuster, Inc., 2000), p. 433.

知识、有德行的公民"[①]。而新保守主义则反唇相讥道："无论开展什么样的活动，离开了具体历史事实，还如何能让学生们认识历史……"[②]"当前，美国的年轻人缺的不是想法，他们缺的是形成这些想法的基础——事实！"[③]当时的教育部部长理查德·莱利（Richard Riley）也说道："这不符合我们的要求。这不符合我们理想中的好的课程标准。这不是我们理想中的应该在美国课堂中教授的历史课。……无论学生的生活境况如何，历史课就是要让学生们掌握我们美国历史中的跌宕起伏，要让他们以积极的态度来对待历史事实……"[④]

1995年，参议院以99票反对、1票赞成的结果，否决了纳什编著的历史课课程标准。后来，华盛顿特区组建了一个基础教育专家小组来修正历史课课程标准，修正后的历史课课程标准被分发往各州各地。

在这之后，其他各门学科也纷纷效法，制定了类似的"全国标准"。虽然后来在实践传递层面，"全国课程"并没有产生预期的影响，[⑤] 虽然后来社会各个阶层也都对"全国课程"进行了强烈的批评，但是，从"优异"这个社会符号的生产过程中来看，新保守主义还是取得了完全的胜利。新保守主义意识形态开始全面地占领教育决策领域中的"天字第一号讲坛"（bully pulpit），它战胜了传统派，成了教育政策的文本的解释权威。"学科知识""核心知识""事实性"的知识最有价值；"优异"，即"文化素养"的养成。就这样，由新保守主义定

---

① See G. Gugliotta, "Up in Arms about the 'American experience'," *The Washington Post*, 1994; T. Henry, "History by Rote Considered a Dated Approach," *USA Today*, 1994.

② See C. Krauthammer, "History Hijacked," *The Washington Post*, 1994.

③ See A. Shanker, "The History Standards," *The New York Times*, 1994; A. Shanker, "Debating the Standards," *The New York Times*, 1995.

④ See R. W. Riley, *Statement by Richard W. Riley* (Washington D. C.: U. S. Department of Education, 1994).

⑤ 只有加利福尼亚、弗吉尼亚、得克萨斯和马萨诸塞采用了"全国课程"，而且在这4个州里，"全国课程"也未起到决定性的影响。

义、阐释的“优异”符号便完成了“主流象征”生产的全过程，并从政策文本和制度组织两个层面为“优异”这个“主流象征”进入符号信息的传递阶段做好了准备。

但与此同时，我们必须认识到，新保守主义与传统派是20世纪80年代美国保守主义的两大同盟力量，它们之间尽管存在着分歧，但也存在着广阔的协商、妥协和让步的空间。也许大家已经注意到，洪尼格在加州的课程改革中，将市场力量引入了公共教育领域，对教科书进行了市场化的改革，由政府制定课程的“内容标准”，由市场这只“看不见的手”来调节、保障教科书的质量。这实际上就意味着“强国家”与“强市场”的联合。虽然在“优异”的政策文本的生产中，是由新保守主义占据优势地位的，但是在保障“优异”的政策文本的传递中，仍然要依靠传统派所主张的“市场”的力量。这便是妥协的达成，它使“强国家”与“强市场”、新保守主义与传统派，成了一架实现保守主义全面复兴的“双轮马车”，保障了保守主义在“赢得政权的同时也赢得了世俗社会”。

四、反抗者的声音：谁的知识最有价值

正当新保守主义与传统派就“什么知识最有价值”争论不休的时候，正当新保守主义与传统派就“全国课程”“标准”与“全国考试”相持不下的时候，他们遭到了来自保守主义阵营外部的批判。一群具有激进主义思想和批判精神的学者、教师认为，虽然目前的公共学校中存在着诸多问题，如“过于官僚化的本质、课程缺乏统一性、与社区生活、需求和文化的脱节”① 等，但是新保守主义与传统派提出的解

① Michael W. Apple, *Educating the "Right" Way: Markets, Standards, God, and Inequality* (New York: Routledge, 2006), p. 187.

决方法是有问题的，他们质疑保守主义阵营中的“课程政治”，他们提出了“谁来选择它（课程）”“它是如何被组织起来的”“它是如何被传授的”“它是如何被评价的”“谁才应该来提问和回答这些问题”“谁受益”等一系列问题。一言以蔽之，在学校中到底是“谁的知识最有价值”？他们振臂高呼，“教育与文化政治有着很深而密切的牵连。课程从来都不仅仅是知识的不偏不倚的汇集，正如一个全国教科书里及课堂中所显现的情形，它总是一种选择性传统的一部分，是某人的选择结果，是某个集团对合法性知识的简介。它产生于文化、政治、经济的冲突、紧张和妥协中，正是这些冲突、紧张和妥协使一个民族有机地团结在一起或四分五裂。……当某个集团的知识被定义为最为合法的、官方的知识，而其他集团的知识则几乎被视而不见时，这种决策本身就说明了关于谁在社会中拥有权力的重要事实”①，并由此展开了对保守主义教育政策文本的声讨。

首先，让我们从品味山景高中（Mountain View High School，MVHS）② 的一些小故事开始……

（一）来自山景高中的一些小故事

山景高中的故事发生在20世纪90年代中后期，当时新保守主义已经开始在实践层面普遍地推广“核心知识”“共同文化”与“全国课程”了。③

故事一：

---

① Michael W. Apple, *Cultural Politics and Education* (New York: Teacher College Press, 1996), p. 22.

② 山景高中是一所位于美国西南部的城市高中，在山景高中里占统治地位的文化族群包括白种人和拉美人。

③ Michael W. Apple and Kristen Buras, *The Subaltern Speak: Curriculum, Power, and Educational Struggles* (New York: Routledge, 2006), pp. 121-140.

1997年春，在美国西南部的一所城市中，11所综合高中里有5所学校的毕业生们要求在毕业典礼时身着具有传统文化特征的本民族服饰，而拒绝头顶学帽、身穿学袍。他们的要求被驳回，随即学生及家长、亲属、部族首领和草根组织立刻针对这一决定向学区教育委员会提起了上诉。

在一次会议上，一名毕业生代表学生讲话："我们中间很少有人在毕业时穿着能够使我们与众不同的传统服装。"他说："我们中的许多人都是其家庭中第一个即将从高中毕业的成员，对我们的文化而言，这是一项巨大的成就。然而，学帽、学袍、领带和正装皮鞋代表了白人的文化。"

而学区的发言人则拒绝了学生的要求："这是一个法律上的两难选择。如果你允许一个人在毕业典礼上穿着传统服饰，你就不得不允许所有的人都这样。当太多的民族和宗教群体以他们自己的方式进行表达，毕业的意义就变得盘根错节，十分复杂……公共教育是为所有人服务的。一旦我们允许一个宗教或文化群体在毕业典礼上表达他们自己的意愿，那么将会产生一些法律后果。"

故事二：

大卫（David）是山景高中十一年级的一名学生，他是印第安纳瓦霍族（Navaho）人。当谈及美国历史（U. S. History）这门课时（美国的公立中学通常要求在十一年级学习这门课程），大卫对比了美国历史课上传授的观点和土著美国人课程提供的视角：

大卫：在我的历史课上，他们总是歪曲事实。总是试图美化白人和西班牙人，使他们看起来比土著美国人好……在历史书中尽是些如此表达赞扬的文章。而在我们的土著美国人课程上，我们了解的是历史的事实。

访谈者：那么，这会使你有何感受呢？

大卫：这使我发疯，并且让我有种冲动——跑到历史课堂的前面，告诉他们我所知道的东西完全不是这么回事……但我不想让自己看起来像个傻瓜。因为那样的话，他们可能会把我踢出教室或其他什么的。

故事三：

埃德温（Edwin）是一名来自印第安纳普韦布洛族（Pueblo）的中学生。在面对英语文学课程与历史课的课程标准时，他的反抗行为表现得十分积极，并建立了一种否定式的阅读方式：

访谈者：你认为老师们是否意识到你作为土著人的认同感对你意味着什么？

埃德温：有些老师没有意识到，但我让他们意识到了，如我的英语老师、历史老师，我将会让他们知道我是谁，我很看重自己的文化。

访谈者：你是怎样做的？仅仅是告诉他们吗？

埃德温：就像我的英语老师……她让我写命题作文，有时我会不赞同她给的题目。比如，有一次，她让我们写关于《奥德赛》（Odyssey）及奥德修斯（Odysseus）如何行军……如何征服不同的国家，并且要我们试着写出这个传说对文明社会的价值。我不赞同写这些东西。我说：“他（奥德修斯）对我来说没有任何价值。作为土著美国人，我对此完全不赞同。看看吧，白人对土著美国人的所作所为与奥德修斯在传说中的表现并没有什么不同。他到处行军打仗、用武力征服民众，但从未表现出怜悯之心。在他心中只有他自己，对他所屠杀的人是谁毫不在乎。”关于这个题目我陈述了一些论点，一些我的感受。或许是对我的自作聪明产生了一些想法，或许是其他什么的，她（我的英语老师）在我的整篇作文中画了许多问号，好像在问我为什么会有这些想法。我首先想到的是，照他们的说法，“这是一个英雄故事”，但以我自己的观点看，这个故事和白人对我们的所作所为如出一辙。

发生在山景高中的小故事告诉我们：进入实践层面的所谓的“共同文化”，并不是各种族共有、共享、互相尊重的文化，而是以具有排他性的“盎格鲁-撒克逊-白人-新教”文化（WASP）为主导的“核心知识”。

（二）被扭曲了的“共同文化”

具有激进主义思想和批判精神的学者（以下简称激进派）对保守主义教育政策的批判，是从其教育政策的“核心”概念开始的，即从揭露他们对“共同文化”的扭曲开始的。他们批判地继承了新马克思主义的意识形态霸权理论、后结构主义、后现代主义、女性主义、后殖民主义，以及英国伯明翰文化研究学派的诸多理论与思想方法，“强调国家权力和共同意识内的意识形态趋势，以及来自于底层的文化运动权力——不能忽视社会行动的经济背景”①，揭露了保守主义借助对社会“主流符号”或“优势符号”的再定义，进而推销保守主义的文化霸权的政治意图。

正如前文所指出的那样，在“优异”这个“主流象征”的生产过程中，新保守主义获得全面的胜利，成了教育政策文本中的“优异”的解释权威。新保守主义将“优异”这个抽象的但又在整个美国社会中具有强烈的隐喻和象征意味的概念，明确为“文化素养”的养成，“共同文化”“共享文化”的确立，这也就成了激进派批判保守主义教

---

① 阿普尔：《国家与知识政治》，黄忠敬、刘世清、王琴译，华东师范大学出版社，2006，第44页。

育政策文本的起点。

激进派认为，保守主义在教育政策文本中，一方面，通过“使这些抽象的概念具体化”[1]，歪曲关于“共同文化”“共享文化”的议题。正如雷蒙德·威廉姆斯（Raymond Williams）所指出的那样：“共同文化的理念绝不意味着简单的认同，当然更不是指一个一致性的社会。（它关涉）所有人对意义的共享，这些人有时作为个体而行动，有时作为群体而行动，这一过程没有特定目的，它在任何时候也不能认为已经得以实现、已经得以完成。在这一共享的过程中，唯一绝对的是始终保持清晰的沟通渠道和沟通制度，以便所有人都有可能为之贡献力量，而且在得到帮助的情况下去有所贡献。”[2] 事实上，“共同文化”从来都不是把少数人所指定的和相信的东西广泛扩展到每一个人；“共同文化”从来都不要求对那些使我们“有文化素养”的事实、概念、技能和价值进行界定；“共同文化”要求的是为人们创造必要的条件去参与意义和价值的建构和重建；“共同文化”要求的是一个民主过程，在这个过程中所有人都可以对什么是重要的问题进行深思，而不仅仅是那些充当“西方传统”卫道士的知识分子才能思考这个问题。[3] 因此，激进派认为，在谈及“共同文化”的时候，强调的不应该是一些“一致性的”或“同质性的”的内容，而应该强调对“差异”、对“异质性”的认识、认可和尊重；即所谓的“共同文化”应该是“在意义和价值的建构中，的确体现了一个自由、众人奉献、共同参与的过程”[4]，而不是由新保守主义者赫什等人所宣扬的“学科”的、“逻辑严密”的“核心知识”。

---

① Michael W. Apple, *Cultural Politics and Education* (New York: Teacher College Press, 1996), p. 39.

② R. Williams, *Resources of Hope* (New York: Verso, 1989), pp. 37-38.

③ R. Williams, *Resources of Hope* (New York: Verso, 1989), pp. 35-36.

④ R. Williams, *Resources of Hope* (New York: Verso, 1989), p. 39.

另一方面，在教育政策文本中，保守主义通过“对低级的、粗糙的、庸俗的、堕落的、奴性的享乐的否定，一言以蔽之，对自然的享乐的否定，是有意把文化建构为一个神圣的领域，它暗含了对某些人群优越性的认同。这些人沉醉于世俗人无法涉足的高尚的、纯洁的、无私的、不求回报的、高贵的情趣之中”①，而且这些“文化”“通过预设了某些经济和社会状况……因而，必定与不同阶级和不同阶级成分的个性（惯习）特征交融在一起”②。“因此，文化的形式和内容实际上在发挥阶级标定的作用。”③ 这样的一个文化体系一旦与官方权力相结合，便使这种被“官方认定的”文化具有唯一的合法性，所谓的“共同文化”也就不再是“共同的”“共享的”“多样性的”文化了，而成了“阶级的”文化。

因此，新保守主义在逻辑起点上的错误，使在由此推理产生的教育政策文本中，“共同文化”被看作“生活或传统的同质方式，而不是一个包含差异、关系或权力的领域，对特定国家或民族中的社会趋向和文化的真正多样性没有给予认同。国家文化的选择版本被当作任何社会达成一致性的绝对条件。在这个框架中，对其他文化系统及其他社会（像我们的）日常生活时间汇总各种成分的借用、混合和融合是不可想象的，或者被看作一种除了产生虚空别无所能的文化暴政”④。因此，“优异”与否的关键是，是否认同并接受这种被“官方认可”的、“合法”的“共同文化”。

这样一来，新保守主义定义与阐释的“共同文化”，实际上便成了一种“带有排外的、怀旧的色彩并充斥着频繁出现的种族主义词汇”⑤，

① P. Bourdieu, *Distinction* (Cambridge, Mass.: Harvard University Press, 1984), p. 7.

② P. Bourdieu, *Distinction* (Cambridge, Mass.: Harvard University Press, 1984), pp. 5-6.

③ P. Bourdieu, *Distinction* (Cambridge, Mass.: Harvard University Press, 1984), p. 2.

④ Education Group Ⅱ (ed.), *Education Limited* (London: Unwin Hyman, 1991).

⑤ J. Kozol, *Savage Inequalities* (New York: Crown, 1991), p. 71.

并进而衍生的“主流”的、“高级”的、“有教养”的“文化”。也正是因为如此，“共同文化”本身成了一种“文化政治”“文化霸权”和“文化压迫”的表现形式，实际上是让所有学生都接受教育政策文本的阐释权威——新保守主义的价值观，而这“根本就与共同文化无关”①。正如阿普尔所指出的那样，“共同文化这个观点本身就是文化政治的一种形式，而新保守主义者定义的全国课程就将建立在这种文化之上。在广泛的语言、文化和宗教的多样性里——这种多样性构成我们生活在其中的不断创造性和流动性，‘凌驾于’这种多样性之上正是右派的文化政策。我们以为它是在重建共同文化，其实它是在重新发明一种共同文化，其方式非常像赫什在试图以自我为标榜来界定何谓有教养时所做的那样。美国从来就不曾真正存在统一的文化。所谓统一的文化，不过是一个选择性的版本，一种发明出来的传统。这个传统在经济危机和权威关系危机时代被不断调整（虽然是通过不同的形式），这两种危机都威胁到文化和经济强势群体的霸权”②。

（三）全国课程是一个错误

既然保守主义教育政策文本的逻辑起点——“共同文化”已经被扭曲了，那么保守主义教育政策文本所呼吁的建立“全国课程”的主张也就“是一个错误”③。激进派认为，“全国课程”作为一种课程理念及其形式本身，是没有问题的。但是，“全国课程”的这种形式一旦与“官方权力”、与“阶级文化”、与“社会的各种力量处于一种平衡状态”联系起来，“我们就必须警觉其中存在的真实危险”④。

---

① 阿普尔：《意识形态与课程》，黄忠敬译，华东师范大学出版社，2003，第7页。

② Michael W. Apple, *Cultural Politics and Education* (New York: Teachers College Press, 1996), p. 34.

③ M. N. Suydam, “Curriculum and Evaluation Standards for Mathematics Education,” *ERIC/SMEAC Mathematics Education Digest*, No. 1(1990): 46.

④ Michael W. Apple, *Cultural Politics and Education* (New York: Teachers College Press, 1996), pp. 24-25.

正如前文所提及的那样，一方面，保守主义视域中的“全国课程”不仅仅包括“课程内容标准”的设立，还包括教科书的编写、审定与出版，包括全国考试制度的确立，包括教师教育的内容与教学法的变革。换言之，“一个有价值的、高效的全国课程将要求建立许多新的社会和知识的配套机制。例如，教师教育的内容和教学法就不得不与学校课程的内容和教学方法紧密联系起来。考试的内容和教学方法也必须跟课程和教师教育的内容和教学法相联系”，但是“这些联系现在并不存在”①。因此，如果全国课程“仅仅被设计和组织为一种新的考试和教材开发、‘传播’和实施的技术过程，这项事业终难逃失败的厄运”②。

另一方面，激进派还认为，在 20 世纪 80 年代这样一个保守主义“大奏凯歌”的年代，“全国课程”实际上成了“对知识进行政治控制的机制”③。建立在有着强烈的、阶级标定意味的“共同文化”的基础上的“全国课程”，在本质上就是一种“单一文化”的课程。“这个课程把意识形态的‘我们’中心化，经常只是简单提及有色人种、女性和‘他者’的‘贡献’，或者创造一种错误的平等逻辑，说‘我们都是移民’，以上种种就是它处理多样性的方式，强调维护现存等级制度的官方知识，复兴传统‘西方’标准和价值，回归‘纪律严明’教学法，如此等等。对其中任何一项所形成的威胁就是对右派整体世界观的威胁。”④

最后，激进派认为，“全国课程”还有一个最为重要的功能，就是

---

① M. N. Suydam, “Curriculum and Evaluation Standards for Mathematics Education,” *ERIC/SMEAC Mathematics Education Digest*, No. 1(1990): 46.

② M. N. Suydam, “Curriculum and Evaluation Standards for Mathematics Education,” *ERIC/SMEAC Mathematics Education Digest*, No. 1(1990): 46.

③ J. Kozol, *Savage Inequalities* (New York: Crown, 1991), p. 82.

④ J. Kozol, *Savage Inequalities* (New York: Crown, 1991), p. 319.

使右翼之间达成了一种“理想的妥协”①。“全国课程，辅之以严格的全国标准和基于成绩提高的考试制度，就能够在指向课程的‘现代化’和更好的‘人力资本’的高校‘产出’同时，又满足对浪漫化过去的怀旧渴望。”②当全国课程、全国标准、全国考试与市场化这只“看不见的手”捆绑在一起的时候，右派的联盟便达成了。“为了充分理解这一点，我们必须识别它的‘虚伪的大多数统一’（false consensus）的潜在逻辑。一旦这种逻辑确立，几乎没有逆转的可能。全国课程的内容有可能被它所启发的冲突所修正，但是它的政治恰恰根植于它的确立。一旦确立，随着它与全国性考试的庞大体制相联系起来，毫无疑问，它会得以进一步巩固。当它与右派分子议程的其他部分——市场化和私有化联系起来时，我们有足够的理由停顿一下，尤其是鉴于右派在地方、区域和国家各个层次上影响力的日渐强大。”③

因此，在保守主义意识形态大行其道的教育政策文本中，“全国课程”的“错误”在于：第一，使“不平等合法化”。这可能有助于创造一种幻觉，即无论在学校里存在多么大的差异性，他们都有共同性。④他们在文化意义上都是平等的。正如乔纳森·科泽尔（Jonathan Kozol，1936— ）所生动地展示的那样，资源和权力差异，以及由这些差异而导致的学生伴随性经历上的差异、教师的差异、社区成员们之间的差异，确实是“残酷无情的”（savage）⑤。因此，“在缺乏足够人

① Michael W. Apple, *Cultural Politics and Education* (New York: Teachers College Press, 1996), p. 31.

② See R. Bocock and K. Thompson, *Social and Cultural Forms of Modernity* (Cambridge: Polity Press, 1992).

③ Michael W. Apple, *Cultural Politics and Education* (New York: Teachers College Press, 1996), p. 36.

④ See G. Whitty, T. Edwards and S. Gewirtz, Specialization and Choice in Urban Education (New York: Routledge, 1993).

⑤ See J. Kozol, *Savage Inequalities* (New York: Crown, 1991).

力和物力资源的情况下，全国课程和全国考试制度仅仅是认可和加剧了性别、种族和阶级的差异”①。

第二，“全国课程”扮演着“国家看门狗委员会”（state watchdog committee）的角色。“全国课程的主要作用是提供一个全国考试能够得以运作的框架结构。它使某个机制得以建立，这个机制被认定可以为消费者提供学校的‘质量标签’，以便‘自由市场力量’可以在最大范围内发挥作用。如果我们想要一个教育的自由市场，消费者可以被提供一个富有诱惑力的‘选择’范围，那么全国课程，尤其是全国考试在本质上就充当着‘国家看门狗委员会’的角色，以控制市场的‘最坏的极端情形’（worst excesses）。”②

（四）谁受益

“谁受益”是激进派学者揭露保守主义教育主张的政治性、工具性和虚伪性所提出的一个根本问题。谁才是“共同文化”的最终受益者？谁才是“全国课程”的最终受益者？最后，谁才是保守主义教育政策的最终受益者？

激进派借用葛兰西的新马克思主义理论指出：“对一个社会知识的保存和生产部门的控制，是增强一个群体或阶级对另一个弱势群体或阶级进行意识形态统治的关键性因素。”③ 虽然“新职业主义和主张传

---

① Michael W. Apple, *Cultural Politics and Education* (New York: Teachers College Press, 1996), p. 36.

② Michael W. Apple, *Cultural Politics and Education* (New York: Teachers College Press, 1996), p. 32.

③ 阿普尔：《意识形态与课程》，黄忠敬译，华东师范大学出版社，2003，第 65 页。

统的知识自主[①]的教学实践代表了不同精英意识形态之间的冲突，一个是基于市场的阶级分层，一个是基于知识的阶级分层和阶级支持”[②]，但是，不论在市场取向与知识取向的教学和课程时间之间存在怎样的矛盾和冲突，现存的种族、性别和基于阶级的不平等都有可能被再生产。[③]

因此，由新保守主义意识形态所主导的“共同文化”“全国课程”，依赖于清晰的标准和高度结构化的教学和评价模式，并通过它的内在价值证明了它的合理性。这种教学法认为，学习“西方传统”的价值在于西方传统在“所有我们珍视的”东西中所占据的基础地位，在于它所灌输给学生们的价值规范和性格倾向。[④] “这种……课程的傲慢在于它对道德崇高和文化优越的主张，在于对它造成的分层结果漠然置之，在于自负地认为自己与其他任何事情都不相关，在于它的自我引证的被抽象化的自主。”[⑤] “它与以下方面批评相结合：……对城市学校失败的批评；对家长的被动性和低下地位的批评；对学生厌学及随之而来的其对不相关课程的中断和抵制的批评；对评价程序的批评，这些程序只是把学习者的相关错误详细列出，而不是列出他们积极的长

---

① “新职业主义”，即新自由主义；“主张传统的知识自主”，即新保守主义，这是伯恩斯坦对右翼阵营的一个划分，与本文所指的“传统派”与“新保守主义”虽略有不同，但在一定程度上，又有部分的重合。“新职业主义”主张市场导向，与本文所指的“传统派”的主张有部分的重合；“传统的知识自主”强调清晰的、标准的和高度结构化的知识体系，与本文所指的“新保守主义”的观点有部分的重合。

② Basil Bernstein, *The Structuring of Pedagogic Discourse* (New York: Routledge, 1990), p. 63.

③ Basil Bernstein, *The Structuring of Pedagogic Discourse* (New York: Routledge, 1990), p. 64.

④ Michael W. Apple, *Cultural Politics and Education* (New York: Teachers College Press, 1996), pp. 36-37.

⑤ Basil Bernstein, *The Structuring of Pedagogic Discourse* (New York: Routledge, 1990), p. 87.

处；等等。但是，它吸收这些批评而形成一种新的话语：新的教学法两面神……那种给家长更大选择权的直接承诺……并不是参与民主的狂欢，而是一个遮掩学校和课程的既有分层的单薄遮羞布。”①

因此，在保守主义的教育政策文本中，在由“看不见的手”（市场机制）和“看门狗委员会”（官方权力）所组成的保守主义意识形态中，以“核心知识”为根本的“共同文化”，以及以此为基础的“全国课程”，将进一步加剧社会现有的和广泛蔓延的阶级、种族和性别的差别。“共同文化”仅仅是为那些符合保守主义价值观的，有政治、经济和文化支付能力的阶级服务的；而“全国课程”也将成为教育中“种族隔离”“阶级分化”和“性别歧视”的“一种更加文雅的说法”②。

综上所述，我们回顾了20世纪80年代美国保守主义教育政策文本中对“优异”这个“主流象征”的生产过程。它首先是从质疑20世纪六七十年代美国公共学校中的“知识危机”开始的，在对“知识危机”进行形塑的过程中，保守主义阵营挑选了“优异”这个具有强烈的表达上的隐喻性和意义上的模糊性的社会主流文字符号，作为保守主义教育政策文本的“主流象征”。接下来，为了使“优异”在保守主义教育政策文本的使用过程中具有完全的确定性，新保守主义与传统派都对“优异”符号进行了“再定义”。新保守主义认为，“优异”，即以“核心知识”和“共同文化”为基础的“文化素养”的养成；而传统派认为，“优异”，即以“心智的力量、个性和道德品质”为基础的“道德素养”的养成。这个“再定义”的过程，不仅引起了新保守主义与传统派在意识形态领域中的论争，而且引起了他们在政策实践领域的斗争。但随着“课程曼哈顿计划”在加州的展开，随着夏洛特斯维尔

① Basil Bernstein, *The Structuring of Pedagogic Discourse* (New York: Routledge, 1990), p. 87.

② A. Green, “The Peculiarities of English Education,” in *Education Limited*, ed. Education Group Ⅱ (London: Unwin Hyman, 1991), p. 30.

教育峰会的召开与《全国六项教育目标》的确定，随着坚定的新保守主义者——拉马·亚历山大与戴安娜·拉维奇占领了联邦教育部，这场关于“优异”符号的论争与冲突，最终是以新保守主义的全面胜利告终。新保守主义成了保守主义教育政策文本中“优异”符号的阐释权威，并从政策文本和制度组织两个层次确定了新保守主义意识形态的优势地位。同时，在新保守主义与传统派冲突的过程中，他们也达成了一种“理想的”妥协状态，即在以新保守主义定义的“共同文化”基础上构建的“全国课程”中，市场与官方权力被捆绑在了一起，“看不见的手”与“看门狗委员会”的同盟状态正式成立了。这便完成了教育政策文本中“优异”符号生产的全过程，并为其进入符号的传递领域做好了准备。

另外，在新保守主义与传统派之间的冲突—论争—达成妥协的过程中，他们还遭到了来自右翼阵营外部的、具有激进主义思想和批判精神的教育研究者和教师们的强烈反抗与批判。这些激进派的学者们揭露了隐藏在保守主义教育政策文本中的“文化政治”与权力斗争，揭发了被扭曲了的“共同文化”，以及被标刻阶级烙印与区隔的“全国课程”的政治意图。在质疑保守主义提出的“什么知识最有价值”的过程中，他们针锋相对地提出了隐藏在这个问题背后的另一个更为重要和关键性的问题，即“谁的知识更有价值”。而激进派的质疑也帮助我们开始反思“优异”这个教育文本符号中所蕴藏的“价值”“控制”和“权力斗争”，开始反思那些“横在参与道路上的有形障碍——不平等的权力、财富和反思的时间”①。

参考文献

[1] 阿普尔. 国家与知识政治 [M]. 黄忠敬，刘世清，王琴，译.

---

① R. Williams, *Resources of Hope* (New York: Verso, 1989), pp. 35-36.

上海：华东师范大学出版社，2007.

[2] 阿普尔. 意识形态与课程 [M]. 黄忠敬，译. 上海：华东师范大学出版社，2003.

[3] APPLE M W. Can critical pedagogies interrupt rightist policies?[J]. Educational Theory,2000,50(2):230.

[4] APPLE M W. Cultural politics and education[M]. New York: Teacher College Press,1996.

[5] APPLE M W. Educating the "right" way: markets, standards, god, and inequality[M]. New York: Routledge,2006.

[6] APPLE M W. Official knowledge: democratic education in a conservative age[M]. New York: Routledge,2000.

[7] APPLE M W, BURAS K L. The subaltern speak: curriculum, power, and educational struggles[M]. New York: Routledge,2006.

[8] BENNETT W J. American education: making it work[R]. Washington D. C.: A Report to the President and the American People,1988.

[9] BENNETT W J. De-valuing of America: the fight for our culture and our children[M]. New York: Touchstone,1994.

[10] BERNSTEIN B. The structuring of pedagogic discourse[M]. London: Routledge,1990.

[11] BLOOM A. The closing of the American mind[M]. New York: Simon & Schuster,1987.

[12] BOCOCK R, THOMPSON K. Social and cultural forms of modernity[M]. Cambridge: Polity Press,1992.

[13] BOURDIEU P. Distinction[M]. Cambridge, Mass.: Harvard University Press,1984.

[14] BURAS K. Rightist multiculturalism: core lessons on neoconservative school reform [M]. New York: Routledge,2008.

[15] CORNBLETH C, WAUGH D. The great speckled bird: multicultural politics and education policymaking[M]. New York: St. Martin's Press, 1995.

[16] Education Group Ⅱ. Education limited[M]. London: Unwin Hyman, 1991.

[17] FINN C E, WALBERG H. Radical education reform[M]. Berkeley: McCutchan, 1994.

[18] GALAMBOS E C. Teacher preparation: the anatomy of a college degree[M]. Atlanta, Ga.: Southern Regional Educational Board, 1985.

[19] GROSS B, GROSS R. The great school debate: which way for American education? [M]. New York: Simon & Schuster, Inc., 1985.

[20] GUGLIOTTA G. Up in arms about the "American experience" [J]. TheWashington Post, 1994.

[21] HAMMOND L D. Bush's testing plan undercuts school reforms[J]. Rethinking Schools, 1992(6).

[22] HENRY T. History by rote considered a dated approach[J]. USA Today, 1994.

[23] HIRSCH E D. Cultural literacy: what every American needs to know[M]. Boston: Houghton Mifflin Company, 1987.

[24] HIRSCH E D. The school we need and why we don't have them[M]. New York: Doubleday, 1996.

[25] HONIG B. Last chance for our children[M]. Reading, Mass.: Addison-Wesley, 1985.

[26] KAMMEN M. The problem of American exceptionalism: a reconsideration[J]. American Quarterly, 1993(1).

[27] KILPATRICK W H. Foundations of method[M]. New York: Longmans, 1925.

[28] KOZOL J. Savage inequalities[M]. New York:Crown,1991.

[29] KRAUTHAMMER C. Historyhijacked[J]. The Washington Post,1994.

[30] MITCHELL F,SCHWINDEN M. Profiles of the education of teachers and proposals for reform[M]. Tempe, Ariz. : Arizona State University,1984.

[31] PINCUS F L. From equity to excellence: the rebirth of educational conservatism[J]. Social Policy,1984,14(3):51,54,55.

[32] RAVITCH D. National standards in American education: a citizen's guide[M]. Washington D. C. :The Brookings Institution,1995.

[33] RAVITCH D. Left back: a century of battles over school reform[M]. New York:Simon & Schuster,Inc. ,2000.

[34] RILEY R W. Statement by Richard W. Riley[Z]. Washington D. C. :United States Department of Education,1994.

[35] ROSS W E. The social studies curriculum:purpose,problems, and possibilities[M]. Albany:State University of New York Press,1997.

[36] SCHLESINGER A M. The disuniting of America: reflections on a multicultural society[M]. New York:Norton,1992.

[37] SCOTT R A,DOUGLAS J D. Theoretical perspectives on deviance[M]. New York:Basic Books,1972.

[38] SHANKER A. The history standards[J]. The New York Times,1994.

[39] SHANKER A. Debating the standards[J]. The New York Times,1995.

[40] SMITH M S,O'DAY J,COHEN D K. National curriculum, American style:what might it look like? [J]. American Educator,1990(14).

[41] SORENSEN A B, SPILERMAN S. Social theory and social policy: essays in honor of James S. Coleman[M]. Westport, Conn.: Praeger, 1993.

[42] SPRING J. Political agendas for education: from the religious right to the Green Party[M]. Mahwah, N. J.: Lawrence Erlbaum Associates, Publishers, 2005.

[43] STEINFELS P. The neoconservatives: the men who are changing America's politics[M]. New York: Simon and Schuster, 1979.

[44] SUYDAM M N. Curriculum and evaluation standards for mathematics education [J]. ERIC/SMEAC Mathematics Education Digest, 1990(1): 46.

[45] SYMCOX L. Whose history? the struggle for national standards in American classrooms[M]. New York: Teachers College Press, 2002.

[46] TENNENBAUM S. William heard kilpatrick: trailblazer in education[M]. New York: Harper, 1951.

[47] URBAN W J, WAGONER J L. American education: a history [M]. New York: McGraw-Hill, 2004.

[48] WALBERG H J. Improving the productivity of America's schools[J]. Educational Leadership, 1984(8).

[49] WHITTY G, EDWARDS T, GEWIRTZ S. Specialization and choice in urban education[M]. New York: Routledge, 1993.

[50] WILLIAMS R. Resources of hope[M]. New York: Verso, 1989.

[51] WITTROCK M C. Handbook of research on teaching[M]. New York: Macmillan, 1986.

何谓美国历史？*

——围绕《全国历史教学标准》引起的辩论

王 希

1994 年 10 月，美国加州大学洛杉矶分校的全国中小学历史教学中心（National Center for History in the Schools，NCHS）向外界公布了一套《全国（中小学）历史教学标准》（National History Standards，以下简称《标准》）。这套《标准》一共 3 部：《5—12 年级美国史教学标准》《5—12 年级世界史教学标准》和《K—4 年级少儿历史教学标准》。① 《标准》是美国政府中小学教育改革计划的一部分，其制作得到美国联邦教育部和国家人文基金（National Endowment for the Humanities，NEH）的资助。《标准》制作的初衷是为全国中小学历史教师提供一种统一的教学指南，提高历史教学的质量，不料公布后却

---

* 本文原载《美国研究》1998 年第 4 期。初稿曾于 1998 午 6 月分别在中国社会科学院召开的国外社会科学发展研讨会上和南开大学历史研究所宣读，与会者的评论和提问对我修改和充实本文颇有帮助；南开大学的杨生茂、李剑鸣两位教授对本文的修改提出了重要的参考意见，在此一并致谢。王希，北京大学历史系教授，美国宾夕法尼亚州印第安纳大学（Indiana University of Pennsylvania）历史系教授。

① See National Center for History in the Schools, *National Standards for United States History : Exploring the American Experience , Grades 5-12*, 1994; National Center for History in the Schools, *National Standards for World History : Exploring Paths to the Present , Grade 5-12*, 1994; National Center for History in the Schools, *National Standards for History for Grades K-4: Expanding Children's World in Time and Space*, 1994. 5—12 年级相当于我国小学五年级至高中三年级。K—4 年级指幼儿园至小学四年级。

引发了美国社会对美国历史和历史教学的一场大辩论。

从 1994 年 10 月到 1998 年初，反对和支持这套《标准》的文章和评论频频出现，学术界、教育界和新闻媒体都加入了辩论。3 部《标准》中争议最大的是《美国史教学标准》。反对它的一派称，这部《标准》歪曲了美国历史的本来面目，过分渲染了美国历史上的阴暗面，诋毁了美国历史的光辉传统。支持它的一派则称，这部《标准》如实地反映了美国历史过程中的成功与失败，尤其反映了不同群体的美国人在美国历史上的经历，在史实、选题、教学方法和教材诸方面都有重要的突破，对培养美国学生的美国史观十分重要。关于《标准》的辩论也惊动了政界，美国国会参议院于 1995 年 1 月通过决议，对《标准》进行谴责，并威胁停止对《标准》制作单位的拨款。迫于压力，NCHS 对《标准》（尤其对《美国史教学标准》）进行了修改，但对它的批评和反对并没有因此而停息。

为什么这套《标准》会引起如此强烈的反响？它对美国历史的解释与传统史观究竟有何不同？反对和支持《标准》的人怎样看待它的作用？他们争论的焦点是什么？围绕《标准》的辩论与美国史学界在过去几十年来发生的变化有什么关系？与近年来美国社会对多元文化主义的讨论有什么关系？这是本文关心的问题。本文将简述这套《标准》的起源和制作，介绍《美国史教学标准》的内容和特点，描述和分析反对和支持它的两派观点，并在此基础上探讨《标准》及其辩论的背景和意义。

一、《标准》的起源与制作

要求制定全国历史教学标准的呼声起源于 20 世纪 60 年代末 70 年代初。当时，美国史学界正在经历一场由社会史学（social history）带来的内部革命。一方面，社会史学的兴起使美国史研究在方法、题目和史料上出现了前所未有的繁荣，传统史观和研究方法受到挑战，批判精神在大学的历史教学和研究中占了主导地位。与此同时，中小学的历史教学却在原地踏步，继续采用填鸭式的教学方式，向学生强行灌输“爱国主义式的”历史。20世纪60年代末，一些历史学家呼吁改革中小学历史教育，但没有引起各界足够的重视。另一方面，中小学教育体制也为教育改革设置了障碍。传统上美国的中小学教育为州和地方政府所管辖，有的州虽制定了教学标准，但教学内容和教材基本上仍然由各地学区控制，全国没有统一的标准。在这种“自由放任式”的体制下，历史教学在内容、教材和观点等方面“百花齐放”，不同的学校对同一历史问题的教学可能采用完全不同的历史观点，使用不同史学流派的研究成果。比如，南北两地学校对内战和重建的讲解可能因其历史地理位置的不同而完全不同。再者，死记硬背的教学方式使学生对历史产生强烈的抵触情绪。这种中小学历史教学与专业历史研究严重脱节的现象引起了美国历史协会（American Historical Association，AHA）和美国历史学家组织（Organization of American Historians，OAH）的重视。自80年代初起，这两个全国最大的历史学专业组织举办了一系列活动，包括定期培训中小学历史教师、开创每年一度的“全国历史活动日”（National History Day）的活动、出版杂志定期向中小学教师提供历史研究新成果的信息等，希望借此帮助教师了解史学动态，激发学生学习历史的兴趣。但这些活动的影响和作用有限，不能彻底改变历史教学内容过时的状况。①

历史教学的滞后与无序，以及美国中小学整体质量的下降最终引起了美国各州和联邦政府的注意。1989年8月，在弗吉尼亚举行的州长联席会议上，美国50个州的州长联合发出呼吁，要求联邦政府出面，

---

① Gary Nash，Charlotte Crabtree and Ross Dunn，*History on Trial：Culture Wars and The Teaching of the Past*（New York：Knopf，1997），pp. 98-114.

制定全国性的教育目标，在中小学教育的重要科目中实行全国统一的教学标准，保证所有学生都能享受同等质量的教育。这项建议得到当时在任总统乔治·布什的支持。1990年，布什向国会提出了6项教育目标，其中包括到2000年时，美国中小学必须保证其毕业生在英语、数学、科学、历史和地理5个科目中具备充分的能力，以便能“成为有责任心的公民，继续进一步的学习，胜任现代经济的职业要求”①。次年，国会根据布什宣布的教育目标拟定了名为《教育美国法》（*Goals 2000：Educate America Act*）的法案，并任命专门的委员会，对重要科目的教学标准和测试问题进行研究，再次确定了制定历史教学标准的计划。1994年3月，《教育美国法》终于在国会两院得以通过，并由克林顿总统签署后生效。

在国会辩论《教育美国法》之际，制定历史教学标准的工作已经开始。1992年，联邦教育部和NEH决定拨款，资助制定历史教学标准项目，并委托加州大学洛杉矶分校的NCHS主持这个项目的工作。为了保证《标准》的学术质量和吸收广泛的意见，NCHS建立了一个多层次的《标准》制定和审阅机制。一个由30人组成的历史教学标准委员会负责为《标准》把关。委员会的负责人之一是洛杉矶分校的历史学教授格雷·纳什（Gray Nash）。纳什长期从事美国殖民地史的研究和教学，并在《标准》制作期间当选为OAH的主席。委员会成员中有全国性历史教育和研究组织的现任和卸任主席、主管地方中小学课程设计的负责人、富有经验的中小学历史教师和声誉卓著的历史学家

① U. S. Department of Education, *National Goals for Education* (Washington D. C.: U. S. Department of Education, 1990), pp. 1, 5.

等。[①] NCHS 又从 AHA 和 OAH 等主要历史研究和教学组织中邀请了一批专家，对《标准》的内容、大纲和写作格式进行具体的咨询和指导。《标准》的写作由一个包括专业历史学家和中小学历史教师组成的 50 人的班子来承担。写作班子分为 3 组，分别写作 5—12 年级的美国史和世界史教学标准及少儿历史教学标准。参与《标准》写作和评审的包括美国史学界的一些前沿学者，如哈佛大学外交史教授入江昭（Akira Iriva）、哥伦比亚大学城市史专家肯尼思·杰克逊（Kenneth Jackson）、新政学者艾伦·布林克利（Alan Brinkley）、耶鲁大学美国早期史教授埃德蒙·摩根（Edmund Morgan）、密歇根大学研究黑人史的专家达琳·克拉克·海因（Darlene Clarke Hine）等。写出的《标准》初稿交由相关历史学专业组织和《标准》委员会评审，然后再送交《全国历史教学论坛》（National Forum for History）征求意见。该论坛由 24 个公共团体组成，代表不同的群体，被称为“美国本身的缩影”[②]。在听取各方意见的基础上，写作班子对《标准》进行修改，然后由委员会审定。按照这样的程序，《标准》五易其稿，历时两年，于 1994 年 10 月完成。

---

① 这些专业组织包括 The Council of Chief State School Officers, the Association for Supervision and Curriculum Development, the Council of State Social Studies Specialists, the National Council for Social studies, the Organization of American Historians, the National Council for History Education, and the Organization of History' Teachers.

② 这些组织包括 National Catholic Educational Association, Native American Heritage Commission, Lutheran Schools, National Association for Asian and Pacific American Education, National Alliance of Black School Educators, National Association of Elementary School Principals, and Educational Excellence Network。See Gary Nash, Charlotte Crabtree and Ross Dunn, *History on Trial : Culture Wars and The Teaching of the Past* (New York: Knopf, 1997), p. 159.

二、《标准》提出的改革方向

根据联邦教育部和 NEH 的要求，历史教学标准的宗旨有两条：提供中小学的历史教学的规范；确定历史教学的大方向，即确定学生在进入大学之前必须掌握的历史知识和思考历史问题的方法。根据这一宗旨，《标准》写作者提出了新的中小学历史教学的标准（criteria）：教学必须在内容上具有挑战性，反映当代“最优秀的史学研究成果”；方法上要提倡积极思考和辩论，反对死记硬背，力求通史和重点史实教学的平衡；要培养学生鉴别史实的能力，注重介绍和引用包括档案、口述资料、文学读物、历史文物、艺术文物、音乐、相片、历史遗址和电影等在内的多种类型的历史材料。①

在教学目标上，《标准》提倡培养学生 5 个方面的能力：（1）对历史发展阶段和历史分期的熟练掌握（chronological thinking），即要求学生熟悉历史事件发生的次序和模式，观察其变化与继承的形式，比较不同的历史分期法。（2）对历史材料的理解能力（historical comprehension），即要求学生理解历史文献的中心思想，解读历史材料，学会从历史人物的角度看问题，并能理解由其他媒介（如统计表格、数学模式、文学和声光媒体）表现的历史信息。（3）分析和解释历史的能力（historical analysis and interpretation），即要求学生学会比较和对照不同群体美国人的历史经验，学会从多种角度分析同一问题，听取和比较不同的历史解释，了解史学界对重大问题的争论。（4）历史研究的能力（historical research），即要求学生学会提问题，学会如何收集和使用历史研究的材料，并能运用这些材料叙述史实和表达观点。（5）历史问题和历史

---

① National Center for History in the Schools, *National Standards for United Stales History: Exploring the American Experience*, *Grades 5-12*, 1994, Preface.

决策的分析能力（historical issues-analysis and decision-making），即要求学生能辨认具有决定意义的历史问题和历史决策，分析历史事件和决策发生的特定环境，分析这些决策带来的后果，讨论在当时的环境下可能做出的其他历史决策，学会为某一种历史决策进行批判或辩护。① 这5种能力的培养可以说是《标准》教学思想的核心，美国史的教学标准尤其是围绕这5种能力的培养而设计的。

三、《美国史教学标准》的内容分析

《美国史教学标准》（以下简称《美国史标准》）是联邦教育部和NEH关心的重点，其制作者对此也格外重视。除了总的要求外，《美国史标准》的写作班子还特别提出美国史教学应强调美国历史的两个基本特点：第一，美国社会历来存在一个以不同的“种族、民族、社会和经济地位、性别、地域、政治见解和宗教信仰”而划分的多元化社会。第二，所有美国人又都同时被“美国民族的共同特征”（nation's commonalities）联结在一起。《美国史标准》的制作者希望学生通过在《美国史标准》指导下的学习，能了解美国历史上重大决定和决策的背景和内容，了解不同群体的美国人在美国历史上的不同经历，建立相互的尊重和理解，深刻理解“共享的公民价值”的历史含义，建立共同的公民认同。②

在教学设计上，《标准》设计采用了通史与重点史实相结合的方法。其具体的做法是将美国历史分为10个时期，每个时期（Era）含2—4个教学单元或标准（Standards）。《美国史标准》为每个时期配有

---

① See National Center for History in the Schools, *National Standards for United States History: Exploring the American Experience*, *Grades 5-12*, 1994, Chapter 1.

② See National Center for History in the Schools, *National Standards for United States History: Exploring the American Experience*, *Grades 5-12*, 1994, Chapter 1.

一个概论（overview），说明本时期美国历史发展的主要特征，列举重要的历史事件，提出学生通过学习本时期的历史后应掌握的史实和观点。教学单元按历史主题而设立，根据主题，《美国史标准》使用具体史实（包括历史事件、思想、人物和历史决定等），按照不同年级学生的理解能力拟出不同程度的教学问题，供教师教学使用。《美国史标准》还在每一单元中配置相应的教学材料（如读物、原始文件、声光资料等），并为教师如何使用这些材料组织多种形式的课堂教学活动提出了详细的建议。此外，《美国史标准》还为每一单元推荐了大量专业的参考读物和教学材料。

为了更好地理解为什么《美国史标准》发表后会引起激烈争论，我们不妨看一看它的历史分期和单元设计：

第一时期：三个旧世界的交汇（美洲的起源至 1620 年）

单元一：美洲大陆、西欧和西非三个社会在 1450 年（相遇）前的特征。

单元二：欧洲探索和殖民活动及其引起的文化和生态上的相互作用。

第二时期：殖民与定居（1585—1763）

单元一：早期欧洲和非洲人抵达美洲；他们与土著美洲人（印第安人）之间的关系。

单元二：北美殖民地政治体制和宗教自由产生的过程。

单元三：欧洲经济生活的体制和价值观念如何在殖民地扎根的？奴隶制如何改变了欧洲和非洲人在美洲的命运？

第三时期：美国革命和新国家（**1754 年至 20 世纪 20 年代**）

单元一：美国革命的起因；促使革命运动形成和发生的思想与利益；革命成功的原因。

单元二：美国革命如何带动了由多种群体参加的改造美国社

会的其他运动。

单元三：革命时期创立的政府机制和实践；这些机制如何在1787年和1815年经过修改而成为美国政体的基础？

第四时期：扩张与改革（1801—1861）

单元一：美国领土在1801—1861年的扩张；这些扩张对外来势力和土著美洲人有何影响？

单元二：工业革命、奴隶制的急速扩展和西进运动等如何改变了美国人的生活并导致了区域间的紧张关系？

单元三：1800年后政治民主的扩大、限制和重组。

单元四：内战前的各种改革运动；这些运动在什么方面有所成就，在什么方面失败了？

第五时期：内战与重建（1850—1877）

单元一：内战的原因。

单元二：内战的过程与本质及其对美国人民的影响。

单元三：不同的重建方案成功与失败的过程。

第六时期：工业化美国的发展（1870—1900）

单元一：大商业、重工业和农业机械化的兴起如何转变了美国人？

单元二：1870年后的大移民；在文化逐渐多元化的背景下，新的社会模式、冲突和思想是如何发展的？

单元三：美国劳工运动的兴起；当时的政治问题如何反映了社会和经济的变化？

单元四：内战后联邦政府的印第安人政策和美国的外交政策。

第七时期：现代美国的出现（1890—1930）

单元一：进步主义运动及其他改革者如何应对工业资本主义、都市化和政治腐败的问题？

单元二：美国因参与第一次世界大战在国际事务中地位的

变化。

单元三：第一次世界大战结束至经济危机前夕美国所发生的变化。

第八时期：经济危机与第二次世界大战（1929—1945）

单元一：经济危机的原因及其对美国社会的影响。

单元二：新政如何解决经济危机问题，如何改变了美国的联邦制，如何开始了福利国家的政策？

单元三：第二次世界大战的起因；第二次世界大战在海外和国内的特征；第二次世界大战对改变美国在国际事务中地位的作用。

第九时期：战后美国（1945 **年至** 20 **世纪** 70 **年代早期**）

单元一：战后美国经济繁荣和社会转型。

单元二：新政在战后的延续。

单元三：冷战、朝鲜战争、越战与美国国内和国际政治的关系。

单元四：为争取种族和性别平等、争取公民自由的扩展的斗争。

第十时期：当代美国（1968 **年至现在**）

单元一：冷战时期外交和国内政策的主要发展。

单元二：当代美国的主要的社会和经济发展。

从单元主题的选择可看出，《美国史标准》有这样几个特点：注重强调美国民族多元化的历史起源，注重以新的角度去学习传统的历史题目并对传统的历史解释提出挑战，注重强调少数民族和妇女在历史上的作用，注重讨论美国国内与国际历史事件的相互关联。

这些特点在单元教学内容的设计中得到了更具体的表现。例如，在殖民地时期（第一时期）的教学设计中，《美国史标准》将所述内容追溯到3万年前，强调作为“后来者”（latecomers）的欧洲人在美洲的历史经历是受到印第安人文明的影响的。《美国史标准》一反过去那种欧洲文明中心论的做法，将欧洲文明、非洲文明和土著印第安人的文明放在同等位置来处理，把三者在殖民地的相遇称为“会合”（convergence），强调三者对北美殖民地文明的形成都有过相当的影响。《美国史标准》称，这样处理是为了让学生认识到，美国人民作为一个实体从一开始就是由不同的种族和民族组成的，正是这种特殊的起源导致了当时及后来长期存在的种族间的紧张和冲突。《美国史标准》希望学生意识到在哥伦布“发现”美洲大陆以前，土著美洲和非洲社会的文明已经相当成熟，消除他们以往具有的对后两种文明的偏见，并能理解为什么3种文明在美洲的相遇会产生剧烈的冲突。为了帮助学生了解印第安人文明的内容，《美国史标准》的第一单元向学生推荐了大量印第安人的史料，包括印第安人的故事、文化习俗、宗教传统及歌谣、传说等，要求学生阅读这些材料，分析其中包含的印第安人对原始美洲文明的描写，并建议学生对同一历史时期印第安人和欧洲人的农耕方式进行比较。①

殖民地起源时期的第二单元的主题是哥伦布发现美洲大陆的意义与后果。《美国史标准》将这一历史事件放在一个广大的历史背景下来讨论，提醒学生注意哥伦布的“发现”直接改变了世界人口的分布（指欧洲和非洲人移居美洲），开创了欧洲主导世界经济的第一阶段，助长了欧洲商业的扩张，加速了资本主义的发展，为代议制政府和宗教自由在美洲生根奠定了基础，但也导致了奴隶制和强制性劳役在美洲的兴起。在具体的练习中，单元要求七年级、八年级的学生比较哥伦布本人日记中对美洲的描述和他实际上对待印第安人的政策，要求

---

① See National Center for History in the Schools, *National Standards for United States History : Exploring the American Experience* , *Grades 5-12*, 1994, Chapter 3, Era 1, Overview and Standard 1.

9—12年级的学生分析各大洲人口移动的后果，分析蔗糖作为十六七世纪的重要商品与加勒比海奴隶制、印第安人的劳役及欧亚都市无产阶级的出现有何联系。①

在对传统题目的学习上，《美国史标准》注重改正过去的史观，结合新的史学研究成果，引导学生从深层次上理解问题。例如，在讨论美国革命的意义时，《美国史标准》在建议学生分析《独立宣言》的重要原则的同时，要求学生注意《独立宣言》与奴隶制并存的事实，启发学生思考：声称追求自由平等的殖民者为什么会容忍这种自相矛盾的做法？在讨论独立战争时期各社会群体的态度时，《美国史标准》建议学生讨论为什么会有一些黑人和印第安人选择站在英国人一边，指出黑人和印第安人这样的决定也是为了追求自由（因当时英国人曾承诺若奴隶帮助他们可在战后获得自由），其政治意义与殖民者追求自由的行动是一致的。通过这样的问题设计，《美国史标准》希望学生了解革命的局限性和多面性。②

在讨论美国革命的社会效果时，《美国史标准》要求学生思考：革命对不同群体的美国人来说意义有何不同？不同群体美国人希望通过革命达到的目标是否得到了同等的实现？但《美国史标准》对不同年级的学生设置了不同程度的问题和教学方式。对于五年级、六年级学生，《美国史标准》要求他们了解和比较小农、商人、妇女、黑人和印第安人这几个群体中任意两个群体的感受和想法；要求七年级、八年级学生利用历史信件和日记探讨革命时期妇女对权利和地位的要求，

---

① See National Center for History in the Schools, *National Standards for United States History : Exploring the American Experience* , *Grades 5-12*, 1994, Chapter 3, Era 1, Standard 2.

② See National Center for History in the Schools, *National Standards for United States History : Exploring the American Experience* , *Grades 5-12*, 1994, Chapter 3, Era 3, Standard 2.

以及为什么在当时这些要求不能得以实现的原因；要求九年级以上的学生通过阅读相关原始材料说明黑人对革命的贡献。显然，与传统美国革命史的内容相比，黑人和妇女在这一单元中占了很大的比例。《美国史标准》还指出了黑人和妇女并没有能从革命中获得与有产白人男子同等的自由与权利，提醒学生注意美国革命的不彻底性和保守性。①

对传统史观的重新思考还体现在其他题目的教学中，如讲“杰克逊式的民主”（Jacksonian Democracy）这一题目时，《美国史标准》建议教师讲述杰克逊时代“分赃制”的运作，启发学生思考安德鲁·杰克逊在1828年的当选是否真的代表了“普通民众”在美国民主中的胜利。② 又如，在讨论工业化美国时，《美国史标准》没有重点讨论美国工业化的成就，而是要求学生关注这一时期中处于不同经济阶层的群体的美国人的经历，注意由工业化引起的阶级和利益冲突，尤其是移民和都市贫困人民的经历、尖锐的劳资矛盾、印第安人被迫出让土地等问题，使学生认识到所谓“美国梦”和现实之间的距离。③ 在讨论美国种族歧视思想的发展时，《美国史标准》建议学生阅读麦迪逊·格兰特（Madison Grant）在1916年出版的《伟大种族的消逝》一书，让学生分析这本畅销书如何广泛地传播了种族主义思想，推动了美国限制

---

① See National Center for History in the Schools, *National Standards for United States History: Exploring the American Experience, Grades 5-12*, 1994, Chapter 3, Era 3, Standards 1 & 2.

② See National Center for History in the Schools, *National Standards for United States History: Exploring the American Experience, Grades 5-12*, 1994, Chapter 3, Era 4, Standard 3.

③ See National Center for History in the Schools, *National Standards for United States History: Exploring the American Experience, Grades 5-12*, 1994, Chapter 3, Era 6, Standards 2-4.

移民政策的全面实行。① 在分析美国扩张的历史过程时，《美国史标准》建议学生比较西奥多·罗斯福的"大棒政策"、威廉·塔夫特的"金元外交"和伍得罗·威尔逊的"道德外交"之间的异同，分析这些政策分别在拉美国家造成什么样的政治和经济后遗症。《美国史标准》还要求学生辩论：美国在 20 世纪初提出的"门户开放"政策究竟是一种"非正式的帝国理想的追求"，还是一种美国在东亚和中国的公开的帝国主义行为？这项政策是否对保留中国领土的完整起了作用？② 在讨论经济危机和第二次世界大战时，《美国史标准》要求所有学生都掌握同盟国和轴心国在欧亚战场上的军事战略和主要战役，但要求高年级学生对杜鲁门下令使用原子弹轰炸广岛和长崎的决定进行辩论，从不同角度探讨其道德和政治意义。③ 在冷战单元中，《美国史标准》建议学生采用戏剧表演的方式表现麦卡锡主义对被指控为支持共产主义的美

---

① See National Center for History in the Schools, *National Standards for United States History : Exploring the American Experience* , *Grades 5-12*, 1994, Chapter 3, Era 7, Standard 1. 格兰特在《伟大种族的消逝》中，反对那种关于美国殖民地起源于不同民族的混合体（mixed ethnic origin）的说法，坚持原始 13 州的居民不仅是纯种的日耳曼人种（Nordic），而且是纯粹的条顿人种（Teutonic）。他声称，具有日耳曼血统的盎格鲁-撒克逊美国人应成为美国的主体民族，但大量来自东南欧的斯拉夫和犹太移民涌入美国，显然对日尔曼人种的优势造成了威胁。他担心，在美国体制下，低等民族会通过选举而主导政治，破坏美国社会的原始政治秩序。他的著作对 20 世纪 20 年代美国移民配额制的产生有极大的推动作用。在此之前，美国已经限制了亚洲移民。See Madison Grant, *The Passing of the Great Race , or the Racial Basis of European History* (New York: Charles Scribner's Sons, 1916), pp. 3-10, 74-75.

② See National Center for History in the Schools, *National Standards for United States History : Exploring the American Experience* , *Grades 5-12*, 1994, Chapter 3, Era 7, Standard 2.

③ See National Center for History in the Schools, *National Standards for United States History : Exploring the American Experience* , *Grades 5-12*, 1994, Chapter 3, Era 8, Standard 3.

国人的迫害过程。①

在整个设计中，《美国史标准》注意使用新的历史材料。例如，在讨论奴隶制下奴隶文化的特点时，为了帮助学生熟悉奴隶文化的内容和奴隶的反抗活动，《美国史标准》要求学生阅读和学习奴隶的歌曲、传说、自传体叙事、传单及法庭的证词等。这些材料都是过去 30 年（尤其是近十年来）历史学界在奴隶制中涌现的重要成果，是了解奴隶文化的重要原始材料。②

无疑，与传统的历史教学指南相比，《美国史标准》的涵盖面广，问题设计新颖，史料丰富多样。它不仅在内容上与当代美国的研究接轨，而且在方法上吸收了当代教学通用的启发式和参与式，改变了“就事论事”（stick to the facts）的做法。最重要的是，《美国史标准》建立了一种新的历史观，提倡对历史的批判和思考态度，强调不同群体对美国的历史贡献，恢复了美国历史的本来面目。《美国史标准》的制作者们相信，这一切都使其具备了国会提出的“世界水平”（world class）的要求。

四、围绕《标准》展开的全国性辩论

但是，《标准》制作者没有料到，《标准》的公布将引发美国历史上时间最长、程度最激烈的关于美国历史的辩论。对《标准》首先发难的是刚刚卸任的 NEH 主席林恩·切尼（Lynne Cheney）。切尼本人

---

① See National Center for History in the Schools, *National Standards for United States History: Exploring the American Experience*, *Grades 5-12*, 1994, Chapter 3, Era 9, Standard 4.

② See National Center for History in the Schools, *National Standards for United States History: Exploring the American Experience*, *Grades 5-12*, 1994, Chapter 3, Era 4, Standard 4.

曾努力推动制定《标准》的计划，并对《标准》制定的早期工作表示满意。但当她看到《标准》的最后版本时，大发雷霆，疾呼上当受骗。在《标准》正式公布前两周，切尼先发制人，抢先在《华尔街日报》上发表了名为“历史的终结”的文章，对《标准》进行猛烈抨击。切尼指责《标准》的写作班子为了迎合多元文化主义的思潮，不惜牺牲美国历史的精华，无视美国历史的优秀传统，有意引导学生去学习那些本身并无重要影响而只是被现实政治认为是“正确的”民族和地区（指美国的少数民族和非欧洲传统的社会）的历史。切尼尤为愤怒的是《标准》对传统美国史的改正。她指出，《标准》对第一任总统华盛顿只是轻描淡写地提了一下，31个单元竟没有一个专门用来讨论美国立宪；《标准》大谈美国历史上的阴暗面，19次提到麦卡锡主义，17次提到三K党；在历史人物方面，《标准》充满偏见，6次提到女黑人废奴主义者哈丽雅特·塔布曼（Harriet Tubman），对内战英雄、美国第18任总统尤利塞斯·格兰特（Ulysses S. Grant）仅提一次，而对传统的受美国人崇敬的人物，如本杰明·富兰克林（Benjamin Franklin）、罗伯特·E. 李（Robert Edison）、托马斯·爱迪生（Thomas Edison）及赖特兄弟（the Wright brothers）等均不予提及。切尼称，美国教育部和NEH分别为《标准》的制作投入了86万美元和52万美元，但《标准》的制作者借机“劫持了美国的历史”。切尼说，虽然《标准》不具备强制性，但由于其制作者在史学和教育界的声望和联邦的资助，《标准》将自动具备权威性并为各地学校采用，一经采用，便自动成为强制性的标准，因为教师只有按这个标准教历史，才可能取得执照，如果这样的事发生，美国历史上“那些真正有意义的内容将开始从我们的学校中消失”。因此，她呼吁国会和有关机构应采取行动，阻止《标准》成为美国教育法的一部分，因为“我们是比《标准》所描述的更优秀的人民，我们的孩子们有权利知道这一事实”①。

切尼的文章立刻得到保守派的响应，大批攻击《标准》的文章接踵而至。《华盛顿邮报》专栏作家查尔斯·克兰撒梅尔（Charles Kranthammer）公然宣称《标准》是一部“PC 经典之作”。②《美国新闻与世界报道》的约翰·利奥（John Leo）称《标准》的作者都是 20 世纪 60 年代靠砸大学校长办公室起家的学潮激进分子，他们选用埃比尼泽·麦金托什（Ebenezer McIntosh，美国革命时期波士顿茶社的领导人之一）这样的历史人物让学生学习，充分说明了他们当造反派的政治口味。利奥还指责《标准》将黑人和印第安人的历史“浪漫化了”，隐去了黑人和印第安人文明中不光彩的地方，因而表现“极不诚实”并“带有宣传意味”③。

一些历史学家也对《标准》提出了批评。著名历史学家小阿瑟·施莱辛格（Arth ur Schlesingcr,Jr.）写信给《标准》项目的负责人纳什说，美国早期文明中确有欧洲文明与非洲和印第安人文明“汇合”的成分，但后两种文明的作用是有限的，其对美国政治体制和思想的影响远远不能与欧洲文明同日而语；包括民主、代议制政府和言论自由在内的美国体制的主要特征只能是来源于欧洲文明。布什政府时期的教育部助理部长黛安娜·雷维奇（Diane Ravitch）也认为，如果印第安人和非洲文明与欧洲文明对美国历史传统的形成具有同等影响的话，

---

① See Lynne Cheney,“The End of History,”*Wall Street Journal*,October 20,1994. 发表此文时，切尼是著名保守思想库美国企业研究所（American Enterprise Institute）的研究员。

② PC 是“政治上的正确性”（political correctness 或 politically correct）的缩写，含贬义，常被保守势力用来讥讽主张重视多元文化价值研究和传播的自由派。

③ See Charles Kranthammer,“History Hijacked,”*Washington Post*, November 4, 1994;John Leo,“The Hijacking of American History,”*U. S. News and World Report*, November 4,1994;John Leo,“History Standards are Bunk,”*U. S. News and World Report*, February 6,1995,p. 23.

那么“为民主而斗争就成为美国历史上一个次要的，而不是一个中心的主题了”①。

对《标准》的批判正好发生在1994年国会中期选举前后，而共和党在这次选举的获胜对辩论起了推波助澜的作用。共和党人在纽特·金里奇（Newt Gingrich）当选众院议长后信誓旦旦，扬言要遏制PC政策泛滥，削减NEH、NEA（National Endowment for Arts，HEA）和教育部的拨款，让教育回归到各州的管理之下。在这样的气氛下，切尼等人要求扼杀历史教学标准的呼声自然很快得到了国会的回应。

1995年1月，参议院在讨论共和党提出的《美利坚契约》的一个法案时，来自华盛顿州的共和党议员斯莱德·戈顿（Slade Gorton）攻击《标准》是“披着历史的伪装的意识形态”（ideology masquerading as history）。为防止这些“极具破坏性的”《标准》进入学校，戈顿提议，在法案中加一条限制条款：不准联邦政府属下的专门负责审查教学《标准》的NEGP（National Educational Goals Panel，NEGP）和NESIC（National Education Standards and Improvement Council，NESIC）两机构批准（approve）和认可（certify）《标准》，禁止联邦政府继续向NCHS提供基金，NCHS制作的历史教学标准不能成为《教育美国法》中要求的历史教学标准，今后凡使用NEH和联邦教育部的拨款制定的历史教学标准都必须“充分尊重西方和美国的历史、思想及体制对全世界范围内自由和繁荣的增长所做出的贡献”②。佛蒙特州的詹姆斯·杰福兹（James Jeffords）对戈顿的限制案表示反对。他认为建立教学标准本身并无可非议，对《标准》的批评主要集中在引用的例子上，况且《标准》并不具强制性，参院没有必要采取严厉

---

① Gary Nash,“Early American History and the National History Standards,”*William and Mary Quarterly* 54,No. 3(1997).

② See U. S. Congress,*Congressional Record*,104th Congress,1st Session,Statement of Senator Slade Gorton,S1026.

禁止的行动。[①] 后来在新墨西哥州的杰夫·宾厄姆（Jeff Gingham）的斡旋下，戈顿的限制性条款不作为正式法案，而只作为不具法律约束力的（nonbinding）仅为表达参院意见（senses）的决议提出。1月18日，参院以99∶1的压倒多数通过关于历史教学标准的决议，其中保留了戈顿原始修正案的主要内容，只是删去了有关停止对NCHS提供联邦资助的内容。[②]

参院的决议引起了历史学界的强烈反应。许多历史学家和中小学教师纷纷投书报纸或国会议员，抗议参院的决议。西雅图大学的历史学教授海伦·惠特利（Helen Wheatley）对本州参议员戈顿对《标准》的指责进行了逐条批驳。莱斯大学宪法史教授哈罗德·海曼（Harold Hvman）写信给本州参议员，表示《标准》对许多有争议性的历史问题的处理是相当“公平”的。[③] 哥伦比亚大学的美国史教授埃里克·方纳（Eric Foner）则在《纽约时报》上发表文章，对参议院企图通过操纵联邦政府资金强迫历史学家制造一个“美国历史的官方版本”的做法表示愤慨，认为参议院的决议为政府控制学术开了一个“不祥的先例”[④]。

---

① See U. S. Congress, *Congressional Record*, 104th Congress, 1st Session, Statement of James Jeffords, S1029-1031.

② See U. S. Congress, *Congressional Record*, 104th Congress, 1st Session, Statement of Jeff Bingham, S1033. 唯一的一张反对票来自路易斯安那州的参议员J.巴内特·约翰逊(J. Butler Johnson)，他反对的理由是参议院的决议对《标准》制作者的惩罚太轻。

③ See Helen Wheatley, "Teaching History," *Seattle Post-Intelligencer*, February 19, 1995; Gary Nash, Charlotte Crabtree and Ross Dunn, *History on Trial: Culture Wars and The Teaching of The Past* (New York: Knopf, 1997), p. 236.

④ See Eric Foner, "Historians, Show Decent Respect," *New York Times*, January 31, 1995, p. A20.

五、《标准》的修改和再度引起的辩论

面对国会和保守舆论的压力，NCHS 同意对《标准》进行修改。1995 年下半年，全国基础教育协会（Council for Basic Education）组织了 3 次讨论会，邀请全国的一些专业人士和历史学家，对《标准》的修改提出建议。1995 年 11 月至 1996 年 2 月，NCHS 遵循全国基础教育协会的建议对《标准》做了修改，并于 1996 年 4 月公布了《标准》的新版本。因修改本是根据基础教育协会的建议而成，所以又被称作“基础版”（The Basic Edition）。

修改后的《标准》将原来的 3 部《标准》合为一本，删除占原《标准》篇幅一半以上的教学活动建议，但保留了 5 项能力的培养。纳什认为，美国史标准的改动包括的内容：（1）增加了科技在美国历史中的作用的内容。（2）在讨论移民问题时强调了外来移民与美国民族精神的认同。（3）强调了经济机会与美国民主之间的联系。（4）增加了殖民地时期欧洲文明和经济史的分量。（5）对二战后美苏对抗的历史做了“更为仔细”的处理。（6）对所有涉及少数民族和妇女陈述进行了调整，强调了这些群体与美国整体历史的密切联系，避免给学生留下这些群体与美国主流历史是分离的“错误概念”。（7）增加了有关一元化与多元化的讨论。[①] 此外，《标准》也增加了提及华盛顿和杰斐逊的次数。纳什认为，《标准》诞生于一个左右派思想交锋的年代，难免带有时代色彩，过去几十年史学研究表现了不为传统史学承认的群体在美国历史上受到的不公正待遇及他们顽强奋斗的历史经验，《标准》的原版在一定程度上“分享了这种趋势”，但这不等于承认《标准》的原

---

① Gary Nash, Charlotte Crabtree and Ross Dunn, *History on Trial : Culture Wars and The Teaching of The Past* (New York: Knopf, 1997), p. 253.

版是错误的。①

《标准》修改版的公布没有平息人们对历史教学的争论；相反，导致了新的一轮辩论。这场辩论主要在史学界内部进行，辩论的内容涉及历史的功能和定义等问题。1996 年秋，纽约市立大学教授约翰·帕特里克·迪金斯（John Patrick Diggins）在《美国学者》杂志上发表长文，对《标准》进行全面而系统的批判。此时，《标准》的修改版已开始发行，但迪金斯在文中并不对《标准》的两个版本加以区别。迪金斯指责《标准》为了服务于“意想中的多元民族社会的现实需要”（perceived present needs of multi-ethnic society），抬高“第三世界的文化”，贬低传统的美国文化，表现了另一种形式的“文化帝国主义”。他对《标准》使用大量社会史研究成果甚为不满，批评《标准》作者在选取历史文件和人物时夹带狭隘的政治标准。迪金斯最为反感的是《标准》强调了阶级冲突与对立（class antagonism）在美国历史中的地位和作用。在这个问题上，迪金斯点名批判纳什，指责他将自己在《城市熔炉》一书（纳什在 1979 年出版的关于美国革命时期的社会起源的专著）中使用的阶级对立的思想引入《标准》，使这种观点“像一根红线贯穿于整个历史教学标准之中”。迪金斯认为《标准》过于美化“低等阶层”，将他们的无能当成了美德。他还指责《标准》本末倒置，对类似《联邦党人文集》这样的历史精华和政治领袖完全忽略，按这样的标准教出来的学生将对权力政治一无所知。迪金斯认为，《标准》在否定美国理想和传统英雄的同时，也“剥夺了我们的希望和历史本身”②。

对于迪金斯的指责，纳什做了激烈的回应。他说，《标准》强调 3

---

① Gary Nash,“Early American History and National History Standards,”*William and Mary Quarterly* 54,No. 3(1997):597.

② John Patrick Diggins,“The National History Standards,”*The American Scholar* 65, No. 4(1996):495-522.

种文明交汇是说明一个存在过的历史事实，让学生了解美国文明形成并非仅来源于以白人为主的欧洲文明，并无意贬低或抬高某一种文明；《标准》也无意否认领袖人物的历史作用，而是力图改正传统史学只重领袖人物的趋向；实际上《标准》特别提醒学生比较不同殖民地的起源和管理方式，比较革命时期的不同派别，分析革命时期的政治与外交，这些问题都涉及领袖人物的作用。至于迪金斯指责他个人的史学思想主导了《标准》，纳什认为更是无稽之谈，因为《标准》是众多历史学家与中小学历史教师合作的成果，无人可以主导或单独控制。① 纳什则称迪金斯是切尼等右派的"得力助手"，他对《标准》的极度不满实际上表现了他对近年来历史学发展的仇视。②

在迪金斯与纳什的辩论之际，《美国学者》组织了一次专题讨论，邀请 11 名学者对《标准》发表意见。③ 参加辩论的学者表示了不同的观点，大致可分为支持和反对《标准》两派。但因讨论涉及历史教学的功能问题，两派在许多问题上又出现观点交叉。反对《标准》的一方强调历史教育对公民素质的培养有重要关联，指出过多渲染阴暗面，学生不一定能够接受，分寸掌握不好还可能破坏公民团结，涣散民族精神。宾州大学沃尔特·麦克杜格尔（Walter A. McDougall）批评《标准》提出的思考问题太难，相当于研究生的水平。他强调说，历史教学有 3 种功能，即知识（intellectual）、公民教育（civic）和道德（moral）。只有当三者完美结合起来时，历史教学才可能取得成功，如果只强调知识进取，忽视历史的公民教育和道德教育功能，不仅会导

---

① Gary Nash, "Early American History and National History Standards," *William and Mary Quarterly* 54, No. 3(1997): 597.

② Nash and Diggins exchanges, *The American Scholar* (Winter 1998): 190-192.

③ William Cronon et al., "History Forum: Teaching American History," *The American Scholar* 67, No. 1(1998): 91-106.

致对真实历史的否认，还会离间学生与他们所处社区和国家之间的感情。① 约翰斯·霍普金斯大学的约翰·海曼（John Highman）对此表示同意。他指出，自越战以来，美国青年对美国政治和理想普遍存有一种愤世嫉俗的情绪，公民对国家的忠诚度日益下降，过于政治化的历史研究会使美国民族的团结一致更为困难，而在这个“旧益缩小的允满危险的世界”上，公民团结十分重要。② 黛安娜·雷维奇（Diane Revitch）则指出另一个事实：美国中小学历史教师中相当一部分人没有受过专业历史训练，80%的历史课教师没有历史学位，在这样的情况下，要指望中小学跟上专业历史研究的最新成果，极不现实。③ 约翰·卢卡斯（John Lukacs）也批评《标准》的作者闭门造车，不了解学生对历史的兴趣所在和知识水平。他打比方说，历史教学犹如身体吸收营养，先要让人开胃，即让学生对历史产生兴趣，然后才谈得上识别和抛弃那些没有营养价值的垃圾食品。④

支持《标准》的学者同样重视历史教育在公民素质培养方面的功能，正因为如此，他们认为有必要将史学界的优秀成果融入中小学的历史教学中，否则学生不可能准确地懂得美国的过去，也很难理解当今美国社会许多问题的历史根源。加州大学伯克利分校的美国思想史教授戴维·霍林格（David Hollinger）为《标准》辩护说，美国历史上不同群体和阶层的美国人曾被迫处在一种“硬性规定的社会地位”上，如果忽视这一历史事实，简单地把所有美国人看成一个笼统的（同时

---

① William Cronon et al.,“History Forum: Teaching American History,” *The American Scholar* 67, No. 1(1998): 101-102.

② William Cronon et al.,“History Forum: Teaching American History,” *The American Scholar* 67, No. 1(1998): 96-97.

③ William Cronon et al.,“History Forum: Teaching American History,” *The American Scholar* 67, No. 1(1998): 103-104.

④ William Cronon et al.,“History Forum: Teaching American History,” *The American Scholar* 67, No. 1(1998): 100-101.

又分享同一理想的）个人集合体，就不能真实地反映历史，也没有能准确“抓住近年来美国史学发现的最重要的真理”[1]。耶鲁大学的摩根教授认为《标准》中包含了社会史学的内容没有什么不妥，因社会史学拓展了旧史学的内容和格局。但他同时也警告说，历史的核心是权力的运作与使用，任何历史研究一旦脱离了这个主题，就有可能变成对古籍、古董的研究，丧失历史学内在的精神和历史教育的功能。摩根认为，历史应同时讲授成功和失败，让学生尽可能完整地了解美国的过去。他问道：不了解过去，不懂得美国历史上的重要决定，不知道这些历史决定如何深刻地影响和改变了美国人的命运与思想，未来的美国青年何以能够明智地（intelligently）参与书写未来美国历史的工作？何以能够延续美国历史中的那些真正的优秀传统？[2] 哥伦比亚大学的方纳教授回顾了自己的中学历史课，他说：当时教师只讲美国立法程序如何的民主，从不讲院外游说集团和竞选基金等“非民主”的政治影响，让人觉得美国民主真的是井然有序，公平合理；讲奴隶制时，只讲奴隶制是美国历史上的不幸插曲，大讲奴隶是如何的丰衣足食；照这样充满偏见和无知的历史课程讲下去，美国学生学到的只是不真实的历史，一旦进入社会，他们就会对美国现实中的种种矛盾束手无策。与摩根一样，方纳也提出美国史的研究和教学不应忽视政治思想和权力的内容。他强调，应观察和研究那些作为美国社会中心价值的思想在历史上得到不同种族和阶层的人民的运用的过程，只有在了解和懂得了这个过程之后，学生才可能领悟到美国史的精神，也才能学会以公正和勇敢的态度去面对美国历史中那些“令人尴尬的地

---

① William Cronon et al.,"History Forum: Teaching American History," *The American Scholar* 67, No. 1(1998): 97-98.

② William Cronon et al.,"History Forum: Teaching American History," *The American Scholar* 67, No. 1(1998): 97-98.

方”①。

同样令人意想不到的是，围绕《标准》的辩论促进了美国社会对历史教育重要性的认识。1997 年，要求尽快实施全国性的教学标准的呼声不但没有削弱，反而更为强烈，连《纽约时报》也疾呼：改革美国教育的出路在于建立全国教学标准。② 与此同时，各州纷纷开始制定新的或改进原有的历史教学标准。根据全国历史教育网络（National History Education Network）主任洛雷塔·洛贝斯（Loretta Lobes）最近的一份报告，1997 年以来，除艾奥瓦州外，所有州都已开始制定和实施州的教学标准。虽然各州制定的历史教学标准不尽一致，但大多以《标准》为蓝本或请全国知名的历史学家作顾问。威斯康星州所制定的标准的历史分期则照搬了《全国美国史教学标准》。③ 在《标准》的修订版即将发行前，原版的定购量突然大增。据 NCHS 的统计，定购原版的人主要是中小学的历史教师，他们显然认为原版对他们的教学有重要的参考价值。④ 从这个意义上说，《美国史教学标准》（原版）的影响并没有因参议院和保守派的反对而消失。

六、辩论的学术与政治背景

关于《标准》的辩论并非偶发事件。如前所述，《标准》本身是近年来美国史学研究的必然结果，围绕《标准》展开的辩论则反映了史

---

① William Cronon et al., *The American Scholar* 67, No. 1(1998): 94-96.

② See Sara Mosle, “The Answer Is National Standards,” *New York Times Magazine*, October 27, 1997.

③ Loretta Lobes, “The State of History Education: History Standards and the States,” *Perspective* 35, No. 8(1997): 21.

④ Gary Nash, Charlotte Crabtree and Ross Dunn, *History on Trial: Culture Wars and The Teaching of the Past* (New York: Knopf, 1997), p. 254.

学界内外在美国史学研究方向和方法上存在的冲突。我们可简短回顾一下20世纪美国史学发展的几个重要阶段。

早在20世纪初，詹姆斯·罗宾逊（James Harvey Robinson）和艾尔伯特·B.哈特（Albert Bushnell Hart）等进步主义历史学家提出建立"新史学"（New History），主张史学研究"科学化"，强调史学应注重研究和表现历史发展的内在规律和逻辑，不应只满足于歌功颂德和宣扬爱国主义。"新史学"虽主张以"公正和诚实"（fair-mindedness and honesty）的态度来研究美国和世界历史，但实际上并未能摆脱时代的局限。20世纪初出版的、由哈特主编的《美利坚民族》（*The American Nation*）历史丛书一套共28册，对美国史的重大题目和阶段做了系统研究，但其结论往往是以"科学"的方式说明美国理想和体制的必然性。即便在对美国历史的"失误"进行检讨时，如威廉·A.邓宁（William A. Dunning）的重建史，"新史学"派的历史学家也都强调美国体制的最终优越性。① 后来，查尔斯·比尔德（Charles Beard）对"新史学"进行挑战，强调美国历史上存在各种不同利益集团的冲突（conflicts），帮助学生认识美国历史的复杂性和多面性。

第二次世界大战和冷战的开始，使传统史学的观点以"共识"（consensus）学派的新面目复活。"共识"学派提出，美国历史中有冲突和矛盾，但不同的美国人共享的历史理想和传统（包括自由放任的资本主义制度、受制约的政府和对个人自由的尊重等）远远大于他们之间的分歧。随着20世纪五六十年代民权运动的兴起和随之揭露的大量种族歧视的事实，"共识"学派的美国史观受到挑战。

60年代以来，社会史学兴起并逐渐成为主流学派，美国史学在研究内容、领域、方法和材料各方面均发生了深刻的转变。在内容和主

---

① See William A. Dunning, *Reconstruction: Political and Economic* (New York: Harper and Brothers, 1907).

题上，研究从传统的领袖人物传记、政治体制、思想史和外交史转为对普通社会群体的研究，尤其注重对那些被传统史学忽视或无视的群体，如黑人、印第安人、拉丁语裔人、亚裔美国人和妇女等的历史。用方纳教授的话来说，对这些群体的研究“不是对已经存在的（美国）历史知识的一种简单补充，而是对历史本身的一种重新定义”①。因此，这种意义上的美国史学也被称为“新美国史”（New American History）。

新美国史在研究领域上比传统史学更为宽广，分类更为精细，出现了许多新的专门领域，如黑人史、拉丁裔美国人史、印第安人史、亚裔美国人史等。在这些新的领域中，又有更进一步的分类，如黑人史中又分为奴隶制下的黑人史、黑人妇女史（也与妇女史交叉）、黑人文化史、黑人思想史等。妇女史研究的领域从传统的选举权运动扩展到家庭史、移民妇女、少数民族妇女、边疆妇女、战争时期的妇女问题及妇女权力历史等方面。劳工史也从过去的工会研究的单一方向扩展到奴隶制劳力的比较研究、工人在工厂的生活、工人与美国制度的关系、非产业工人的历史、少数民族劳工的经历等。在研究手段和方法上，新美国史学从人类学、社会学和文艺批评等领域中借用了不少研究分析方法，并启用了口述史、统计史学、文化与考古研究等其他研究形式。在史料方面，除了继续使用传统的史料（如政府档案、报纸、手稿和历史文献等），研究者还大量发掘和使用其他的材料，如种植园的记录、少数民族历史和妇女人物（包括那些并不著名的人物）留下的文字和非文字资料、黑人团体的会议文件、地方报纸和各州的档案、工会活动记录、历史小说、地方教会的手册、监狱记录和人口统计资料等。这些新的发展推动了美国史研究的进步和繁荣，其研究成果揭示了美国历史发展过程中不同群体的美国人的不同历史经验，

---

① Eric Foner, "Introduction to the First Edition," in *The New American History (revised and expanded edition)*, ed. Eric Foner (Philadelphia: Temple University Press, 1998), p. Ⅹ.

不同群体用自己特有的方式努力争取政治上的平等和经济上的独立，学会使用美国政治机制和理论作为自己的斗争武器，他们的历史活动极大地丰富了美国历史的内容，也推翻了“共识”学派和谐主导的美国历史发展的旧史观。①

新美国史学对大学历史课的设置和内容也产生了重要影响。自20世纪80年代以来，新的研究成果被大量纳入大学教学，历史系的课程出现多元化。传统的西方文明中心论受到挑战，研究种族、民族和妇女历史的研究所或研究生项目不断出现。据统计，1984年有600所大学历史系开设了专门的黑人研究课②。到90年代，绝大多数学校都开设了研究种族和妇女史专业课。美国通史教材中黑人史所占的比例大幅度增加，平均占到通史（内战后至今）教材总页数的近五分之一。③与此同时，美国史的研究与教学队伍也发生了重要变化。大量受到新史学影响和训练的新一代历史学家进入大学和研究所，其中包括少数民族和妇女历史学者，这些人正在成为美国史领域的活跃力量。过去那种历史学研究由白人男性学者一统天下的局面正在得到改观。

史学界的这些变化带来了美国史学研究的繁荣，也带来了一些难题。难题之一是史学研究的“零散化”（fragmentation）问题。新美国史分类过多过细，历史学家难以准确把握本领域或本专业的研究现状，

---

① 关于新美国史学的研究成果的总结，可参阅方纳（Eric Foner）教授主编的《新美国史》（*New American History*）此书的最新版本（1998）收集了16篇论文，分别综述了近年来美国史在重要时期和领域内的成果。关于美国史研究自50年代以来的发展，可参阅 Joyce Appleby, "Rediscovering America's Historic Diversity: Beyond Exceptionalism," *Journal of American History*, No. 79(1992): 419-31; Lawrence W. Levine, "Clio, Canons, and Culture," *Journal of American History*, No. 80(1993): 849-67.

② Mary-Christine Phillip, "Of Black Studies," *Black Issues in Higher Education*, No. 5 (1994): 14-19.

③ Sundiatea Keita Cha-Jua and Robert E. Weems, Jr., "Coming into Focus: The Treatment of African American in Post-Civil War United States History Survey," *Journal of American History* 80, No. 4(1994): 1408-19.

把握整个美国史研究的主线困难更大。美国史研究的方向是什么？历史研究还要不要探索主要规律？史学界为此争论不休，至今没有结论。① 难题之二是如何避免“矫枉过正”。新史学由于注重种族、民族、性别和群体的历史，带有一定的价值和政治取向，在向旧史学挑战的同时，过分强调和注重群体价值，忽视甚至否定与美国史主流的联系。如何将个别群体的研究与美国历史发展的主流联系起来？如何建立比较“平衡”的历史观？史学界已经开始讨论，但仍无定论。② 难题之三是如何解决新旧史学流派在资源和位置分派方面的矛盾。新美国史虽有相当影响，但并没有完全取代传统史学；在学术资源的分配（如研究基金的分配、专业的设置、研究生的招收、教员的雇佣、图书资料的购买等）和学术影响的传播（如课程的设计、专业论文的出版、博士论文题目的选择、学术期刊的征订）等方面，新旧史学两派始终有摩擦和较量。这些矛盾的存在对史学界内部反对《标准》势力和情绪的形成有重要影响，也可以说是史学界内部对美国史研究方向争论的

① 值得注意的是，在《标准》辩论前后，美国史学界开始出现了一种新的研究倾向：注重整合和综合研究。这种新的研究倾向显示，历史学家开始利用近年来大量分散研究的成果，注重探讨一些过去认为是空洞和抽象的价值观念和意识形态口号在美国历史中发展和演变的过程。这些概念包括自由、平等、民主、共和思想、人民主权、公民权利、公民意识等。显然，新美国史学的“零散化”已引起历史学界的忧虑，而整合研究则可帮助专业和非专业的读者更准确地把握历史脉络和精神。See Eric Foner, *Reconstruction : America's Unfinished Revolution , 1863-1877* (New York: Macmillan, 1988); Rogers M. Smith, *Civic Ideals Conflicting Visions of Citizenship in the U. S. History* (New Haven: Yale University Press, 1997); David Montgomery, *Citizen Worker : The Experience of Workers in the United States wish Democracy and the Free Marker during the Nineteenth Century* (Cambridge: Cambridge University Press, 1993); James T. Patterson, *Grand Expectations : The United States , 1945-1974* (New York: Oxford University Press, 1997).

② See Eric Foner, "the Meaning of Freedom in the Age of Emancipation," *Journal of American History* 81, (Sept. 1994): 430-60；中文译本参见《中国社会科学季刊（香港）》1995 年第 11 期。方纳教授最近的新作在开拓新的研究方向方面做了尝试，See Eric Foner, *The History of American Freedom* (New York: Norton, 1998).

公开化。

《标准》在美国引起如此大的反响也是因为其本身包含了鲜明的多元文化主义的色彩，而后者正是近年来美国社会最有争议的话题之一。20世纪60年代的民权运动有效地运用了群体斗争的策略，将分散的个人权利转变成群体权利，使同一群体的政治力量能够迅速积聚，通过有效机制和策略，向政府施加压力，争取本群体权利状况的改善。民权运动后，群体意识（group consciousness）和群体政治成为美国社会权利斗争的主要方式，也成为多元文化主义思潮的基础。多元文化主义强调美国民族及文化的多元性，要求主流文化对少数民族和种族的文化和传统给予平等的尊重，要求政府坚决捍卫民权运动的成果，促使政府采取包括“肯定性行动计划”在内的经济措施，帮助少数民族和其他弱势群体彻底摆脱历史性的歧视。① 多元文化主义对改变美国社会的歧视文化、提倡不同民族的相互尊重和理解有积极的作用，对改变少数民族的妇女的社会和经济地位也有一定的帮助，但也带来了许多矛盾和争论。由于各群体都强调自己的民族传统，强调本群体在美国历史上的特殊位置，美国社会一度出现了“认同危机”。此外，由于提倡多元文化主义与实施“肯定性行动”政策挂钩，所以关于多元文化价值的争论不再是抽象意义的，而牵涉了不同群体的现实利益（如工作、就学、就业和资源分配等）。这种牵连使对多元文化和种族平等问题的争论往往变成尖锐对立的利益之争，从而加深了美国社会在群体认同与美利坚民族认同问题上的分歧。美国到底是一个由相互分离

---

① 20世纪80年代以来，“肯定性行动计划”政策对少数民族和妇女进入学术界起了一定的促进作用，但不应过分夸大其功能，目前美国大学的研究和教学队伍的主体仍以白人男子为主。事实上，在有的情况下，“肯定性行动计划”被当成一种“配额”政策来实施，即象征性地吸收极少数量的少数民族和妇女进入学术界作装饰（window-dressing），然后将其他合格的少数民族和妇女候选人拒之门外。与此同时，靠真才实学进入学术界的少数民族和妇女学者也不愿被人当作“肯定性行动计划”政策的受惠者。

甚至对立的民族组成的集合体，还是一个具有共同的民族精神的国家？群体的传统和利益是否应高于美利坚民族的共同传统和整体利益？什么是美国人民的共同传统？自20世纪80年代末起，这些问题一直是美国社会辩论的焦点。[①]《标准》在这样的背景下出现，无疑要被卷入美国社会这场更大的辩论中。

七、《标准》及其辩论的意义

在一定程度上，制定《标准》是美国教育史上的一次有突破意义的改革实践。专业历史学家和中小学历史教员相互配合，试图将最新学术成果纳入中小学教材，改变专业研究和公共教育脱节的现象，这是美国教育改革的新思路，也是为了克服教育地方化带来的弊病。此外，《标准》的制作由联邦政府出面资助，民间专业机构主持制作，开创知识界和政府在提高全国教学质量方面的合作，这些都是前所未有的尝试。但如同上面的讨论所示，史学界和教育界立志改革的精神可嘉，但要建立和实施标准并非易事。《标准》的制作者可以将史学界近年来的研究成果梳理分类并转化为高质量的教学指南，但《标准》的制作本身及其实施并不是一个单纯的学术问题。由于历史和现实政治的原因，美国史的学术研究往往被政治化了，人们对学术问题的讨论也不可避免地政治化了（虽然关于美国历史的争论从来就是政治化了的）。除此之外，美国学术界一向喜欢以学术自由为由，抵制任何官方或半官方的对学术研究的限制，建立全国统一的教学标准，对一些激进的历史学家来说，也是大忌。在这种情况下，要想建立一个为史学界和美国社会共同接受的历史教学标准显然不太现实。

---

① See Arthur Schlesinger, Jr., *The Disuniting of America Reflections on a Multicultural Society* (New York: W. W. Norton, 1991).

围绕《标准》的辩论实际上是一场关于美国历史内涵与本质的辩论。支持和反对《标准》的人都不否认历史有重要的教育功能，都认识到历史教育是培养公民意识和构造民族精神的重要途径。正因为如此，他们才格外注重对历史内容的选择，格外关心对历史问题的解释，格外希望将自己认为最重要的美国历史经验和记忆传输给学生。但是，美国史学界和美国社会对什么是美国历史的本质有非常不同的定义和解释。反对《标准》的人称，《标准》对美国的光荣传统和辉煌成就讲得太少，对欧洲民族（尤其是盎格鲁-撒克逊民族）对美国的巨大贡献讲得太少。他们认为，没有西欧民族的政治思想与传统奠定的基础，没有类似华盛顿、杰斐逊、爱迪生这样的传统英雄人物的贡献，美国不可能有今日的伟大。而支持《标准》的人则认为，美国的政治传统是一个不断发展、积累和完善的过程，美国历史上有过许多的不公正，不同的种族和群体之间在分享所谓“美国梦”时曾经是极度的不公平，而正是因为不同群体利用美国政治思想中自由和民主的概念，利用美国的政治机制，为自己的权利而斗争，才使美国历史上的极度不公正得以改正，美国思想和体制才增加了新的内容，传统的美国精神才可以不断地获得新生，并为包括过去受到歧视的群体所接受和欣赏。支持《标准》的人并不像他们的批评者说的那样是在诋毁美国的传统；相反，他们可能比反对《标准》的人更欣赏美国的传统，一种不同的传统。

支持和反对《标准》的人真正关心的问题不是美国中小学生在学校应该学什么样的历史，而是学生将具备什么样的历史观，他们将如何运用这种历史观评价美国的过去、认识美国的现在和预测美国的未来。《标准》的制作和支持者可谓一群历史未来主义者（historical futurists)，他们深知美国社会正在变得更加多元，希望美国的教育能提前为一个真正多元化的美国的到来做好准备。从这种意义上看，不管《标准》是多么的粗糙，而且如何违背了“学术自由”的传统，它的确是一次有勇气的尝试，因为它不仅企图扭转旧的史观，而且期望塑造未来的美国。《标准》的写作者和支持者也许并不同意乔治·奥威尔的政治观点，但他们也许分享这位英国政治小说家对历史学的命运和功能的观察："掌握过去的人掌握着将来，掌握现在的人则掌握着过去。"①

参考文献

[1] CHA-JUA S K, WEEMS R F, Jr. Coming into focus: the treatment of African American in post-civil war United States history survey[J]. Journal of American History, 1994, 80(4): 1408-19.

[2] CHENEY L. The end of history[J]. Wall Street Journal, 1994.

[3] CRONON W. History forum: teaching American history[J]. The American Scholar, 1998, 67(1): 91-106.

[4] DIGGINS J P. The national history standards[J]. American Scholar, 1996, 65(4): 495-522.

[5] DUNNING W A. Reconstruction, political and economic[M]. New York: Harper and Brothers, 1907.

[6] FONER E. The new American history[M]. Philadelphia: Temple University Press, 1998.

[7] FRONER E. Historians, show decent respect[N]. New York Times, 1995-1-31(A20).

[8] GRANT M. The passing of the great race, or the racial basis of European history[M]. New York: Charles Scribner's Sons, 1916.

[9] KRAUTHAMMER C. History hijacked[N]. Washington Post,

① George Orwell, *Nineteen Eighty-Four* (Oxford: Clarendon Press, 1984), pp. 186, 373.

1994-11-4.

[10] LEO J. History standards are bunk[N]. U. S. News and World Report, 1995(23).

[11] LEO J. The hijacking of American history[N]. U. S. News and World Report, 1994(16).

[12] LOBES L. The state of history education: history standards and the states[J]. American Historical Association, Perspective, 1997, 35(8): 21.

[13] MOSLE S. The answer is national standards[N]. New York Times Magazine, 1997-10-27.

[14] Nash and diggins exchanges[J]. The American Scholar, 1998(4).

[15] NASH G, CRABTREE C, DUNN R E. History on trial: culture wars and the teaching of the past[M]. New York: Knopf, 1997.

[16] NASH G. Early American history and the national history standards[J]. William and Mary Quarterly, 1997(3).

[17] ORWELL G. Nineteen eighty-four[M]. Oxford: Clarendon Press, 1984.

技术理性与反思性实践：美国两种教师教育观之比较*

周　钧

20世纪30年代杜威首先把教师视为“反思性实践者”，20世纪80年代肖恩（Donald Schon）在批判技术理性的基础上对反思性实践进行了深入研究。反思的概念从此成为教师教育界关注的焦点，反思型教师教育思潮开始在美国兴起，与技术理性的教师教育观形成对立。

一、关于技术理性和反思的概念

技术理性的概念源于韦伯（Max Weber）。韦伯把理性分为形式理性（formal rationality）和实质理性（substantive rationality）。形式理性是一种客观的合理性，它涉及不同实事之间的因果关系判断，主要体现为手段（工具）和程序的可计算性，又称为工具或技术理性。韦伯认为，只有形式理性才是伴随着西方工业社会的到来而彰显出来的。科学先是渗透到生产之中，而后渗透到管理之中，最后也渗透到日常生活之中，韦伯相信这是现代社会普遍理性化的证据之一。①

---

* 本文原载《教师教育研究》2005年第6期。周钧，北京师范大学教育学部教师教育研究所教授。

① 周晓虹：《西方社会学历史与体系》（第一卷），上海人民出版社，2002，第371—373页。

肖恩指出，技术理性把专业活动视为一种应用科学理论和技术解决问题的过程，过分夸大了专业知识的作用。[①] 裴尔森（Allen T. Pearson）对技术理性进行了阐释。他认为技术理性的特点是当有了一个既定目标，其中心任务就是如何采用最适当的方法实现此目标，所以专业实践的任务就是应用专业领域的科学知识和技术解决问题，最终实现目标。[②] 拉伯瑞（David F. Labaree）认为，这种技术理性造就了现代生活，人们思考的核心内容在于“寻求科学的方法”，它促进了技术进步、经济发展和知识的剧增。[③]

总之，技术理性把科学和技术置于重要位置，把科学理论作为专业知识的源泉，把专业实践视为一种应用科学和技术解决问题的过程。

瓦利（Linda Valli）对反思的词源进行了考察：源于拉丁文“reflectere”，是“往后弯曲”之意。该词被用于语法、物理和心理学中，分别指反身代词、光、声音、热能的反射及心理意象。[④]

杜威把反思视为一种专门的思维形式，认为反思起源于直接经验情境中所产生的怀疑和困惑，反思会引起有目的的探究和解决问题的行动。反思具有连续性的特点，其目的是得出结论。因此，杜威将反思定义为“对于任何信念或假设性知识（supposed form of knowledge），根据其基础和进一步的结论，进行积极的、坚持不懈的、认真的思考”[⑤]。

---

① Donald A. Schon, *The Reflective Practitioner : How Professionals Think in Action* (New York: Basic Books Inc. Publishers, 1983), p. 20.

② Allen T. Pearson, *The Teacher : Theory and Practice in Teacher Education* (New York: Routledge, 1989), p. 27.

③ David F. Labaree, “Power, Knowledge, and The Rationalization of Teaching: a Genealogy of The Movement to Professionalize Teaching,” *Harvard Educational Review* 62, No. 2(1992): 141.

④ Linda Valli, “Listening to Other Voice: a Description of Teacher Reflection in the United States,” *Peabody Journal of Education* 72, No. 1(1997): 67.

⑤ John Dewey, *How We Think : a Restatement of the Relation of Reflective Thinking to the Educative Process* (Boston: D. C. Heath and Company, 1933), p. 9.

肖恩对反思的定义：当人们对某种行动存有疑惑、问题或感兴趣时，就会提出问题，然后在行动中或行动后思考并解决这些问题，从而更深刻地理解这种行动。①

社会学对反思（reflection）和“反省性”（reflexivity）进行了深入的研究。反思表示作为具有资格能力的主体的一种“自我关注”“自我评价”和“自我批判”。有的社会学家认为反思与“反省性”具有相同的指涉和内涵。例如，古尔德纳（A. W. Gouldner）把“反省性”理解为“自知”（self-awareness）的一种手段。布迪厄和华康德等许多社会学家都持有类似的观点。有的社会学家认为二者之间有区别，认为反思是启蒙理性意义上的“温和的内省”，“反省性”既具有“反思”的含义，又是对前者的激进化，是对理性主义预设的质疑和反动，即对反思的反思。②

鉴于肖恩是在批判技术理性的基础上提出的反思，所以社会学对“反省性”的解释更适合本文所探讨的反思的概念。以上对反思的解释可以归纳出几个特征：第一，反思产生于疑惑和问题。第二，反思是一种有目的的、主动的思考。第三，反思把人们从理性主义的氛围中解脱出来，人们开始采用诠释学的理念进行思考。

二、对两种教师教育观的基本分析

（一）技术理性的教师教育观

技术理性的教师教育观可分为狭义和广义两种。狭义的技术理性教师教育观源于师范学校的传统。师范学校视教学为一种技艺（craft），学者们对教学的技艺范式有不同的解释，但其共同之处是认

① Donald A. Schon, *The Reflective Practitioner: How Professionals Think in Action* (New York: Basic Books Inc. Publishers, 1983), p. 50.

② 肖瑛：《“反省性”研究的若干问题辨析》，《国外社会科学》2005 年第 2 期。

为教学的知识和技能来源于实践经验，这些知识和技能可以通过模仿老教师的实践经验而获得，教学的知识和技能是非情境化的，可以进行程序化设计。教学的技艺观意味着教学是一种技术性的工作，其任务是把教材中的既定内容有效地传授给学生。这种技术性的工作有一个要点，即如何有效地传授知识，而解决的方法也是技术性的取向，即通过教学技能的提高达到有效教学的目的。这种教学技艺观把教师当作技术人员（technician），其工作相对简单且是确定好的，教师只需要参照教学手册，应用所学的教学原则，采用固定的教学方法便可完成教学任务。教学技艺观把教师的视野限制在教学科目知识和教学技能上，所以学科专业知识、教学法知识成为教师所必须具备的知识，而普通教育知识被忽视。这种狭义的技术理性观成为美国 20 世纪初期师范学校和教师学院培养教师的指导思想，20 世纪 70 年代兴起的“资格能力本位”的教师教育模式（Competency Based Teacher Education，CBTE）也以此为依据。

广义的技术理性教师教育观源于美国 20 世纪初综合大学教育学院的传统。这种基于综合大学的教师教育模式视教学为一种应用科学（applied science），教师是应用科学家，是学者。这种教学的应用科学观假设专业活动是应用科学理论和科学实事完成实践性的任务。科学能发现自然界和社会的基本模式和规律，应用这些知识可以使实践者更加有效地完成任务并得到预期的结果。① 这种应用科学观有两个含义，其一是教育与一些理论性学科如哲学相联系，其二是教育的研究方法应该是系统的。② 作为一门应用科学，一方面，其知识应该包括教

① Geoffrey Squires, *Teaching as a Professional Discipline* (London: Falmer Press, 1999), p. 10.

② W. J. Urban, "Historical Studies of Teacher Education," in *Handbook of Research on Teacher Education*, eds. W K Houston, M Haberman and J Sikula (New York: Macmillan, 1990), p. 63.

育的“基础学科”知识，如哲学、历史、心理学和社会学等；[①] 另一方面还包括应用这些基础学科进行实践的知识，即教学方法和技术。其体现在教师教育课程上，就是文理教育内容和专业教育内容的综合。目前美国许多综合人学教育学院实施的以传授式教学为主的教师教育都可以归于广义的技术理性的旗下。

（二）反思性实践的教师教育观

反思性实践的教师教育观源于杜威和肖恩关于反思的理论。杜威在1933年出版的《我们如何思维》一书中对反思进行了论述，在对反思的心理过程和逻辑形式进行研究的基础上，提出了反思的6阶段理论，为反思性实践的教师教育观提供了理论基础。肖恩对反思性实践的论述始于对技术理性的批判。肖恩认为技术理性的特征是把知识视为专门化的、有严格界线的、科学的和标准化的，并假设专业实践中不存在价值冲突，而且在专业实践中只关注如何解决问题，忽略“提出问题”这一环节。但是，专业实践所面临的问题是复杂的、不确定的、多变的、独特的，还呈现价值的冲突。专业实践不是一种单纯的应用科学，技术理性的模式无法适用于专业实践的复杂要求。由此，肖恩提出了反思性实践、“行动中的知识”（knowing-in-action）、“行动中反思”、“对行动的反思”等概念。反思型教师教育思潮就是建立在杜威和肖恩的反思型实践的基础上的。

目前美国实施的反思型教师教育模式可归纳为5种，分别是技术性反思模式、行动中和对行动的反思模式（Reflection-in and on-action）、缜密性反思模式（Deliberative Reflection）、人格性反思模式（Personalistic Reflection）、批判性反思模式（Critical Reflection）。[②] 以

① Geoffrey Squires, *Teaching as a Professional Discipline* (London: Falmer Press, 1999), p. 10.

② Linda Valli, "Listening to Other Voice: a Description of Teacher Reflection in the United States," *Peabody Journal of Education* 72, No. 1(1997): 67-88.

缜密性反思模式为例，它要求未来教师面对现有的有关教学的研究成果、解释、观点及理论时，不是不加选择地照搬使用，而是要对其进行斟酌和判断，继而选择适宜的策略和方法。缜密性反思模式的内容比较宽泛，包括教学行为、师生关系、学科内容、学校的组织、文化和氛围等，反思的质量主要取决于教师所具有的通过权衡各种对立性主张（competing claims）而做出理性决策的能力。所以，教师教育者（teacher educators）的作用是帮助学生审视对立性的观点，结合特定的教学情境思考最适宜的方法，也就是帮助未来教师成为优秀的决策者。反思型教师教育的方法很多，有学者将其总结为以下几种：行动研究法、分析性思维实践法、个案研究法、人种志研究法、辅导法、反思日记法、课堂活动与讨论法等。①

三、两种教师教育观的理论基础的比较

下文从3个方面讨论和比较这两种教师教育观的理论基础。

（一）技术理性主义与反思性实践认识论

技术理性主义源于启蒙运动对科学和理性的推崇，它在19世纪上半叶产生的实证主义哲学中找到了归宿，是实证主义的实践认识论。实证主义认为，实证科学不仅仅是知识的一种形式，而且是知识的唯一源泉。实证主义主张用科学的知识和技术控制人类社会，因此专业（professions）被视为应用新科学以实现人类进步的工具。在技术理性主义的指导下，教学实践被视为应用知识和技能解决问题的活动，而这些知识和技能源于科学的理论。

反思性实践认识论的核心概念是反思。早在20世纪30年代，杜威

① 顾明远、梁忠义主编《世界教育大系·教师教育》，吉林教育出版社，2000，第475页。

把反思视为一种专门的思维形式，认为反思起源于直接经验情境中所产生的怀疑和困惑，反思会引起有目的的探究和解决问题的行动。反思具有连续性的特点，其目的是得出结论。因此，杜威将反思定义为"对任何信念或假设性知识，根据其基础和进一步的结论，进行积极的、坚持不懈的、认真的思考"①。杜威认为反思开始于一些疑惑、犹豫、混乱和精神困惑等，称为反思前情境，它提出一些待解决的问题。通过寻找、搜索和探究的行动，回答或解决上述一系列问题，得出清晰的、一致的、确定的结果，这是反思后情境。杜威把反思分为5个阶段：（1）暗示，并在暗示中寻找可能的解决方法。（2）智性化，对感觉到的困惑和困难进行界定。（3）假设，对问题进行观察形成推测。（4）推理，对形成的假设进行认真的推敲。（5）验证假设，通过行动对假设进行检验，以得出实证性的结论。②

肖恩认为，在复杂多变的专业实践中，"问题"不是既定的，专业实践的首要任务是找出问题。由于专业实践的情境化，人们无法用统一的、标准化的方法解决问题，而需要在行动中反思，需要对行动进行反思。所以，专业实践不是简单的应用科学和技术解决问题、实现目标，而是一种反思性实践。在反思的过程中形成知识，这种"行动中的知识"或"实践知识"是缄默的、隐性的，是专业实践的基础。反思性实践认识论把实践知识置于重要的地位，认为专业实践活动是产生知识的源泉之一。

（二）行为主义与认知心理学

技术理性教师教育以行为主义为理论基础。以斯金纳（B. F. Skinner）为代表的行为主义提出了程序教学理论，要求教师能够提出

① John Dewey, *How We Think : a Restatement of the Relation of Reflective Thinking to the Educative Process* (Boston: D. C. Heath and Company, 1933), p. 9.

② John Dewey, *How We Think : a Restatement of the Relation of Reflective Thinking to the Educative Process* (Boston: D. C. Heath and Company, 1933), pp. 107-117.

每节课的行为目的，提出测量和检查学生学习效果的标准等。斯金纳把操作性条件反射原理应用于学习过程，通过强化对学生的行为进行控制和调节，帮助学生形成复杂的动作技能。根据这一原理，行为主义心理学形成了一种很成熟的培训模式，并成功地应用于工业和军事场景的培训。这种培训模式首先对培训的技能进行系统的分析，将其转变为相对简单的动作技能。其次，对这些动作技能进行口头的指导，然后让学生练习这些动作技能，经过反馈后再重复练习。在必要的情况下，可重复上述过程。[①] 20世纪70年代产生的资格能力本位的教师教育（CBTE）就是借鉴了行为主义的程序教学理论。教师教育者首先分析和确定教学所需的能力，根据这些能力设计教学计划和教学单元，然后对学生进行培训，最终目的是培养未来教师的行为表现和能力。在这种程序性的标准化、培训过程中，未来教师的学习是被动的，而且缺乏与现实情境的结合。

反思型教师教育以认知心理学为基础。认知心理学认为学习是一种知识的建构，是一种积极、主动的过程。它强调学习者的“前知识结构”和“信念”，以此为基础发展新的知识和技能。所以，在学习过程中，学习者需要主动地进行反思和自我调解，不是一种简单的知识积累。认知心理学用元认知这个术语代替了反思这个概念。元认知是人们关于自身认识过程、结果或与他们有关的一切事物如与信息或材料有关的学习特征的认知。它包括元认知知识、元认知体验、元认知调控3个因素，三者相互联系，彼此作用。元认知理论的形成，深化并拓展了反思的观念，不仅使反思的内涵与步骤等更清晰，更易理解与把握，而且使反思由昔日单纯的心理现象变成一种实践行为，直接在

---

① N. L. Gage and P. H. Winne, "Performance-based Teacher Education," in *Teacher Education: The 74th Yearbook of the National Society for the Study of Education*, ed. K Ryan(Chicago: The University of Chicago Press, 1975), p. 149.

实践过程中发挥作用。[①] 元认知理论为反思型教师教育奠定了心理学的基础。

总之，这两种教师教育观采用了不同的心理学理论，行为主义关注的是如何用标准化的方法培养教师的行为和能力，认知和建构主义强调的是通过教师自身的反思建构其知识体系。

（三）要素主义与进步主义、批判理论

技术理性教师教育吸收了要素主义的思想。要素主义提倡传统教育中的教学方法，即“传授式”“灌输式”。这种方法决定了教师的角色和师生关系：教师处于教育过程的中心地位，掌握着主动权，是儿童世界的主人；而学生只有在教师的指导和控制下才能充分发挥潜能，[②] 只能被动地接受教师传授知识和技能。要素主义的师生关系说对资格能力本位的教师教育产生了一定的影响，这种模式强调了教师教育者的权威，未来教师只是在既定的教学单元中被动地学习那些被认为是“核心要素”的教学能力。

反思型教师教育受到进步主义思想的影响。进步主义把学习者置于学习的中心地位，反对行知分离，主张从做中学、从经验中学。这一思想对反思型教师教育有极其重要的意义。反思型教师教育强调学习者的主动性，要求在行动中反思，对行动进行反思，在实践中获得知识。

批判理论是反思型教师教育的一个重要理论基础。哈贝马斯（J. Habermas）、卡尔（W. Carr）与凯米斯（S. Kemmis）提出了反思的 3 个层次的观点。第一层次是技术层次，反思的问题在于有效实现既定目标。第二层次是实践层次，反思的问题包括假说、倾向、价值观，以及由行为组成的结果。第三层次是批判或解放的层次，反思的问题

---

① 熊川武：《反思性教学》，华东师范大学出版社，1999，第 52—63 页。

② 张斌贤等：《西方教育思想史》，四川教育出版社，1994，第 677 页。

包括伦理的、社会的和政治的问题，关键是组织与社会可能压抑个人行动自由和限制他们行为的权力。批判理论主要在这几个问题上为反思性教学和教师教育思潮提供了根据：一是伦理学基础与教学互动的规范，二是教学与民主的关系，三是教学与知识的状态和文化体制。① 反思层次观还为反思型教师教育提供了范式，即瓦利（Linda Valli）所总结的 5 种反思模式。

四、两种教师教育观的核心要素比较

（一）教学观和教师观

狭义的技术理性教师教育观把教学视为技术性工作，是一种技艺，教师是技术人员。广义的技术理性教师教育观认为教学是应用科学，教师是应用科学家、学者。正如帕克（S. Parker）所说的，“知识是可以包装并传授给别人的商品。教育、教学就是一个传授系统，一种技术性事业，一门应用科学，它关注并根据手段-理性的标准进行评判。而教师则基本上承担技术人员的角色，是用别人设计好的课程达到别人设计好的目标的知识传授者，是手段-目的的中介人。他们所能够关心且必须关心的只是给定的教育目的和教育内容，在各种可能的完成途径中，确认哪一些具有相对更大的效用，以便在实践中予以选择与运用”②。“教师中心”和“传授式”的教学培养出来的是教学技术能手，是一种“单向度”的人。

反思型教师教育认为教学是一种情境性的实践，具有复杂、不确

---

① 熊川武：《反思性教学》，华东师范大学出版社，1999，第 52—63 页。

② S. Parker, *Reflective Teaching in the Post-Modern World* (Buckingham: Open University Press, 1997)，转引自饶从满、王春光《反思型教师与教师教育运动初探》，《东北师范大学学报（哲学社会科学版）》2000 年第 5 期。

定、多变的特点，肖恩称其为“专业艺术”（professional artistry）①。教师不仅仅是简单的知识传授者，还是反思型实践者。反思型教师的特征是：发现并解决课堂实践中的问题，有意识地质疑自己对教学的假设和价值观，在教学中注意联系制度化和文化情景，参与学校的课程开发，对自己的专业发展负责。② 教师更像学习环境的创造者、学习的促进者、批判性的思考者及诺丁斯（Nel Noddings）所说的“关怀者”，是一种“多向度”的人。

（二）对教师资格能力的理解

技术理性的教师教育把教师视为技术人员、应用科学家和学者，因此教师的资格能力以知识和技能两个部分为主，认为教师需接受通才教育，必须具有相关学习领域的广博知识，有传授知识的能力。所以，通识知识、学科专业知识、教学法知识和教学能力最为重要，这些知识和技能是显性的，可以通过传授式的方式习得。

反思型教师教育视域下教师的角色是具有反思、批判能力的多向度的人，因此教师资格能力也是多向度的，包括知识、技能和品性（disposition）。教师的知识和技能除了技术理性提倡的3个部分以外，还强调教师能够对自己和他人的教学实践进行反思，在行动中获得隐性或缄默知识。由于承认教学实践具有价值取向，所以反思型教师教育格外关注教师品性。“教师品性”是指教师的价值观、敬业精神和职业道德。它影响到教师对待教学和学生的行为，影响到学生的学习和教师自身的专业发展。例如，人格性反思模式不仅关注学生的学习成绩，还要求教师重视学生的个人成长，重视教师与学生、家长和同事的关系。批判性反思要求教师对教学和学校教育的伦理道德、民主和

---

① D. A. Schon, *Educating the Reflective Practitioner* (San Francisco: Jossey-Bass Pub, 1987), p. 22.

② K. M. Zeichner and D. P. Liston, *Reflective Teaching: an Introduction* (New Jersey, Mahwah: Lawrence Erlbaum Associates, Publishers, 1996), p. 6.

平等等问题进行反思。

（三）教师教育计划与课程

技术理性的教学观、教师观、教师资格能力观均呈现技术性倾向，因此其教师教育计划与课程注定具有技术性的特征，它更关注的是学科专业知识和传授这些知识的教学技能。资格能力本位的教师教育（CBTE）计划和课程是典型的技术理性模式。以休斯敦大学为例，该校于20世纪70年代初开始设计和实施CBTE计划。该计划设置了未来的教师需要掌握的19种能力，包括诊断学习者的综合情况和学习需求，根据学习者的需求确定教学任务和目标，制订和实施教学方案、教学计划，制订和实施评价学习者学业成绩和教学效果的评价方案，还涉及文化意识、课堂交流、学科专业知识、自我分析、职业决策等。[①] 该计划设置的依据是“教学能力”，培养目标是使学生掌握这些教学能力，课程内容以训练教学能力为主，评价的标准以学生是否掌握这些教学能力为准。总之，这种技术性的理念把教师教育计划与课程限制在学科专业知识和教学技能的范围中。

反思型教师教育模式所培养的是具有知识、技能和品性的多向度的教师，因此其教师教育计划与课程呈现“发展主义”和“社会改造主义”的特征，它关注的不仅仅是学科专业知识和教学技能，还包括关注学习者的发展特征和兴趣，关注公正、平等、种族等问题。以休斯敦大学为例，20世纪80年代，该大学以“反思性探究教师教育计划”[②]（Reflective Inquiry Teacher Education Program，RITE）取代

---

① W. R. Houston, “Competency-based teacher education,” in *The International Encyclopedia of Teaching and Teacher Education*, ed. M J Dunkin(Oxford: Pergamon Press, 1987), p. 91.

② R. T. Clift, W. R. Houston and M. J. Houston, “Getting It Rite: a Case of Negotiated Curriculum in Teacher Preparation at the University of Houston,” in *Reflective Teacher Education: Cases and Critiques*, ed. L Valli(Albany: State University of New York Press, 1992), pp. 116-135.

CBTE 计划，这一变化体现了该校的教师教育模式从技术理性向反思性实践的转变。

休斯敦大学的 RITE 计划不再像 CBTE 计划那样以教师的“能力”为依据设置教师教育课程，而是改为教师的“知识、技能和态度”。RITE 计划的 5 个前提假设：（1）使未来教师接受文理教育。（2）未来教师要具有学科专业知识，理解学科专业的目的、结构、方法论和相关信息等。（3）未来教师能够将认知和情感态度溶于教学和学习过程中，使教学更加有效。（4）未来教师要对教学实践进行反思、探究，在教学专业上持续发展。（5）未来教师能够在多元文化场景中与不同种族背景的学生一起有效地工作。RITE 计划采取了 5 种反思的形式，包括对社区情境的反思，目的在于使未来教师理解将来所要面临的儿童多样性问题；对学校教育功能的反思，使未来教师理解教育的意义和作用；对教学技能和策略的反思，使未来教师掌握并学会在不同的场景中应用这些教学技能和策略；对伦理和道德的反思，使未来教师发展他们对教学的哲学认识，思考他们对社会、对专业的责任；对自身的能力和品性的反思，促进其专业发展。

（四）评价观

从技术理性教师教育的理论基础来看，行为主义和要素主义的结合，强调可观测和可测量的结果，因此标准化的测验受到推崇。从其教学观和教师观来看，由于教学是技术性的工作，是应用科学，教师是单向度的，因此标准化的评价方法受到普遍应用。从其教师资格能力观出发，评价的内容限于知识和技能，因此标准化的测试更加准确和简便。标准化评价由此成为技术理性教师教育所倡导的评价观，多采用纸-笔考试的方式进行，考查的内容以知识和技能为主，比较单一，只注重结果。

从反思型教师教育的理论基础来看，认知心理学关于建构主义学习模式的发展对评价提出了新的要求，要求学生在评价过程中做出自已的回答，而不是在给定的答案中选择。从其教学观和教师观来看，由于教学是情境性的专业艺术，教师具有多重角色，因此评价的方法应是多样化的。从其教师资格能力观出发，评价的内容不限于知识和技能，还注重考查教师的反思能力、批判能力、价值观、敬业精神和伦理道德等，因此标准化评价已无法满足这一要求。真实性评价或绩效评价由此成为反思型教师教育所推崇的评价模式。这种评价是通过观察被测对象的行为表现做出判断，它注重过程，能获得更多关于被测对象能力和进步的信息，它更加全面、综合。绩效评价的方式很多，包括问题解决、模拟练习、科学调查实践、成长记录袋等。反思型教师教育多采用绩效评价模式。

总之，两种教师教育观的差异可以总结如下（见表 1）。

表 1　两种教师教育观的比较

比较内容	技术理性的教师教育观	反思性实践的教师教育观
理论基础	技术理性主义、行为主义、要素主义	反思性实践认识论、认知心理学、进步主义、批判理论
假设	掌握知识和技能就能引起教学行为的改变	依靠理论在教学中，以及对教学进行反思，才能改进教学行为
知识的特征和来源	显性的公共性知识，通过理论学习而获得	隐性的缄默知识，在实践中产生
教学观和教师观	教学是技术性事业、传授系统、应用科学；教师是技术人员，是知识传授者，是单向度的人	教学是情境性的“专业艺术”，教师是专业人员，是反思性实践者，是多向度的人，具有多重角色
比较内容	技术理性的教师教育观	反思性实践的教师教育观
教师资格能力	教学的知识和技能	知识、技能和品性，强调反思和批判能力
评价观	标准化的纸-笔考试，方法单一，注重结果	绩效（真实性）评价，方法多样，注重过程

参考文献

[1] 顾明远，梁忠义. 世界教育大系·教师教育 [Z]. 长春：吉林教育出版社，2000：475.

[2] 饶从满，王春光. 反思型教师与教师教育运动初探 [J]. 东北师范大学学报（哲学社会科学版），2000（5）：87.

[3] 肖瑛. “反省性”研究的若干问题辨析 [J]. 国外社会科学，2005（2）：11-14.

[4] 熊川武. 反思性教学 [M]. 上海：华东师范大学出版社，1999.

[5] 张斌贤，褚洪启，等. 西方教育思想史 [M]. 成都：四川教育出版社，1994.

[6] 周晓虹. 西方社会学历史与体系 第一卷 经典贡献 [M]. 上海：上海人民出版社，2002.

[7] DEWEY J. How we think: a restatement of the relation of reflective thinking to the educative process[M]. Boston: D. C. Heath and Company, 1933.

[8] DUNKIN M J. The international encyclopedia of teaching and teacher education[M]. Oxford: Pergamon Press, 1987.

[9] HOUSTON W K, HABERMAN M, SIKULA J. Handbook of research on teacher education[M]. New York: Macmillan, 1990.

[10] LABAREE D F. Power, knowledge, and the rationalization of teaching: a genealogy of the movement to professionalize teaching[J]. Harvard Educational Review, 1992, 62(2): 141.

[11] PEARSON A T. The teacher: theory and practice in teacher education[M]. New York: Routledge, 1989.

[12] RYAN K. Teacher education: the 74th yearbook of the national society for the study of education[M]. Chicago: The University of Chicago Press, 1975.

[13] SCHON D A. The reflective practitioner: how professionals think in action[M]. New York: Basic Books Inc. Publishers, 1983.

[14] SCHON D A. Educating the reflective practitioner[M]. San Francisco: Jossey-Bass Pub, 1987.

[15] VALLI L. Listening to other voice: a description of teacher reflection in the United States[J]. Peabody Journal of Education, 1997, 72(1): 67-88.

[16] VALLI L. Reflective teacher education: cases and critiques [M]. Albany: State University of New York Press, 1992.

[17] ZEICHNER K M, LISTON D P. Reflective teaching: an introduction[M]. New Jersey, Mahwah: Lawrence Erlbaum Associates, Publishers, 1996.

后　　记

本文集着力呈现并解释的是美国公共教育系统中的权力关系问题。教育与权力的关系问题，不仅是教育政治学中的一个核心命题，而且为教育史研究提供了一种解释历史的思路，是20世纪60年代以来新左派历史学家持用的一种解释历史的路径。知识与学校从来就不是价值中立的，它体现着社会统治阶级的价值观念与意识形态。教育改革，从本质上说，就是意识形态冲突的体现，是阶级冲突的体现，是持有不同意识形态的社会阶级争夺学校控制权力、文化控制权力与社会控制权力的体现。从这个意义上来说，一部美国公共教育史就是一部“学校战争史”（history of school war）①。它既不像克伯莱（Ellwood P. Cubberley，1868—1941）所描述的那样，是一幅“合众为一”（*E Pluribus Unum*）的公共教育理念凯歌前进的胜利图景，② 也不像戴安娜·拉维奇（Diane Ravitch，1938— ）所描述的那样，是一个非政治

---

① 19世纪90年代，尼古拉斯·巴特勒（Nicholas Murray Butler，1862—1947）首次用“学校战争”（school wars）表达在美国公共教育中出现的论战与斗争。See Diane Ravitch, *The Great School Wars: New York City, 1805-1973: A History of the Public Schools as Battlefield of Social Change* (New York: Basic Books, 2000), p. xiii; Maurice R. Berube, *American School Reform: Progressive, Equity, and Excellence Movements, 1883-1993* (Westport, CT: Greenwood Publishing Group, Inc., 1994), p. 113.

② See Ellwood P. Cubberley, *Public Education in the United States: A Study and Interpretation of American Educational History* (Cambridge, Massachusetts: The Riverside Press, 1919).

化、非意识形态化的进步派（the progressives）与传统派（the traditionalists）之间不断论争的“钟摆”①，而是充斥着利益集团的厮杀、意识形态的讨伐和制度实践的相互妥协的政治斗争，而且直到现在这场公共学校战争还在继续着。

因此，本文集主要围绕着在20世纪美国公共教育的历史框架展示美国公共教育中蕴藏着的意识形态冲突。它主要经历了20世纪初期的进步主义教育（progressive education）与管理进步主义（administrative progressivism）之争、20世纪60年代的“黑白战争”（black power vs. white power），以及20世纪80年代以来保守主义、新保守主义与进步主义之间的冲突与斗争这3个主要阶段。每一具体历史阶段的选文也主要考虑到涉及关于公共教育论争的历史背景，政治、文化及其哲学含义，以及在教育改革中的具体历史事件等几个方面。本文集收录的均是近年公开发表关于20世纪以来美国公共教育中意识形态冲突的研究论文，各篇的收录均已得到原文作者的授权。

与此同时，笔者还想进一步说明本文集选取的视角及持有的立场——“历史是继往开来的哲学”，而不是“用拼凑法则、法令、政治演讲、报纸文章、私人信札、会议录和外交照会的办法写成的”。② 查尔斯·比尔德一语中的地指明：历史应该是“一辆飞奔直指终点的高速列车”，而非“一辆停在栅栏围得很严密的贮木场旁轨道上货车里的朽木”。③ 也就是说，历史书写的无意识时代早已终结。“‘历史’是经过历史学家头脑过滤后形成的对过去的想象，就像光线透过窗户一样。

---

① See Diane Ravitch, *The Trouble Crusade : American Education, 1945-1980* (New York: Basic Books, 1983).

② Charles Beard, *The Rise of American Civilization* (New York: The MacMillan Co., 1947), p. xiv.

③ Charles Beard, *The Rise of American Civilization* (New York: The MacMillan Co., 1947), p. xv.

窗户玻璃有时被弄脏了，但在更多的情况下，它是不透明的。”[①] 虽然拉尔夫·加布里埃尔（Ralph H. Gabriel，1890—1987）的论断过于悲观，但是他道明了历史研究所面对的实际情况，即历史的研究者们往往面对的“不透明的窗户”是“无法看见和无法面对的处于黑暗之中的某种东西”[②]。这一方面是由于随着时间的流逝，那些年代久远的“历史事实”早已无迹可寻；另一方面则是由于“那位叫作克奥莱的缪斯女神早已被出卖，成为宣传家的觍着脸扭曲事实的走狗”[③]。因此，历史是建构的过程，为了揭开这些“不透明的窗户”，为了在黑暗之中寻找到“某种东西”，历史研究者们就必须用“思想之光”[④] 照亮它们，而批判性反思正是历史研究者们可以加以利用的“思想之光”。

运用批判性反思研究分析美国公共教育史，这在美国，乃至西方教育学界并不是一个新鲜的观点。早在20世纪60年代，第一批激进修正派教育史学家们，以及具有进步主义和激进主义精神的教育学家、教育社会学家们就开始以批判的眼光看待美国公共教育。但就我国的美国公共教育研究而言，直到20世纪90年代，真正运用批判性反思看待美国公共教育问题才开始起步。当代西方具有批判精神的教育研究者和我国的部分教育研究者认为，运用批判性反思，我们要尝试做到以下几点：

第一，要打破对“永恒的价值”的盲目膜拜。我们常常习以为常地将理性的原则建立在对“永恒的价值”“秩序”和“有条不紊的逻辑

---

① 彼得·诺维克：《那高尚的梦想：“客观性问题”与美国历史学界》，杨豫译，生活·读书·新知三联书店，2009，第366页。

② 彼得·诺维克：《那高尚的梦想：“客观性问题”与美国历史学界》，杨豫译，生活·读书·新知三联书店，2009，第354页。

③ L. D. Webb, *The History of American Education: A Great American Experiment* (Upper Saddle River, N. J.: Pearson Education, Inc.), p. ⅱ.

④ 彼得·诺维克：《那高尚的梦想：“客观性问题”与美国历史学界》，杨豫译，生活·读书·新知三联书店，2009，第354页。

结构”之上，建立在“科学”的研究范式和知识基础之上，建立在专业群体或个体所开发的研究范式之上。但是，随着时间的流逝，这种思维模式必然导致思想的固化与僵化。因此，我们必须意识到不是“价值的永恒”，而是“价值的流动”才是思想立足的根本。

第二，需要反思“常识”。保罗·弗莱雷（Paulo Freire，1921—1997）认为，“严肃的教育不可能是中立的。它必须建立在一系列的伦理和政治原则之上”[①]；雷蒙德·威廉姆斯也指出，“如果不讨论权力，就不可能讨论我们社会中的交往或文化”[②]。也就是说，特定社会、特定历史时期的“常识”往往都连接着特定社会在特定历史时期的社会统治结构。詹姆斯和杜威所说的“真理是人造的”，无非也是想表达这个意义。因此，教育史研究所要做的不仅仅是研究特定的历史问题、体会特定的历史事件的教育含义、寻求特定教育事件的历史价值，更重要的是，我们必须在一个更大的社会结构背景中不断反思、质询我们习以为常的认知与理解。

第三，需要反思“科学”。一方面，进入现代社会以来，对“科学”的、“具有确定性”的、“可测量”的崇拜已经渗透到教育研究的方方面面。但教育连接着的是“文化”，教育是一个“文化”的存在，[③]它并不是现代意义上的、具有“确定性”和“可测量”的“科学”。另一方面，“科学”的客观性本身也是值得质疑的。正如卡尔·贝克尔（Carl Becker，1873—1945）所说的，“我们现在开始怀疑它是由人的头脑创造出来的某种东西，用以揭示它的胆怯，维持它的勇气，是设计出来哄骗人的东西，以便为我们愿意接受的结论提供形式上的有效性。

① See Michael Apple, *Official Knowledge: Democratic Education in a Conservative Age*(New York: Routledge, 2000).

② See Michael Apple, *Educating the "Right" Way: Markets, Standards, God and Inequality*(New York: Routledge, 2006).

③ 参见石中英《教育学的文化性格》，山西教育出版社，1999。

别人如果处在我们的环境下，也会这么做”[①]。

当然，运用批判性反思研究美国公共教育史，并不意味着一味地否定美国公共教育的价值。葛兰西所谓的“理智上的悲观主义”和“意愿上的乐观主义”态度就是要告诉我们，公共教育既可以成为宣传反动力量的舞台，也能成为释放进步力量的地方。这是因为公共教育毕竟是“民主政治教育开始的地方”，毕竟是“一个新的社会秩序的教育”开始的地方。威廉姆斯也曾强调，“因为旧原则与实践的缺陷而拒绝新原则与实践是荒谬的，因为正是这些缺陷使变革成为必要”[②]。这正说明了在进行批判性反思的同时，保持辩证思维的必要性。

最后，请允许我感谢参与本书的各位作者，正是你们的理解、支持与配合，使本书得以最终成型，也使我在本书的选稿、编辑过程中受益良多；感谢北京师范大学教育学部的各位领导与同仁，正是你们的理解与关怀，使我能够在一个从容、轻松的环境中从事美国公共教育研究；最后还要对支持本书出版的河北大学出版社表示最真挚的谢意，感谢出版社的各位同仁在本书的选题、出版过程中的大力支持！

陈露茜

2020 年 3 月 18 日

① 彼得·诺维克：《那高尚的梦想：“客观性问题”与美国历史学界》，杨豫译，生活·读书·新知三联书店，2009，第 184 页。

② Geoff Whitty, Sally Power and David Halpin, *Devolution and Choice in Education: The School, The State and The Market* (Philadelphia: Open University Press, 1998), p. 141.